教育実習から教員採用・初任期までに知っておくべきこと

「骨太の教員」をめざすために

桶谷 守・小林 稔・橋本京子・西井 薫 編

教育出版

は じ め に

　平成25（2013）年の教育振興基本計画の前文に，「グローバル化の進展などにより世界全体が急速に変化する中にあって産業空洞化や生産年齢人口の減少など深刻な諸課題を抱える我が国は，極めて危機的な状況にあり，東日本大震災の発生は，この状況を一層顕在化・加速化させた。これらの動きは，これまでの物質的な豊かさを前提にしてきた社会の在り方，人の生き方に大きな問いを投げ掛けている」と分析している。そして，「教育こそが，人々の多様な個性・能力を開花させ人生を豊かにするとともに，社会全体の今後一層の発展を実現する基盤である。特に，一人ひとりが生涯にわたって能動的に学び続け，必要とするさまざまな力を養い，その成果を社会に生かしていくことが可能な生涯学習社会を目指していく必要がある」と続けている。

　また，少子化，核家族化，都市化，情報化，国際化など社会の急激な変化を背景に，日本の子どもたちは，他者への思いやりの心や迷惑をかけないという気持ち，生命尊重・人権尊重の心，正義感や遵法精神の低下や，基本的な生活習慣の乱れ，自制心や規範意識の低下，人間関係を形成する力の低下などの傾向が指摘されている。こういった直面している課題を丁寧に拾い上げ，子ども自身が自分の特性を理解し，将来，社会の中で自分がどのように生き抜いていくかを考えられる子ども，すなわち「学び続ける子ども」の育成が求められている。

　これからの教員には，変化の激しい時代にあって，培った幅広い視野を教育活動に積極的に生かすことが求められている。また，多様な資質能力をもつ個性豊かな人材によって構成される教員集団が連携・協働することや，いじめや不登校の問題をはじめとする現在の学校を取り巻く問題の複雑さ・困難さの中では，学校と家庭と地域社会との協力，教員とそれ以外の専門家との連携・協働が一層重要なものとなっている。教員としての力量の向上は，日々の教育実践や教員自身の研鑽により図られるのが基本であるが，教育委員会等が行う研修とともに，教員養成大学の補完的な役割は大きい。

　平成27（2015）年10月，教員の養成・採用・研修の一体的制度改革を議論している中央教育審議会教員養成部会は，答申素案をまとめた。教員養成課程について，大幅変更の方向性を打ち出した。教員採用試験の共通問題作成や，教員養成系大学，教育委員会，校長会などで構成し教員育成指標などを検討する「教員育成協議会（仮称）」の創設を盛り込んだ。素案では，教員養成カリキュラムを大幅変更して，教育に関する科目と教育課程および指導法に関する科目を統合し，「教育の基礎的理解に関する科目」を新設する方向を示した。また，必修の教育方法・技術に関わる内容にアクティブ・ラーニングの視点を盛り込むことにも言及している。さらに，教育実践に関する科目へのインターンシップ導入，従来の教育実習5単位のうち2単位をインターンシップに充てるなどが可能になるようにしていくことが適当とした。インターンシップでは，主に授業指導を行う従来の教育実習とは異なり，部活動や行事など学校での教育活動全般を経験とするといった教育実習が求められるなど，今後ますます，教員の養成・採用・研修の一体的制度改革が進められることになる。

　本書は，『教育実習から教員採用・初任期までに知っておくべきこと』と題して，教員をめざす学生や初任期の先生方へ，今日的な教育実践を行ううえで重要と思われる手がかりを記したものである。将来を担う子どもたちのための有意義な教育実践が行われることを願っている。

　　平成28年2月

　　　　　　　　　　　　　　　　　　　　　　　　　　　　　　　　　　　　　桶　谷　　守

目　次

はじめに

第Ⅰ章　教師教育の政策と理論

第1節　教員の資質能力について ……………………………………………………………… 1
1．中央教育審議会の答申から …………………………………………………………………… 1
　(1) なぜ,「教員の資質能力を明示する」ことが重要か　1
　(2) 教員の資質能力とは　2
2．「専門職性基準」と「教師効力感」について ……………………………………………… 2
　(1) 高度専門職において規定されるスタンダード　2
　(2)「教員の資質能力の測定（評価）」を可能にする教師効力感尺度　3

第2節　最近の教師教育政策 …………………………………………………………………… 3
1．教師教育の台頭：教師教育とは何か ………………………………………………………… 3
2．わが国における教師教育政策の概観 ………………………………………………………… 4
3．今後の教師教育への視座 ……………………………………………………………………… 5
　(1) 教師教育改革のグランドデザインの必要性　5
　(2) 教師教育者の養成と成長　6

第3節　理論と実践の往還について …………………………………………………………… 7
1．高等教育機関における教員養成 ……………………………………………………………… 7
　(1)「大学での養成」と「開放制下での養成」　7
　(2) 大学や大学院（高等教育機関）で養成される意義　7
　(3) 日常的な理論と実践の往還で「教職の不確実性」に対処する　8
2．理論と実践の往還とは ………………………………………………………………………… 9
　(1)「体験-省察」による教員養成カリキュラムモデル　9
　(2)「理論と実践をつなぐもの（架橋）」について　10

第4節　教員志望学生から初任期教員までの力量形成 ……………………………………… 11
1．教員志望学生の力量形成 ……………………………………………………………………… 11
2．教員志望学生から初任期教員の力量形成 …………………………………………………… 12

第5節　省察のあり方 …………………………………………………………………………… 13
1．省察をめぐる課題について …………………………………………………………………… 13
2．教育における理論について …………………………………………………………………… 14
3．「理論」の新しいとらえ方と省察の必要性 ………………………………………………… 15
4．省察の方法 ……………………………………………………………………………………… 16

第6節　オランダの教育と教員養成 ―コーチングで「考える力」を育てる― ……………… 16
　1．オランダの教員養成大学で学ぶ …………………………………………………………… 16
　2．コーチングが浸透するオランダの教育 …………………………………………………… 17
　3．コーチング・ベースのオランダの教員養成 ……………………………………………… 19
　4．教員になって ………………………………………………………………………………… 20
　現職教員の体験から①　アメリカ合衆国ワシントン州の教員養成・研修 ………………… 23
　現職教員の体験から②　教育実習を振り返って（1） ……………………………………… 25

第Ⅱ章　教育実習から教員採用・初任期の研修までの実際

第1節　教育課程・教育方法および評価の理論 …………………………………………… 27
　1．学校は何を教えるのか ……………………………………………………………………… 27
　　(1) 学校の教育内容の全体計画―教育課程　27
　　(2) 学習経験の総体を視野に入れる　28
　　(3) 教育内容をめぐる議論　28
　2．どのように教えるのか ……………………………………………………………………… 30
　　(1) 教育方法としての「合文化の原則」「合自然の原則」　30
　　(2) 「生き方の幅」を広げる教材と指導過程　31
　3．子どもたちは何を学んでいるのか ………………………………………………………… 32
　　(1) 子ども理解　32
　　(2) 学習状況を見取り，指導の改善に生かす―教育評価　32

第2節　教育実習の事前の準備と心構え …………………………………………………… 33
　1．教育実習とは ………………………………………………………………………………… 33
　　(1) 教育実習とは　33
　　(2) 実習生という立場　33
　2．教育実習の心得 ……………………………………………………………………………… 34
　　(1) 実習中に心がけたい姿勢　34
　　(2) 実習中に気をつけるべきこと　35
　3．教育実習に向けての準備 …………………………………………………………………… 36
　　(1) 健康管理について　36
　　(2) 事前に準備しておきたいこと　37
　　(3) 教育実習中あると便利な物　37

第3節　模擬授業について …………………………………………………………………… 38
　1．模擬授業で学ぶこと ………………………………………………………………………… 38
　2．模擬授業「授業の内容 ―発問の重要性―」 ……………………………………………… 39
　3．模擬授業「授業に関わる姿勢」 …………………………………………………………… 40
　4．模擬授業観察の着眼点 ……………………………………………………………………… 40

現職教員の体験から③　教育実習を振り返って（2） ……………………………… 42

第4節　教育実習後，卒業まで（教職実践演習を含む） ……………………………… 44

第5節　教員採用試験の概要とその対応 ……………………………………………… 45

　1．教員採用試験に備えて …………………………………………………………… 45

　　(1) まずは情報収集，そして「筆記科目」対策は早めに　45

　　(2) 現在，どのような教員が求められているのか（一般論）　46

　　(3) 試験前にもう一度，「教職に就く動機」について，自問自答しよう　46

　　(4) 実際の教員採用試験では，どのような人物を求めるか　47

　2．教員採用試験における具体的な対応策 ………………………………………… 47

　　(1)「筆記試験」への具体的な対応策　47

　　(2) 面接，小論文，模擬授業への具体的な対応策　49

　　現職教員の体験から④　教員採用試験の取り組み方 ……………………………… 52

　　現職教員の体験から⑤　教員採用試験を振り返って ……………………………… 54

第Ⅲ章　学習指導案の作成

第1節　学習指導案作成にあたって …………………………………………………… 56

第2節　小学校学習指導案作成例 ……………………………………………………… 61

　〈指導案作成例①〉小学校国語　61

　〈指導案作成例②〉小学校社会　67

　〈指導案作成例③〉小学校算数　73

　〈指導案作成例④〉小学校生活科　79

　〈指導案作成例⑤〉小学校音楽　85

　〈指導案作成例⑥〉小学校図画工作　90

第3節　中学校学習指導案作成例 ……………………………………………………… 96

　〈指導案作成例①〉中学校理科　96

　〈指導案作成例②〉中学校英語　101

　〈指導案作成例③〉中学校技術　107

　〈指導案作成例④〉高校家庭　111

　〈指導案作成例⑤〉中学校保健体育　117

第4節　教職大学院のシステムと実地教育 …………………………………………… 123

　1．教職大学院のシステム …………………………………………………………… 123

　　(1)「教職大学院」とは　123

　　(2) 教職大学院の教育課程　123

　　(3) 教職大学院での学修の流れ（京都連合教職大学院の例）　124

　2．教職大学院における実地教育の実際 …………………………………………… 125

　　(1) 教職大学院における実地教育とは　125

(2) 実地教育の実際（京都連合教職大学院の例）　*126*
　現職教員の体験から ⑥　初任期を振り返って ································· *128*
　現職教員の体験から ⑦　初任者研修を振り返って ······························ *130*

第Ⅳ章　教職キャリアを見据えて
第1節　初任期教員としての心構え ································· *132*
　1．教員に求められる資質能力とは ································· *132*
　2．教員としての心構え ································· *133*
第2節　初任期研修の実際 ································· *134*
　1．教員研修の必要性 ································· *134*
　　(1)「校内研修」　*134*
　　(2)「校外研修」（教育センター等研修）　*134*
　　(3) 教員は，人との関わりの中で育つ　*134*
第3節　現代的教育課題にどう対応するか ································· *135*
　1．生徒指導のねらいと指導にあたって ································· *135*
　　(1) 生徒指導とは（『生徒指導提要』から）　*135*
　　(2) 自己指導能力の育成　*136*
　　(3) 学級活動における生徒指導　*136*
　2．高等学校におけるキャリア教育はどう進めたらよいか ································· *138*
　　(1) キャリア教育をめぐる問題　*138*
　　(2) 学校におけるキャリア教育の必要性　*138*
　　(3) 高等学校におけるキャリア教育の展開　*138*
　　(4) ロングホームルーム（LHR）におけるキャリア教育の実践　*139*
　3．教員の規律について ································· *140*
　　(1) 教員に対する期待の高まりと信頼のゆらぎ　*140*
　　(2) 教育公務員としての規律　*141*
　　(3) 不祥事はなぜ起こるのか　*141*
　　(4) 不祥事の予防「チェックリスト」　*142*
　4．保護者との信頼関係構築のための保護者対応とは ································· *142*
　　(1) 学校における現状　*142*
　　(2) なぜ，学校への要望や苦情が増えたのか　*143*
　　(3) 無理難題，苦情の背後にあるものは何か　*144*
　　(4) 教育を取り巻く環境の変化　*144*
　5．子どもの健康と食育 ································· *146*
　　(1) 食育とは　*146*
　　(2) 栄養教諭とは　*147*

(3) 食育の実践　*147*

　6．部活動指導 ·· *148*
　　　(1) 部活動の現状と意義　*148*
　　　(2) 部活動顧問教員に求められる資質と能力　*149*

　7．人権に基づくセクシュアリティ教育 ··· *150*
　　　(1) セクシュアリティと人権　*150*
　　　(2) これまでの日本の性教育　*151*
　　　(3) これからのセクシュアリティ教育 ―性を人権としてとらえるために―　*152*

　8　言語活動の充実 ·· *152*
　　　(1) なぜ言語活動の充実が必要か　*153*
　　　(2) 各教科の言語活動を支える国語科の役割　*153*
　　　(3) 各教科における言語活動の充実　*154*

　9．子どもの笑顔を引き出す教員の役割 ··· *155*
　　　(1) 信頼関係を築く「対話」　*155*
　　　(2) 子ども理解の前提となる教員の自己理解　*156*
　　　(3) 笑顔をつくり出す学級　*156*
　　　(4) 笑顔を引き出す授業　*157*
　　　(5) 教育相談における「笑い」　*157*
　　　(6) 生徒指導におけるリフレーミング　*157*

　10．ESD（持続可能な開発のための教育） ··· *158*
　　　(1) ESD の歩みとわが国の貢献　*158*
　　　(2) ESD の構成要素と進め方　*159*
　　　(3) ESD の本質　*159*

　11．「思考力・判断力」の育成とその評価をめぐって　―中学校保健体育科授業を例に― ············· *160*
　　　(1) 学習指導要領で求められる思考力・判断力　*160*
　　　(2) 思考力・判断力を育む指導の実際　*161*
　　　(3) 思考力・判断力の評価の実際　*162*

おわりに

編者・執筆者一覧

第Ⅰ章
教師教育の政策と理論

第1節　教員の資質能力について

1．中央教育審議会の答申から

(1) なぜ,「教員の資質能力を明示する」ことが重要か

　明治期以降，日本は近代化の道を歩み，欧米諸国と肩を並べながら先進国としての国際的な地位を築き上げてきた。その要因の一つは，他の先進国にならっていち早く公的な学校制度を整えたことにあるのではないだろうか。つまり，「教育の力」が国の発展の基盤になり，国を成長させ続けてきたのである。一方で，第2次世界大戦において，敗戦国としての立場に陥る経験を有したことで，間違った方向による教育の恐ろしさを国民全体が共有したのも事実である。すなわち，教育が国の発展や国の将来の方向性に与える影響は計り知れなく，それは疑う余地もない。この考え方からすれば，「教育を司る教員」の果たす役割は大きく，一人ひとりの教員の資質能力を向上させ，教員の集合体であるチームとしての学校力を高めることは，子どもにとってもまた，社会や国の発展にとって重要である。

　教育の質や教員の資質能力の違いが，国の将来を左右するという認識は諸外国でも，当然のこととしてとらえられており，近年，この考え方が強まっている。それが証拠に，例えば，平成23（2011）年の米国における一般教書演説では，オバマ大統領が「この国をよくしたいと思うなら，そして子どもたちの未来に影響を及ぼしたいと思うなら，教員になりなさい」と発言しているし，韓国では，教員を「国家を築く者たち（Nation Builders）」と呼んでいる。他方，教師教育（教員養成教育・教員研修・教師教育者教育）の国際化，専門職化の流れは，世界的な趨勢といっても過言ではない。その一つに，欧州高等教育圏の完成をめざすボローニャ・プロセスにおいて，教員養成分野でも国際化の動きが見て取れる。欧州では国の枠組みを超えて一定程度の教職課程の共通化を図ろうとの動きがあり，教員は「高度な専門職」であるという認識のもと，教員の資質能力に関して明示していく必要性があると考えられている。

　このようにみると，現代社会では，国の長期的な施策の最重要課題として，教員の資質能力を明示し，それを国家レベルの教育政策で向上させることが求められているのだろう。逆の言い方をすれば，教員の資質能力をアップさせないことには，発展した確かな国や社会の未来を描くことはできないのである。

日本の公的な学校教育制度は，明治5（1972）年の学制により定められたが，すでに明治2年より京都の中心部では，町衆たちによって64校の「番組小学校」が創設されている。「番組」とは，住民自治の組織単位である。

わが国の教員養成初期の歴史については，明治5年（学制発布と同年）に東京に直轄の師範学校が設立され，明治6，7年には，各大学区に官立師範学校が設置されている。また，各府県は，これらの学校の卒業生等を招いて教員養成機関を設置した。さらに，明治10年頃からは府県の師範学校が整備され始め，明治13年には各府県に師範学校の設置の義務化が図られた。その後，明治14年には師範学校の教則が統一されている。

(2) 教員の資質能力とは

　教員の資質能力に関しては，これまで中央教育審議会（以下，中教審）をはじめとして，主に政府系の諮問機関等の答申等において示されてきた。最近では，平成24（2012）年8月の中教審「教員の資質能力向上特別部会（審議のまとめ）」における「教職生活の全体を通じた教員の資質能力の総合的な向上方策について」で，わが国におけるこれからの教員に求められる資質能力を次の①～③のように整理している。また，「これらは，それぞれ独立して存在するのではなく，省察する中で相互に関連し合いながら形成されることに留意する必要がある」と付記されている。

①教職に対する責任感，探究力，教職生活全体を通じて自主的に学び続ける力（使命感や責任感，教育的愛情）。

②専門職としての高度な知識・技能・教科や教職に関する高度な専門的知識（グローバル化，情報化，特別支援教育その他の新たな課題に対応できる知識・技能を含む）。

・新たな学びを展開できる実践的指導力（基礎的・基本的な知識・技能の習得に加えて思考力・判断力・表現力等を育成するため，知識・技能を活用する学習活動や課題探究型の学習，協働的学びなどをデザインできる指導力）

・教科指導，生徒指導，学級経営等を的確に実践できる力。

③総合的な人間力（豊かな人間性や社会性，コミュニケーション力，同僚とチームで対応する力，地域や社会の多様な組織等と連携・協働できる力）。

　さらに，平成27（2015）年7月の同審議会初等中等教育分科会の教員養成部会では，「これからの学校教育を担う教員の資質能力の向上について」の中間のまとめを出している。その中においては，前述した①～③の「教員としての普遍的な資質能力」はこれからも引き続き求められるが，今後，教員が「高度専門職」として社会的に広く認知されるには「自律的に学ぶ姿勢をもち，時代の変化や自らのキャリアステージに応じて求められる資質能力を，生涯にわたって高めていくことのできる力も必要とされる」と指摘している。さらに，他にもこの「中間のまとめ」では，新しい時代の子どもたちには，課題の発見と解決に向けて主体的・協働的に学ぶ学習，いわゆる「アクティブ・ラーニング」の充実などを求めており，これからの教員には「教えの専門家」にとどまらず，「学びの専門家（子どもたちの自発的な学びを促進する専門家）」としての力量が必要であると述べている。

2．「専門職性基準」と「教師効力感」について

(1) 高度専門職において規定されるスタンダード

　同じ高度専門職と位置づけられる医師と教員の違いは何であろうか。医師の場合はだれがみてもその専門性は高く，資格のない者は絶対にマネのできない職業であるとの認識が一般的に存在する。すなわち，医師であれば他の者が為しえない，明確な力量を有している。一方，教員の場合は，資格（教員免許状）がない者でも，ある程度その職責を遂行することは可能であり，時には，資格のない者の方が優れている場合もある。このような状況では，教員はいつまで経っても周りから高度専門職に就いているとは認知されないのである。したがって，現在，教員は，明示的にその力量を示す必要に迫られている。すでに諸外国の多くは，教職の専門職性基

イギリスの有資格教員（QTS）に求められる専門的基準には，例えば「協働あるいは協同の作業に積極的に参画する」や「助言とフィードバックに基づき行動し，コーチングとメンタリングを受け入れる」などがある（矢口，2012）

昭和62（1987）年12月の「教育職員養成審議会答申（教養審）」では，「いつの時代にも求められる資質能力」についてふれられている（答申等をみるかぎり，この時点まで，教員の資質能力に関しては，ほとんど着目されていなかった）。その後しばらく資質能力に関しては，表面化しなかったものの，平成9（1997）年7月における教養審の第1次答申では，「今後特に求められる資質能力」と「得意分野をもつ個性豊かな教員」に関する項がつけ加えられている。さらに，現在まで再三にわたって答申等に「教員の資質能力」という文言が出てくる。

医師養成では，古くからアーリーエクスポージャー（早期体験学習）という実地教育が行われている。早期に実地を体験することで，学生はさまざまな衝撃を受けるが，理論学習への意欲が培われたり，「理論と実践の往還」の日常化に役立ったりする効果があると考えられている。同じ高度専門職である教員も，養成段階の早い時期に教育現場等の体験を経ることで，長い目でみると力量の向上につながると考えられる。

準が策定されているが，わが国においては，前述した「中間のまとめ」において，「教員のキャリアステージに応じて身に付けることが求められる能力を明確化する『教員育成指標』が全国的に整備されることが必要である」と記されており，近い将来，これらの指標に応じて養成・研修が行われることになると考えられる。

(2)「教員の資質能力の測定（評価）」を可能にする教師効力感尺度

教員になる前，あるいは教員になってからも，「自分がどのくらい教員としての力量を有しているのだろうか」と考えることがあるだろう。もちろん，主観的な評価として自問自答したり，同僚に聞いたりする方法もあるだろうが，これまで教育心理学の分野では，「教師効力感」に関する研究が進められてきた経緯があり，すでに先行研究において，いくつかの教師効力感尺度が報告されている。この尺度を用いて，ある程度，教員としての自分の力量を把握することができるのである。教師効力感とは，教員の自己効力感のことであり，「子どもの学習や発達に対して肯定的な効果をもたらす教育的行為をとることができるという信念」(Ashton, 1985)とされる。これまでの報告から，教員の力量との関係の一例を示すと，例えば「教師効力感の高い」教員は，指導困難な生徒に粘り強く指導したり (Woolfolk&Hoy, 1990)，教職へのコミットメントが強かったり (Coladarci, 1992)，質の高い授業計画を策定したりする (Allinder, 1994) との報告がある。すなわち，教師効力感について評価することで，教員としての資質能力を一定程度，俯瞰することが可能となるのである。

前述したように近い将来「教員育成指標」が示されることになることから，効力感のみならず，教員の資質能力全般を評価する尺度の開発が待たれる。

（小林　稔）

> 教師効力感尺度について，日本では，桜井 (1992) が Gibson & Dembo (1984) の尺度を翻訳し，2因子を抽出している。また，前原 (1994) は Woolfolk & Hoy (1990) らの尺度を翻訳（20項目）し，2因子を抽出している。

第2節　最近の教師教育政策

教師教育という言葉を耳にしたことがあるであろうか。教師教育を理解するには，まずその概念が登場してきた経緯とこれまでの教師教育政策に関する答申や議論，そして課題について把握しておく必要がある。そこで本稿では，大きく3つの柱で内容を構成し，本節の内容理解に迫りたい。第1に，教師教育が台頭してきた経緯を紹介する。第2に，これまでのわが国の教師教育政策に焦点を当て，その課題について概観する。第3に，教師教育政策の課題や研究から今後の方向性について展望を言及する。

1．教師教育の台頭：教師教育とは何か

教員の資質能力は，教員養成や現職教育といった場で培う。しかし，戦後の教員養成は，「養成と研修の分離」が大きな課題であった。それは，教員の継続的な教育に関わりをもたず，採用者側も現職教育に教員養成が関わることを積極的に迎える姿勢をもたない，という共通理解の認識不足が平行線をたどっていた。

> 教師教育の連続性の観点は，以下の3つの報告や勧告がいち早く提起している。イングランドの教師教育に関する委員会報告書 (1972)「教師の教育と訓練（通称：ジェームズ・レポート）」。そしてユネスコの「教員の地位に関する勧告」(1966) や「教員の役割の変化と教職の準備，現職教育への影響に関する勧告」(1975) における「教員の継続教育」，「現職教育の重要性」，「教員教育が就職前の準備に始まり，教員の職業上の生涯を通じて継続する，継続的・統合的な過程として再組織されること」などの指摘である。

＜サイドノート＞

佐藤（2015）は，欧米の教師教育の継続性と一貫性の見解から，教師教育が「教養教育」「教職専門教育」「導入教育」「現職教育」の4段階で構成され，生涯学習としての「現職教育」が教師教育の主要な段階として位置づけることを述べている。また高野（2008）は，教師教育の概念をイギリスやアメリカと比較検討することにより，わが国が「採用」を1つの段階として特立している点で異なる概念となっていることも主張している。

「教師」と「教員」という用語の使用およびその概念の内容についてであるが，久冨（1994）は以下のように指摘している。「『教師』という語が，教育するものとしての働きの面に着目しているのに対して，『教員』という語は，社会的制度的存在としての学校教育に注目している」。したがって，本稿においては，意識して「教員」という用語を使用することとする。ただし，本稿で引用する資料・文献等において「教師」が使われていたり，すでに定着した用語として「教師」が使われていたりする場合には，本稿中では当然「教師」のまま表記している。

＜本文＞

そのような中，1960年代から教員の資質能力の課題を教員養成（teacher training）のみの問題として限定せずに，養成・採用・研修の一連の問題，いわゆる教師教育（teacher education）の連続性としてとらえるようになった（伊津野，2002）。つまり，大学・大学院と後の現場での教育を1つにまとめたものを教師教育（teacher education）と呼ぶようになり，「養成と研修の一体化」としてとらえることの重要性がうたわれるようになったのである（上條，2015）。

また，1970年代以降，欧米を中心に教育政策の改革に伴う教師教育への関心が高まり，さらには教師教育政策への議論が活発になされるようになった。すなわち，教師教育を教員養成の段階から現職教育までの継続的な過程ととらえることが国際的な共通認識になっていったのである（高野，2008）。もちろん，わが国においても1980年代に入ると教員の資質能力の向上に対する課題を打開すべく政策的な方針が提起されるようになった。しかし，1980年代以降のわが国の教師教育政策は，欧米諸国に比較して停滞したものであると評価せざるを得ない状況との批判もあった（吉岡，2008）。したがって，生涯，教員として学び続けるための道程に対して，教員はいかなる知識・技能・態度を身につけ，さらにはどのように教員としての質向上を継続するのかといった議論が俎上に載せられたのである。

以上のように，教師教育は，その時代に求められる教育課題や現状を変革していくことのできる教員をどのように養成・研修するか，という視点で考えていく概念であるといえる。それでは次に，わが国の教師教育政策について概観し，具体的な内容や課題を述べる。

2．わが国における教師教育政策の概観

周知のとおり，戦後のわが国における教師教育制度は，「大学における教員養成」と免許状授与の「開放制」の二つの原則による改革であった。その原則のもと，質の高い教員を輩出するために教育改革を遂行してきた。しかし，1980年代以降，わが国の教育課題が山積し，それに対応しきれていないという教員批判をうけ，教員のあり方を中心とした教師教育をめぐる議論が果敢になされた。

そこで，わが国の教師教育政策について議論が活発化された1980年代以降の答申や論点を表Ⅰ-1のように整理した。

まず，共通のキーワードとしてあげられるのが，「実践的指導力」である。とりわけ，教員養成における「最低限必要な資質能力」について，「採用当初から教科指導，生徒指導等の職務を著しい支障が生じることなく実践できる資質能力」と定義し，これを「実践的指導力の基礎」とした（教養審，1997）。次に，重要な概念としてあげられるのが，「実践的指導力」を養成する際に，「教育実践を科学的・研究的に省察（reflection）する力」をその中軸に据えた点である（日本教育大学協会，2004）。さらに，その考え方は，中教審（2012）「教職生活の全体を通じた教員の資質能力の総合的な向上方策について（答申）」においても，「教員は，教職生活全体を通じて，実践的指導力等を高めるとともに，社会の急速な進展の中で，知識・技能が陳腐化しないよう絶えざる刷新が必要であり，『学び続ける教員像』を確立する必要」が提言され，普遍的なとらえ方として言及され続けている。

最後に，第1節でも紹介しているとおり，平成27（2015）年7月の中教審「これ

表Ⅰ-1　1980年代以降におけるわが国の教師教育に関するさまざまな答申や論点

年　代	諮問・答申者名	題　目	キーワード
1987年 (昭和62年)	教育職員養成審議会	教員の資質能力の向上方策について	「実践的指導力」
1997年 (平成9年)	教育職員養成審議会	新たな時代に向けた教員養成の改善方策について	「実践的指導力」の基礎
2004年 (平成16年)	日本教育大学協会「モデル・コア・カリキュラム」研究プロジェクト	「教員養成の『モデル・コア・カリキュラム』の検討―『教員養成コア科目群』を基軸にしたカリキュラムづくりの提案―」最終答申	教員養成で養成すべき「実践的指導力」 「教育実践を科学的・研究的に省察（reflection）する力」
2006年 (平成18年)	中央教育審議会	今後の教員養成・免許制度の在り方について	教職課程の質的水準の向上（教職実践演習の新設，教育実習の改善・充実など） 教職大学院の創設 教員免許更新制の導入
2012年 (平成24年)	中央教育審議会	教職生活の全体を通じた教員の資質能力の総合的な向上方策について	学び続ける教師像 教員免許制度の改革 学部における教員養成の充実 教員養成を修士レベル化 現職研修の改善方策
2015年 (平成27年)	中央教育審議会	これからの学校教育を担う教師の資質能力の向上について（中間まとめ）	教員の養成・採用・研修の一体的改革 新たな教育課題（ALの充実，ICTを用いた指導法など）に対応した研修・養成

からの学校教育を担う教員の資質能力の向上について」（中間まとめの概要）は，今後の教師教育改革の展開に対する重要な提言であり，しかもわが国の教師教育改革の課題やその具体的な方向性を明示している。

それでは次に，今後の教師教育の方向性について展望を述べる。

3．今後の教師教育への視座

欧米の教師教育改革の動向に目を向けることは，わが国の教師教育の方向性を見つめ直す契機や改善への示唆に富む。しかし紙幅の関係上，欧米の教師教育改革の具体的な内容にまで言及することはできないので，欧米の教師教育改革を素描しながら，今後のわが国の教師教育の方向性について展望を述べたい。

(1) 教師教育改革のグランドデザインの必要性

さて，教師教育をよりよい方向性に導くためには，その道筋をある程度，壮大に設計できる図案が必要である。それがまさに，グランドデザインである。

佐藤（2015, pp.173-195）は「新たな挑戦への提言－改革と政策のグランドデザイン」と題して，教師教育改革のグランドデザインについて9の視点から提言している。他方，欧州では，ヨーロッパ教師教育協会（The Association of Teacher Education in Europe：ATEE）の多くの報告書から，その改革の概要を知ることが

「リフレクション（reflection）」の語訳には，省察や反省，内省，振り返りなどが存在している。しかし，これらの言葉はもともと日本語として存在している単語であり，それぞれから受ける印象について多少の違いを与えることがある。三輪（2007）は，「反省」は過去への指向と批判性が強く出る，「振り返り」は批判的な考察というニュアンスが減退する，「内省」は自分の内面を見つめることのみが重視されるなど，実際に印象の違いを指摘している。このように「リフレクション（reflection）」の概念や訳語は，多義にわたっているため，文献で引用されているままで使用している。

次に、教員養成の立場における「専門性基準 (Professional Standard)」には、「アカデミック・スタンダード (AS)」と「プロフェッショナル・スタンダード (PS)」の二つの意味があり、多くの教育研究関係者においても混乱を招いている場合が多い（岩田、2015）。前者は、大学としての「学位を保証する上での到達目標やその基準」であり、そのためにどのようなプロセスでその能力を身につけさせるのかといったディプロマ・ポリシー (DP) やカリキュラム・ポリシー (CP) が必要不可欠となる。一方、後者は、「教員免許を保証するための専門性基準」である。したがって教員免許の取得を卒業要件とする学部・学科は、ASとPSはほぼ一致しているといってよいであろう。

藤本（2010）は、米国における教師教育スタンダード開発過程、スタンダードの概要や利用方法について報告している。その結果、①教師教育者スタンダードの開発により教師教育者にとって必要な資質能力や役割を明確化したことで、教師教育者研究の活性化を促した点、②教師教育者スタンダードの内容が、教師教育者として、大学教員だけなく学校教員も含めていることから、大学と学校の連携を重視して教師教育の質の改善をめざしている点、③教師教育者スタンダードが利用されることによって、質の高い教師教育者の養成につながる可能性があるという3点を指摘している。

できる。例えば、EUの報告書では、ヨーロッパ諸国の教師政策の比較を行い、以下の7つの項目を教師教育改革の共通した政策課題として掲げている（OECD/EU、2010）。表Ⅰ-2は、それらを簡易的に列挙したものである。

それぞれの提案をみてみると、まさに国レベル、教育委員会レベル、大学・研究者レベルが一体化し、共通理解と連携のもと改革を推進しなければならないグランドデザインとなっているのがわかる。しかも、それらの共通点や相違点が今後のわが国の進むべき方向性に対して貴重な示唆となっている。

表Ⅰ-2　わが国と欧州における教師教育改革のグランドデザイン案

佐藤の教師教育改革のグランドデザイン	欧州の教師教育改革の共通した政策課題
1　グランドデザインの政策原理 2　専門性基準の構築 3　免許制度の改革 4　「教職専門開発機構（仮称）」の創設 5　キャリア・ステージの構築 6　養成教育の改革-多元的システムの効用 7　採用制度の改革-正規教員の増加と公正で厳格な採用へ 8　現職教育の改革 9　地位と待遇の改善	1　教師教育の継続性（準備教育-導入教育-現職教育） 2　専門職性の価値の実現（反省的・革新的教師） 3　教職の魅力の実現（採用、処遇、政策の柔軟性） 4　教師の資格向上（研究と実践のバランス） 5　初任期の支援と継続する学びの保障 6　質の高い教師教育と専門的成長の継続（教師教育カリキュラムの開発） 7　学校におけるリーダーシップの機会

(2) 教師教育者の養成と成長

「教師」の質は、教師を育てる「先生の先生」、つまり「教師教育者」の質に依存する。したがって、教師教育者の養成と成長は、教師教育における重要な課題である。しかも、文部科学省の見解によると、向こう10年間に学校の教員の約4割以上が入れ替わることを想定しており、それに伴う大量採用による教員の質低下が懸念されている。つまり、教師教育の高度化と専門職化による教師教育者の養成と成長が先に述べた課題解決の糸口になるであろう。

ところで、教師教育者とは、「教員養成や現職教育に、高等教育機関や各種学校に公式に従事している人々を指す」（Anja. S & M. Klink, 2008, p.3）。わが国における教師教育者は、図Ⅰ-1のような人々であろう。すでに米国では、教師教育者協会（Association of Teacher Educator：ATE）によって「教師教育者スタンダード」も開発されている（藤本、2010）。

以上のように、欧米の教師教育改革や研究動向に学びつつ、わが国の教師教育改革を支える教師教育者の養成と成長についても具体的に検討する時にきているのかもしれない。

（岩田昌太郎）

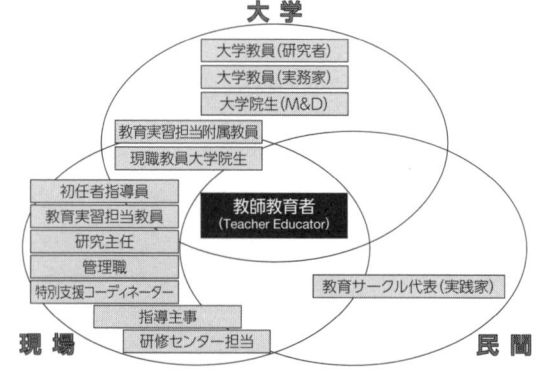

図Ⅰ-1　教師教育者の概念図

第3節　理論と実践の往還について

1．高等教育機関における教員養成

(1)「大学での養成」と「開放制下での養成」

「理論と実践の往還」を理解するには，これまでの教員養成のあり方や教職の特殊性に関して把握しておく必要がある。そこで，本稿の前段は，わが国でこれまでどのように教員養成が行われてきたのか，また現在，学校教員（以下，教員）が高度専門職業人として位置づけられているが，それは何を意味するのか等々，まずは，その理解を深めるための基本的なところを押さえておきたい。

さて，戦後のわが国における教員養成の2大原則は，「大学での養成」と「開放制下での教員免許状付与による養成」である。

「大学での養成」については文字通りであり，教員は，大学（短大を含む）や大学院といった高等教育機関で養成されている。これは第二次世界大戦後，間もなくの昭和24（1949）年に教育職員免許法が施行され，大学で教員養成を実施する制度が整備されたからである。世界的にみて，大学での教員養成は，当時としては先駆的であったといえよう。しかしながら，近年では，欧米を中心に，教職の高度化，専門職化が図られており，教員免許を取得する標準は，大学院の修士レベルが一般的になりつつある。ここにきて，他国に比して遅れをとっている感は否めない。

他方，「開放制下での教員免許状付与による養成」とは，教員養成，つまり教員免許状の取得できる機関を教員養成系大学や教育学部だけに限定するのではなく，例えば，一般大学や工学部であっても，あるいは法学部や通信教育であっても，法令で定められた要件を満たせば，学生は教員免許を取得できるシステムのことである。戦前は「開放制」ではなく，また大学ではない「師範学校」や「高等師範学校」を中心に教員を養成していたので，戦後は大きく異なるシステムで教員を輩出してきたといえる。開放制下の養成は，多種多様なルートをくぐった教員が，学校教員集団を形成するので，結果的には多様な人材が子どもの教育を施すことになり，画一的な教員集団よりも教育効果が高まると考えられる。

(2) 大学や大学院（高等教育機関）で養成される意義

戦前の日本が師範学校を中心に教員を養成していたように，例えば，高等学校を卒業後，専門学校のような機関で教員を養成する制度設計は成り立つし，現時点でも，高等学校卒業程度の学歴で教壇に立っている国がいくつもある。一方，近年，アジア諸国の一部（韓国・台湾・シンガポールなど）においては，先述した欧米と同様に，大学院修士レベルを標準として，教員に就くシステムが整えられつつある。

それでは，教員が高等教育機関（大学や大学院）で養成される意義はどこにあるのだろうか。それは，第一に，「大学」が存立する意味にほかならないと思われる。すなわち，教員は幅広い「教養教育」と「専門教育」の高度な学問（理論）をしっ

教免法が施行される2年前，つまり，昭和22（1947）年の教育刷新委員会建議において，すでに「教員養成は大学教育により行う」と明記されている。

第2次世界大戦前の教員養成制度は，明治19（1886）年の学校令によって施行された。また，主に小学校教員を養成する師範学校は，小学校卒業を入学資格とする中等教育機関という位置づけであった。ただし，量的な不足もあって，昭和期における中等教育機関の教員養成は，大学が8割を担っている。

平成23（2011）年の国際教育到達度評価学会（IEA）の調査によると，欧米の中ではきわめて特例的だが，イタリアの小学校教員の場合，現在でも高等学校卒業程度の者の割合が高いといえる。

かりと身につけなければならないからである。では，なぜ教員が高度な学問（理論）を身につけなければならないのか。この疑問に応えるかのように，杉原（2003）は，「良き指導者になるためには，研究や学術的理論が必要である」と述べている。これは，レオナルド・ダ・ヴィンチの名言「自然の不可思議の通訳者は経験である。ただ，吾人の解釈のみが往々にして自らを欺くのである」を引用してのことである。つまり，教員は経験や実践から多くを学ぶので，いうまでもなく経験や実践は豊富な方がよい。しかし，教員はしばしば経験（実践）の解釈を間違えてしまうのである。例えば，ある指導法に成功するとその経験に基づき「次もきっとうまくいくだろう」と解釈し，同じ手法で指導するが，以前と同じ結果にならないことが少なくない。「経験には限界がある」と同時に，経験による解釈を誤ってしまうのである。教員が経験による解釈の間違いをできるだけ少なくするには，豊かな経験とともに，学術的理論（教養教育や専門教育の理論）を日常的に豊富に吸収しておくことが大事であり，加えて，学術的理論をもとに，日常の経験や実践から自分の考えを繰り返し導き出す（省察する）ことである。ここに教員として高等教育機関で学ぶ意義が生まれるのではないだろうか。

（3）日常的な理論と実践の往還で「教職の不確実性」に対処する

　教職の特殊性の一つとして，教職の不確実性（例えば，医師なら「この薬を与えれば病気が治る」という科学的知見に裏打ちされた確実性を有しているのに対し，教員の場合は，一つの問題に対して「こういう対応をとれば，解決する」という確実性が存在しない）があげられる。

　現代では，学校現場における教育課題が複雑化・多様化していることから，「教職の不確実性」が増す傾向にあり，教員養成段階で培われるべき「課題解決力」や「臨機応変さ」の占める割合が大きくなっていると考えられる。

　この不確実性に対して，従来以上に適切に対応するため，前述した「教養教育と専門教育」のほか，大学では「課題解決力」や「臨機応変さ」を高める必要がある。これらの力量を培う，大学での具体的なカリキュラムをあげるとするなら，教養および専門の理論学習におけるアクティブ・ラーニングや卒業論文・修士論文などを指摘することができよう。しかしながら，教員を含む高度専門職業人は，「大学における学び」だけではなく，養成段階から実地教育に参加し，そこで「課題解決力」や「臨機応変さ」を身につける機会が設けられている。その際，「大学の学び」と「実地教育において，今まさに起こりつつある事象」とを繰り返しつなげることで，これらの力量がより向上するのではないかと推察される。一方，平成14（2002）年の中央教育審議会答申「大学院における高度専門職業人養成について」（文部科学省，2002）にみるように，現代では科学技術の高度化，社会・経済・文化のグローバル化などにより，20年〜30年ほど前とは比べようもないほどに社会が多様に発展し，国際的競争も激しくなる中で，これまでの知識・技術や発想，思考の枠組みだけでは認識できない問題や解決不可能な問題が多く生じてきており，今まで以上に多様な経験や国際的視野をもち，高度で専門的な職業能力を有する人材が多く必要とされるようになってきている。よって，これからは，先にあげた教育先進諸国に肩を並べるべく，教員についても大学ではなく，大学を超える高等教育機関，つまり大学院修士課程レベル以上でこれらの資質能力を養成することが望まれている。

　佐藤（2015）は，「教員が現時点では『専門職（専門的知識・技術・理論を有している）』になりえていない」とし，「職人性と専門職性を兼ね備えた専門家として教育されなければならない」と記している。

　他の「教職の特殊性」の一つとして，例えば「無境界性」をあげることができる。医師なら，治療が終了した時点で一つの仕事が完結するが，教員の仕事に終わりはなく，ここまでが仕事という明確な「境界」がない。これを教職の無境界性あるいは無限定性と呼ぶ。

　アクティブ・ラーニングとは，「思考を活性化する」学習形態を指す。例えば，実際にやってみて考える，意見を出し合って考える，わかりやすく情報をまとめ直す，応用問題を解く，などいろいろな活動を介してより深くわかるようになることや，よりうまくできるようになることをめざす」（山地，2014）ことである。

2．理論と実践の往還とは

(1)「体験-省察」による教員養成カリキュラムモデル

　海外や他分野（医師・看護師・薬剤師・弁護士等々）では，かなり古くから「理論と実践の往還」，あるいは「理論と実践の融合（統合）」が，高度専門職業人を養成する際の中心的な考え方として，また，職に就いた後，高度専門職業人が自己成長するための必要不可欠なモデルとしてとらえられている。それに対して，国内の教員養成分野では，平成16（2004）年に日本教育大学協会が，教員養成の質向上をねらいとして「理論と実践の往還」や「教科専門と教科教育の連携」を具体的に示すことで，「教員養成コア科目群」を基軸にした教員養成カリキュラムモデルを提示している（日本教育大学協会，2004）。このモデルは，医師養成のカリキュラムモデルを参考にして策定されていること，加えて，大学入学直後から，学外での実践的授業科目を導入していることや実地教育の後に，授業科目として省察（振り返り）の時間を設けている点で特徴を有している。

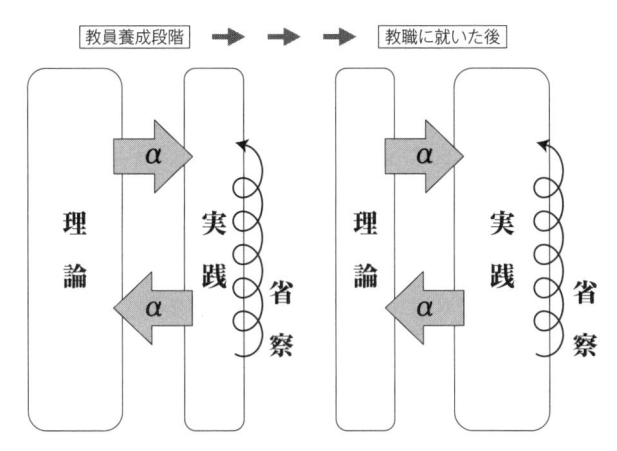

図Ⅰ－2　教職のライフステージを見据えた「理論と実践の往還」
（教職に就いた後も，理論は重要）
αには，「臨機応変さ？」「他者への想像力？」など

　ほかにも，平成24（2012）年8月の中央教育審議会では，教員を高度専門職業人として明確に位置づけており（文部科学省，2012），今後は教員養成カリキュラムの中で今まで以上に「理論と実践の往還」がクローズアップされると考えられる。同時に，この往還がより活発に機能し，現職教員の自己成長にとっても重要なモデルになると思われる。

　さて，「理論と実践の往還」に関しては，これまでさまざまな立場から論じられてきているが，それが，具体的に何を指すのかをここで確認しておきたい。一般的に教職志望者や教員にとっての「理論と実践の往還」は，「大学での学び（理論）」を「学校現場（実践）」で生かすこと。また，「学校現場での経験知」を「学術的な学び（理論）」に照らし合わせることと解釈される。

　もっと実際場面に則して表現するなら，「大学での学び（理論）」の際には，「実践の場」を想像しながら，また，「実践の場」においては，「大学の学びを糧」としなければならない。「理論と実践の往還」は常に動いているととらえることが大事である。

ドイツでは，1800年代末頃から1900年代初めにかけて，すでに専門職である「社会福祉職」において理論と実践の往還を中核とした養成が行われていた（杉原，2011）。

ヘルバルトの考えを用いつつ，宮野（1990）は「理論と実践の間（ギャップ）にタクトなるものが入ってくる理由」について，次のように述べている。「ヘルバルトは教育理論をしっかりと身につけることの意義を説いているのであるが，けれども，理論をもって実践に臨むといっても，それは理論を杓子定規にそのまま適用することを意味するのではない。（中略）理論は本来個々の事情を考慮しないから，詳細な点まで完璧に対応しうる理論などというのは，人間にとっては不可能であって，したがって，理論と実践の間にはギャップが存在せざるをえない。」

ヨハン・フリードリヒ・ヘルバルト（Johann Friedrich Herbart：1776～1841）は，ドイツの哲学者，心理学者，教育学者であり，主にゲッティンゲン大学で研究と教育に従事した。

(2)「理論と実践をつなぐもの（架橋）」について

「理論と実践の往還」は，教師成長（教員養成段階を含む）に強く関係すると思われるが，さらに，その「往還」部分（つなぐもの）に着目し，それを解明することで，教師成長において質的に何を向上させればよいのかがより明確になってくるのではないだろうか。ただし，「理論と実践のつなぐもの（架橋）」を語るのは哲学的な議論であり，それがあるのか，ないのかも含めて，普遍的な考えとしては，未だ定まっていないのが現状である。しかしながら，例えば，宮野（1990）は，ヘルバルトの「教育的タクト論（理論と実践の間にタクトが割り込んでくる）」を引用しながら，この「タクト」というのは，「すばやい判断と決断」，つまり「臨機応変の才にほかならない」と述べている。同時に，究極的には，「ヘルバルトは，理論，とりわけ教育学的理論こそが，タクト形成の下地を整えると考える」と記している。このことはこれまで示してきた，現代の教員にとって必要な資質能力や教員が高等教育機関で養成される意義とも重なってくる。ほかにも，樋口（2015）は，哲学者ヌスバウム（2013）をはじめ，多くの論者の考えをもとに，教員養成の場合「他者への想像力」を，とりわけ「子ども」という存在に対して高めるという視点を介すことにより，「理論と実践をつなぐこと」ができるのではないかとの興味深い提起を行っている。この場合の「他者」とは，「自分とは異なる存在」であり，「決して完全には知り尽くしえない他者」とされる。特に教師教育における「往還」では，「子ども」というキーワードと「決して知り尽くしえない」という点に注視すべきであろう。なぜなら，教員志望者や教員にとって「子ども」を想像することを前提としない「理論と実践の往還」はありえないし，また，「理論と実践の往還」に終わりはなく，常に動き続けるもの，動かし続けるものであり，「知り尽くしてしまって，止まるもの」ではない。結局は，目の前にいる子どもを今以上によくするために，あるいは，今行っている自分の思考や指導に関して，よりよいものがないかを探し続けることが大事で，常に「理論と実践の往還」を図っていくという意識が重要なのだろう。

（小林　稔）

タクト（tact）を辞書等で調べると，「機転」とか「臨機応変の才」あるいは「相手の気持ちを害することなく，人との関わりをもつ思いやり」などの意味がある。よって，「教育的タクト」は，意識あるいは，無意識のうちに，瞬間的に状況を判断し，さまざまな事象に適切に対応するという意味を有する。

筆者は，教育的タクト論から派生した「タクトフル・ティーチャー（tactfull teacher）」という教員像（子どもや保護者及び同僚に臨機応変に対応できる教員）は，現代に求められている教員像，すなわち，「骨太の教員」に近似していると考える。

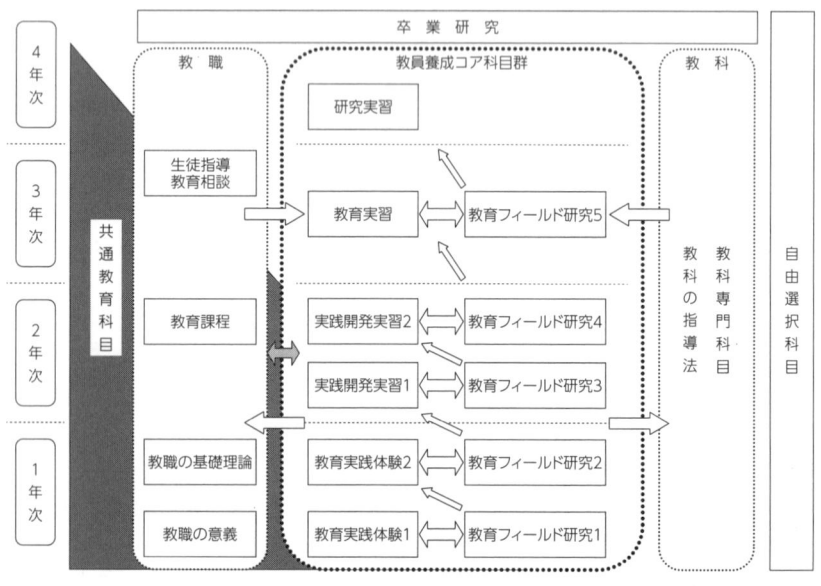

図Ⅰ－3　教員養成のカリキュラム・モデル［概念図］

（出典：日本教育大学協会，2004）

第4節　教員志望学生から初任期教員までの力量形成

1．教員志望学生の力量形成

　わが国では，1980年代以降，「従来の一般的概念であった教員養成（teacher training）という観点にかわって，養成・採用・研修の連続性を意識した教師教育（teacher education）という観点」（山崎，2002）が強調されるようになっている。また，教員の成長を生涯的なものととらえ，その成長を支援するという観点から，初任期，中堅期など，教員のライフステージに応じた研修のあり方についても議論されている。このことは，教員のライフステージに応じてどのように力量の形成を図り，それをどのように実現していくのかという問題と関わっているといえよう。とりわけ，初任期や中堅期の段階は，教員としての生涯的な成長の質を左右する重要なステージであることも指摘されており（山崎，2011），教員の力量の向上にとって重要な段階でもあると考えられる。

　ところで，「教職生活全体を通じた教員の資質能力の総合的な向上方策について」（中央教育審議会，2012）では，いじめや不登校，暴力行為，特別支援教育の充実，ICTの活用など，複雑かつさまざまな教育課題に対応し，新たな学びを支える教員を養成するとともに，「学び続ける教員像」の確立が必要であると指摘されている。また，同答申では初任期教員が実践的な指導力やコミュニケーション力，協働する力など，教員としての基礎的な力を十分に身につけていないことも指摘されており，教員養成段階において，教科指導，生徒指導，学級経営等の職務を的確に実践できる力を育成するための何らかの対応が求められている。

　つまり，採用当初から現代の多様な教育課題に対応し，子どもたちの生きる力を育むための教員を養成することが必要であり，そのためのカリキュラム開発が大学にも求められている（姫野，2013）。

　このような背景の中，中央教育審議会（2013）では，「実践的指導力の基礎の育成に資するとともに教職課程の学生に自らの教員としての適性を考えさせるための機会として，学校現場や教職を体験させる機会を充実させることが必要である」と指摘されている。このことは，大学での理論的，学問的な学びと教育現場での体験的な学びをつなげ，系統的に教員候補生の力量形成を図ることを求めていると考えられる。

　例えば，O大学では，大学での講義や早期の学校体験，実践を通した理論と実践の往還によって，教職に対する意欲を高めるとともに，実践的指導力の基礎を培うことをねらいとして，表Ⅰ-3のような教育実習系科目を設置している。

　O大学では，2年次の前期から4年次まで教育実習系の科目が設置されている。ここで，着目したいのが，教職インターンシップ入門と教職インターンシップ実践である。この両科目はO大学が4市町の教育委員会と提携し，学校現場から大学への要望（例えば，学習支援，プール補助，特別支援学級での補助など）と学生への

教員のライフステージについての考え方として幾つか指摘されている。例えば，吉崎（1998）は初任期（教職3年目ぐらいまで），中堅期（教職5年目から15年目ぐらいまで），熟練期（20年目以降）としている。

中央教育審議会（2012）では，「教職生活全体を通じて，実践的指導力等を高めるとともに，社会の急速な進展の中で，知識・技能の絶えざる刷新が必要であることから，教員が探究力をもち，学び続ける存在であることが不可欠である（「学び続ける教員像」の確立）」と述べられている。

O大学では，教員免許状の取得に際して，「教職入門セミナー」「教職インターンシップ入門」を必修，「教職インターンシップ実践」を選択としている。

指導内容（例えば，TTでの授業実践，校内研修への参加，教材作り）を提出してもらい，それに対して学生が応募することで実施されている。具体的には，教職インターンシップ入門では，主に学校現場での補助的な活動（特別支援の児童生徒の学習補助，授業の準備，補助，野外活動等の引率）を行っている。教職インターンシップ実践では，教科指導や道徳，特別活動など教壇に立っての学習指導体験，「朝の会」の実施など，前年度の教職インターンシップ入門との接続，次年度の教育実習への接続を考慮し，担当教員の指導のもと，共同で授業を行うことになっている。

表 I − 3　O大学における教育実習系科目

実習名	対象学年	期　間	内　容
教職入門セミナー（観察実習）	2年次	前期に2日間	中学校現場における1日8時間の観察実習を2日間実施し，教員の教育活動を観察する。
教職インターンシップ入門（体験実習）	2年次	5月から2月	学校教育の現場に継続的に参与することによって，児童生徒あるいは集団に対する指導方法および教職の意義を体験的に学ぶ。
教職インターンシップ実践（体験実習）	3年次	5月から2月	学校現場での経験をさらに深め，教員としての実践的指導力の基礎を培い，教育実習につなげる。
教育実習（教壇実習）	4年次	3週間	授業をはじめ諸教育活動に携わるうえでの基礎的実践力を形成するとともに，学校や教員への省察をさらに深める。

つまり，前学年度での実習が，次学年度につながるような系統的なカリキュラムの構成になっており，その内容を継続的に引き継いで実施されている。また，これらの実習を学生は，できるだけ同じ学校で行い，できるだけ同じ担当教員や学年をあてて系統的に指導されている。これによって，2年次からの積み上げ式ですべての実習が有機的に結びつき，教員志望学生の理論と体験の学習が深まっていると考えられる。

近年，学校や教職についての深い理解や意欲をもたないまま教員免許を取得し，採用されている教員がいるとの指摘もなされている。教職課程を有する多くの大学は教職課程の理念があり，その中で独自のカリキュラムを作成し，さまざまな取り組みを実施していると思われる。それは，教員志望学生の力量形成をどのように図るのかという視点から構想されたものであると推察される。

「教師としての成長・発達は，むしろ教職に就いてから本格化する」（姫野，2013）ことを踏まえると，教員志望学生は自己の力量形成に向けて「学び続ける教員」になるための土台をつくることも重要ではないだろうか。

2．教員志望学生から初任期教員の力量形成

「大学院段階の教員養成の改革と充実等について（報告）」(2013) では，「教員は初任段階の者であっても学級担任を任されることが多いなど，初任者が負う責務が大きい職業」であると指摘されており，「学部卒業後教職に就く者について，学校

現場において適切な初任者研修等により，教員としての基礎的な資質能力を磨くとともに，学校の新たな課題に応える力量を身につけさせなければならない」とされている。特に，わが国では，初任期の教員でも大目に見てもらうのではなく，即戦力として働くことが求められている（永田，2007）。

つまり，初任期教員は学部卒業後であっても中堅期，ベテラン期の教員と同等の仕事や教育実践が求められている。しかしながら，暴力行為や不登校等生徒指導上の諸課題への対応，特別支援教育の充実など，学校現場における課題が高度化・複雑化する中で，初任期教員がこれらの課題などに十分対応できず困難を抱えていることも事実である。

そうした中，わが国では，教職課程改善のモデルの一つとして平成20（2008）年から「教職大学院」が設置され，平成29（2017）年までにすべての都道府県に設置予定となっている。

教職大学院は，平成20（2008）年の設置以降，理論と実践を踏まえた新たな学びのデザインや複雑化する教育課題への対応，探究的な実践的指導力の育成が行われ，これまでの学部や教員養成系修士課程でなし得なかった学習成果を生み出している（教員の資質能力向上に係る当面の改善方策の実施に向けた協力者会議，2013）。また，学部4年間で基礎的な学修を積んだ者が，教職大学院において更に専門的な理論を学びつつ，学校現場での実習を経験し，理論と実践の往還の中，さらに2年間の学びを行うことで，学校経営の視点をもちつつ，自分の実践に自信をもち，修了後不安なく学校現場に入っていけたという報告もされている（中央教育審議会，2012）。

このことを踏まえると，初任期教員は，学部4年間での基礎的な教養と専門性を生かし，実践的な指導力，展開力を備え，即戦力として働くことが求められていると考えられる。

（嘉数健悟）

> 国立大学は，各大学の強みや特色を伸ばし，その社会的役割を一層果たしていくために，特色・社会的役割（ミッション）を整理（ミッションの再定義）する中で，教職大学院の設置（未設置の大学）を改革案として記載した。

第5節　省察のあり方

1．省察をめぐる課題について

長い間，日本の教育において普通に行われてきた授業後の反省会である「振り返り」「事後指導」と省察は何が違うのであろうか。これまでの授業後の反省会を，単に言いかえただけで，省察が成立するかどうかは，その成り立ちと意味を考えてみれば自ずと答えが出るであろう。

省察という概念は，教員養成高度化に伴って，その中心的な理念である「理論と実践の往還」を実現するためにあるといってよい。言いかえると教員養成高度化の主要な課題は，教員が「理論と実践の往還」を実現できる資質能力を有することにある。それは教職生活全体を通じた資質能力の向上につながるものとして企図されている。すなわち，省察とは理論と実践を結び合わせるために行われる活動であり，これを実現できる能力を省察力と呼び，教員に必要な主要な資質能力として位置づけられるようになった。要するに省察力は，専門職として高度化が期待される教員

> 平成24（2012）年8月28日，中央教育審議会は，「教職生活の全体を通じた教員の資質能力の総合的な向上方策について（答申）」をまとめた。答申では，教員養成の改革の方向性として教職を高度専門職業人として位置づけるべく，養成期間を4年プラス1～2年に延長し，「一般免許状（仮称）」の創設を提唱している。

にとって，新しい資質能力として必要とされるものとしての意味をもっている（松下，2010）。したがって，上述の授業の反省会では省察として事足りないことは容易に推察できる。

　つまり省察とは，これまでの授業後の反省会のように授業者の意見を聞き，参観者の意見を述べ合うという希望と願いが感覚的に語り合われる場では成立しないことになる。省察は「理論と実践の往還」が実現される場であるから，理論と実践が結び合わされ，新たな状況へ向けての展望が具体的に得られるものでなくてはならない。

　さて，ここまでくると，「確かに話としてはそのとおりだが，どうすればいいの？」とさまざまな疑問が湧いてきはしまいか。そしてその最たるものが，「理論って何？」ということではないだろうか。教員になる人は，大学でさまざまな理論を学んでくる。教育実習の学生や初任の教員からよく聞くのは「大学で学んだ理論は全く役に立たない」という述懐である。これは，ベテランの先生からも出る意見である。私は海外の教育調査対象である英国，オランダ，フィンランド，アメリカに行くたびごとに「大学で学んだことや教育の理論は実践に役に立っていますか」と問うことにしている。彼の地ではついぞ日本のような話は聞かれない。それはなぜであろうか。思うに，日本の教育の状況で「理論」をめぐる課題が大いにあることは確かであり，省察についてもその課題と一体のものとして「これまでの反省と何が違うのか？」という疑問が存在している。そのあたりについてまずは考えてみる必要がある。

2．教育における理論について

　「理論と実践の往還」における理論をめぐる課題は，もちろん欧米でもきちんと克服されているわけではない。ただ，日本では，「理論的なるもの」が積極的に軽視される風潮が長くあり，「習うより慣れろ」という経験主義が強い。もちろん教育活動は経験主義が基調となっていることは論を待たない。経験こそが最も大切にされなくてはいけないが，経験への依存性が日本では高すぎることを欧米の学校，教員を見て思う。また，日本では教員養成においても経験主義が強い。日本の教員養成で，教育実習が教職への第一歩となる。ここで学生たちは職人養成の徒弟制度的環境，経験主義のるつぼに放り込まれる。基本的にマンツーマンの先輩教員の経験主義を反映した日々を送ることになる。ここで教えられるのは教員となるための授業や生徒指導のノウハウ，すなわちスキル・知識が主となり，理論的な薫陶を受けることはほとんどない。

　なぜ日本でこれほどまでに「理論的なるもの」が疎んじられるのであろうか。その原因の一つに，日本の教員の職人的な成り立ちがあることは容易に推察できる。ただそれ以上に「理論的なるもの」が浸透しにくい文化（土壌）があるようである。「理論と実践の往還」という概念における理論の姿が，欧米における「学術的な理論」ばかりでは，日本における「理論的なるもの」の出番はなさそうである。

　繰り返しになるが，日本の教員養成は学術，教養，専門という機能と役割をもつ大学という場で行われながら，きわめて学校中心的である。どういうことかというと，学術的な理論は確かに大学での授業等で修められているはずであるが，こと教

オランダではシュタイナー教育，イエナプラン教育等のオルタナティブ教育が小学校の3割を占め，公教育への影響力が大きい。

欧米の教員養成におけるいわゆる教育実習は1年程度と長い。この間，実習生は一般の教員と同程度の仕事をし，同時に大学との連携をもちながら省察を中心とした指導を受ける。このような指導には，例えば英国では，メンター（主に大学教員）が入り，学校と共有している評価規準等によって標準化された指導，評価が行われている。このような過程への大学教員の関わりは大きい。

育実習などの実践となると，（今日的にはかなり改善されてはいるが）ほぼ学校に任せきりの状態である。これが学術的な理論と学校での実践を疎遠にしている原因であろう。これに対して，欧米の教育実習・実践はかなり大学が中心となって主導している。

　もう一つ，日本の教員は経験主義への依存性が高い実態がある。それは自分のもっている経験知を暗黙知のままに放置していることに起因していると考えられる。これが，先述の授業後の反省会の場での，希望と願いの羅列に反映されているのである。そこでは，先生個々の経験的暗黙知に接点がある時のみ，「ああしたらいい」「こうしたらいい」という具体例（暗黙知の顕在化）が出てくるのである。多くの場合，うんちくに富み，有用性の高い内容であるが，経験的暗黙知が未整理で情報化されていないので普遍化した言葉がなかなか聞かれない。このような状況だから，今日のように中間の年代が少ない，いわゆる経験のリレーができなくなった時代では，ベテランは若い教員に通じる言葉をもてないでいる。そこで経験から発せられる「熱い」言葉は無尽蔵だが，若い教員（教職経験が少ない教員）には「習うより慣れろ」式の経験主義を押しつけようとしているとしか映らないことが多い。今日的な時代の状況を照らしてみても，すでにこのような教員養成，教員研修は効力を発揮しなくなっている。そこで，必要なのが「理論的なるもの」に向けての新しい理解と省察の必要性への気付きである。

3．「理論」の新しいとらえ方と省察の必要性

　今，日本の教員養成高度化や教員の資質・能力の向上にとって必要なことは，理論のとらえ方の新しい姿である。理論といえば学術的な教育理論というとらえ方はもちろん基本であるが，それが日本の教育シーンに通用してこなかったことをかえりみるべきである。すなわち，日本の教員の資質・能力は高度な経験主義の文脈にのって国際的にも高い成果を上げてきた。しかし，その流れの中で見落としてきたのは，自己分析，自己評価に基づく経験の情報化である。日本には自己分析や自己評価の文化そのものが希薄であるから，理論といえば学術的な他者からもたらされるものというイメージがある。しかしながらそのような外からの理論は，経験主義への依存性が高い閉鎖的，内向的な見方，考え方の中には入りにくいのである。また，外からの理論が入り込めるだけの自身の整理された枠組み，パターンが存在しないのである。つまり，外からの理論が入りにくく，内からも理論を受け入れる準備ができていないという，「経験主義に依存した殻の中に，実は例えようもないほど豊かな経験的暗黙知が存在している」ことになる。ここでいう日本の教員の経験的暗黙知の豊かさは，欧米の学校教員と比較してその優秀性が語られる日本の教員の強みとなっている。ただ，この強みが，今や弱点となりつつある。すなわち，この弱点を克服する道こそ，これまで述べてきた省察をめぐる課題への取り組みとなるのである。そのための考え方を以下に示す。「理論と実践の往還」における理論と実践を近づけるために，理論は，まず，自身の経験を整理し理論化することが大切となる。まさに往還するための架橋となりうる営みといえる。この際，現実的に必要な営みが，省察となる。省察は，自身の経験を整理する作業であり，そこに他者を入れて交流し，多様な視点を取り入れて，自己分析，自己評価する営みなので

筆者が考える，経験主義への依存性の高い教員の特徴を以下にあげる。
- 他人のまねをしない
- 理論を学ばない
- 自己理論化もしない
- 押しつけがましい
- 一人でやりたがる
- 周りの評価が気になる
- 理屈っぽいうんちくは語れる

近年若い教員にもこのような傾向がみられるといわれる。

ある。「理論」の新しいとらえ方とは，要するに外的な学術的な理論を理解し，実践に適用するだけではなく，内的な経験の情報化に基づく，自身の感じたこと，考えたことをもとにした目の前の現実から抽出された課題を解決するための実践的，個別的理論である。教育という営みは，科学的にみればまだ前科学的な状況である（對馬，2005）。理論が優先して適応できるというものではなく，まさに経験主義が基本となるものである。

4．省察の方法

　省察の方法について，以下に基本的なことを述べておく。省察で大切なことは，自身の授業等の教育活動について自己分析，自己評価するということである。要するに経験の情報化という作業である。これにはさまざまな方法があり，ポートフォリオ（村上，2014），付箋法（川喜田，1967），描画法，マルチプル・インテリジェンス（Gardner，2011）等がある。要は，自分の授業や生徒指導の経験という一過性の現象について，自身の視点で記載し，整理するという流れとなる。このとき意識するのは経験の中には「スキル・知識」に属するものと「資質能力」に属するものがあることである。前者は顕在的であり，後者は潜在的である。

　本節は，京都教育大学における教育実習に関する研究プロジェクト（2011-2013年度）を遂行した経験を背景にしている（村上，2014）。省察の方法としてそのプロジェクトのホームページを参考にされたい。そこにある「分析ツール」は教育実習，初任者の授業を自己分析できるものとして有用である。ぜひ試していただきたい。

（村上忠幸）

> マルチプル・インテリジェンス（多重知能の理論）は，1980年頃ハワード・ガードナー（1943〜）によって提唱された。現在，欧米では，この考え方が教育理念の一つとして重要視されている。知能とは「1つ以上の文化的な場面で価値があるとされる問題を解決したり成果を創造する能力」であると定義して，人間の知能を8つに分類している。

> 京都教育大学のホームページ https://kuemail.kyokyo-u.ac.jp から「指導教員のための教育実習ガイド」に登録して，使用できる。

第6節　オランダの教育と教員養成
―コーチングで「考える力」を育てる―

1．オランダの教員養成大学で学ぶ

　オランダの教員養成大学に入学して，最初に感じたことは，自分が学ぶことと相手に学ばせることは，全く視点が異なるということである。私が日本で受けてきた高校までの教育を振り返ると，先生が言ったことを聞き，本に書いてあることを習得する受け身の学び，いわゆる，ティーチング的な教育の経験が主だったように思う。そのため，オランダでの教育実習でも，初めは，自分が知っていることやいいやり方だと思うことを，子どもたちにも「こうだよ」とか「こうしたらいいよ」と一方的に教えていたし，「教えてあげたい」という意識を前面に出していたと記憶している。しかし，オランダの教員養成では，子どもが自ら理解し，習得できる「子どもが主体になった教育環境」をつくり上げることを学ぶ。教員をめざして学ぶということは，子どもがいかに興味をもって，どのように学び，理解するのかを常に考え，子ども自身の学びのために，教員はどのような行動や発言をし，子どもに何を提供するべきなのかを，学んでいくことなのである。

> 本文で述べるオランダの教員養成大学とは，筆者が平成22（2010）年に卒業したアムステルダム実践大学 小学校教員養成課程（Hogeschool van Amsterdam, pabo）の短縮2年コースの課程を示す。

オランダの教育においては，教員は，相手（子ども）を尊重する姿勢をもって行動する。子どもの思考や価値観，発達過程に，自分の思考や価値観を押しつけないのだ。教員は，自分が教えたいことを容易に口に出さずに，できるだけ子どもに話させ，発見させ，振り返らせる（省察させる）ことを重視する。そして，子どもに自分で次の学びのステップを考えさせ，実践させようとする。さらには，その新たな実践を省察させるのである。オランダでは，このようなコーチング的な教育が重視されている。コーチングによって，子どもは自分の頭で自分で考えるようになり，考える力が培われる。そのため，子どもが主体的に学ぶのを，忍耐強く見守るコーチ的な存在が，教員としての望ましいあり方になるのである。教員の役割は，子どもが主体となる教育環境をいかにしてつくり上げ，コーチング的アプローチで，子どもの主体的な学びを成功させてあげることだ。子どもが獲得する成功経験の積み重なりは，子どもの自己肯定感を形成していく。オランダの小学校教員は，どのようにすれば子どもに数多くの成功経験を与えられるかを常に意識している。オランダには，イエナプラン教育やダルトン教育，多重知性論教育などさまざまな教育が確立しているが，共通している価値観には「教員のコーチング的存在」があるといえる。

2．コーチングが浸透するオランダの教育

コーチングは教科の教授法にも見られる。まず，算数を例にあげてみよう。オランダの算数教育は，子ども自身が子どもの頭で自由に計算方法を「考えること」に重点を置いている。例えば，7＋6＝という問題があるとすると，教員は子どもたちに「どんな方法で計算した？」と問うのが理想的だ。すると，いろんな答えが出てくる。「7＋1＋1＋1＋1＋1＋1で，13」とか，「7＋7＝14だから，14－1＝13」とか，「5＋5＝10だから，2＋1＝3で13」と答える子どももいるだろう。それらに対する教員の反応は，「なるほど」「それじゃあ，どの方法が一番早く計算できるかな？」という程度の促しで，子ども自身がこれが一番いい方法だと結論を出すように，コーチング的な対応をするのである。また，かけ算九九も基本的に暗記ではない。オランダでは，原理を教えて，それを子どもが自分で応用して，自由自在にかけ算ができるように教える。暗記から教えると，子どもは，普通，暗記したかけ算はできるが，暗記していないかけ算は簡単にできない。暗記に頼って，「考えること」が訓練されていないためである。しかし，かけ算を「考えること」で習得すると，14×15などの計算も暗算で答えが出るようになる。さらに，一桁ずつ順に計算する筆算も取り扱わない。それは，数の概念を考えなくても，決められた手順を覚えてそれに従えば，正解が導かれる計算方法だからである。オランダの算数教育においては，数量の概念を「考えること」と，自分で計算方法を「考えること」が，本来の算数の魅力だと認識され，子どもたちがその魅力を経験できるような環境をつくる。答えが間違っている場合も，なるべく子どもに自分で間違いを見つけさせる。ここでもコーチングが発揮する。例えば，教員は「これは，間違っているけど，どうやって計算した？」と発問して，子ども自身に，計算過程を省察させる。するとたいてい，子どもは自分で自分の間違いを発見できる。それでもできない場合は，もっと簡単な例を示すとか，その子が自分で気付くような質問や状

オランダの初等教育は4〜12歳までの子どもを対象とした8年間教育である。

中等教育は中高一貫教育で，大きく分けると，4年制の中級職業コースvmboと5年制の上級一般コースhavo，6年制の研究大学進学準備コースvwoがある。

高等教育には，4年制の実践大学hboと研究大学woがある。

「人には8つの知性があり，その中でも複数の知性が特に優れている」というアメリカの心理学者ガードナー（Gardner）の多重知性論を教育現場に取り入れた，オランダでつくられた新しい教育。VierKeerWijzer®などがある。

オランダの小学校の算数教育は，現実的算数（realistisch rekenen）という教授法を基本にしている。特徴には，現実的な題材を扱った問題が多い，モデルを活用する，子ども自身の思考と省察を重視する，意見交換することで学び合う，などの要素がある。

況を与えて，間違えが，数や問題の誤解だったのか，あるいは計算過程におけるミスだったのかなど，自分で気付かせ，自らの方法で修正させるのが理想的だ。教員は，「こうしたらいいよ」と容易に自分の思考を押しつけるのではなく，子ども自身が「考えること」を助長するように，子どもが主体になる学びを導き，忍耐強く見守るコーチ的存在なのである。

　体育や美術などその他の教科においても，「何がどこまでできたか」，「自分はどんなふうにがんばったか」「次は何をどのように挑戦したいのか」を子どもに考えさせ，発言させる。これだけで学習の主体が子どもになり，子ども自身が省察していることになる。授業の様子をクラス全体で省察させることもある。人間関係上の問題や，学習への取り組み方，自己像などにも，主体的な学びは対応できるものである。

　「考える力」を身につけるには，訓練が必要である。オランダでは，このような子どもが主体となる教育は，4歳児からなされている。子どもは，自分がやりたいことを決め，計画を立てて，実践し，省察する，そして子どもに次の取り組み方を考えさせる，コーチングを織り込んだこのような教育は，幼児教育の段階からシステムとして日常化している。

　かといって，オランダの教育はコーチングのみではない。コーチングと対照的なティーチングも学習内容に応じて行われている。意識的に使い分けられているといった方がよいだろう。例えば，文法や単語，地理を学ぶ場合には，決められたことを暗記するティーチングである。美術でも，特定の技術を学ぶ場合は，一から十まで丁寧に教えるティーチングの領域で扱う。オランダにはADIモデルというティーチングを取り入れた教授法もあり，多くの学校で採用されているが，オランダのティーチングの特徴は，教員がティーチングする時間，すなわち，子どもにとって受け身の授業は短く，5分程度である。それを子どもが主体となる学びへと授業を即座に変化させる。暗記という単純に見える作業も，体を動かしたり，視覚や聴覚的情報に応用させたり，ゲーム感覚で習得させたりして，子どもの習得度が応用レベルにまで向上するような能動的な学びの環境をつくる。

　暗記はティーチングの領域だが，例えば「自分は暗記が苦手だ」と思っている子どもがいるとする。そのような場合には，コーチングで対応できる。まずは，子どもに対して「暗記の何が苦手なの？」と発問できるだろう。すると最初は「覚えるのができないから」という平行線の反応が返ってくるかもしれない。それを「どうして？」と返すと，「覚えないといけない単語が多いから」と答えてくれるかもしれない。この瞬間，この子にとっての課題が「暗記する量」なのだと理解できる。そこで教員が「多いって，どれくらい？」と聞くと，その子どもが「毎週，20単語」と反応したのなら，「それじゃあ，どれくらいだったら覚えられると思う？」と聞き返す。「5単語ぐらいかも」と子どもが答えるのであれば，教員はそこで，「それじゃあ，来週までに5単語覚えるっていうのはどう？　それだったらできると思う？」と尋ねる。そして，翌週の終わりには，実際それができたかを子どもに確認する。子どもが「できる」と思って立てた計画なので，達成できる内容だと予想される。計画が達成されたら，教員は「すごい！　5単語しっかり覚えられたんだね。それじゃあ，来週はどれくらいの単語に挑戦してみる？」というように，雪だるま式に，少しずつ自信をつけさせて，苦手意識を克服させるといった方法である。自分の苦手なところから逃げ出さずに，向き合うこと，そして計画を立てて，

オランダでは，2歳半からの幼児クラスを併設している小学校が多い。2歳児からの幼児教育においても，子どもが主体になり，活動の選択や計画，実践，省察のサイクルを繰り返す教育が行われている。

ADI-Model（activerend direct instructiemodel）の構成には，授業の始めに，授業目標を明確にする，子どもの予備知識を活性化する，教員がティーチングで短い授業をする，ティーチングの内容を教員と子どもが一緒になって復習する，子どもが独自で（発展）課題に取り組む，クラス全体で特定の課題を振り返る，授業のまとめに，授業目標が達成できたかについてクラスで省察するといった流れがある。

実践する。全体として，学習の主体は子どもにあり，教員は受け身である。教員はなるべく提案もしない。すなわち，教員の役目は「子どもが考える」ために質問することである。そして，できるだけ成功経験が得られる計画を立てさせることである。それでも，中には計画が達成できないこともあるだろう。そういう場合でも「そうか〜。でも，それじゃあ，どれくらいの単語だったら覚えられると思う？」と聞いて，次のステップを踏ませるのである。子どもは，自分で立てた計画が成功すると，「自分でできた！」という自信と自己肯定感を獲得することになる。

オランダでいう自己肯定感とは，自分は勉強ができるとか，スポーツが得意だとか，いい子だという他人の評価による肯定感ではない。自分の性格や能力と向き合うことができ，素直な自分自身を認め，「今の自分はこのレベルだ，これができる，これはまだできない，できない状況をよくするには，こうやってみよう。」と自分を客観的，かつ，肯定的に思考する能力であり，失敗しても，「大丈夫。自分ならどうにかなる。次はこうやってみよう」と常に前向きに思考できる能力を意味する自己肯定感だと思う。小学校時代という人間形成の過程において，自己肯定感を得られた子どもは，中学校・高校やその後の人生において，さまざまな困難に遭遇しても，それを乗り越えていけるだろうといわれている。子どもたちにとって，小学校時代にそのような自己肯定感を培うことは，人生において，学力や知識の習得以上に，価値あるものになるだろうし，子どもの教育は，そのためにあるといっても過言でないと思う。

3．コーチング・ベースのオランダの教員養成

では，オランダの教員養成において，学生は教員になることをめざしてどのように学ぶのかを紹介しよう。大学の教育は，実践とコーチングを柱にしたコーチング的な教育である。つまり，学生は主体的に学ぶ。学生は自分で文献から理論や知識を学ぶ，これが前提である。加えて，入学後すぐに始まる教育実習で，「教員」を実践する。大学では，理論についての話はほとんどない。大学の授業は，学生が文献から得た知識や理論を，いかに教育現場で実践しているか，どうすればより効果のある実践ができるかを，大学の講師や他の学生と意見交換する場といった位置づけである。実践についても，大学の講師は「こうしなさい」とか「こうしたらいいよ」と自分の見解を学生に押しつけることはしない。「あなたは，どうしたらいいと思いますか」と質問するのが主である。学生自身が自分の答えを「考える」のだ。講師がまれに助言する場合でも「そうですね。私だったら，こうするかもしれません」といった程度である。講師は参考までに自分の見解を述べているにすぎない。大学では，そのスタンスが守られている。学生は，自分で自分の取るべき行動や発言を自分で「考え」，それを理論とも結びつけて，自分の発言や行動に責任をもつことを学ぶ。他人が生み出した理論や他人の意見を鵜呑みにする受け身の学びではない。学生は，主体性をもって教員養成を修めることができて，子どもたちに対しても，主体的な学びを促すことができるようになるのだと思う。

オランダの教員養成では，学生は突き放され，白紙から自分で試行錯誤を繰り返して，自分で学ぶ道を探すほかない，まさにコーチング的な教育である。教育実習校では，学級担任の教員に毎回，「次はどんな授業をやりたい？」「何を学びたい

教育実習は，入学後すぐに始まる。1年目は週1日，2年目からは週2日になる。半年間，同じ小学校で実習し，半年ごとに新しい実習校が大学から指定される。オランダにはいろいろな教育があるため，在学中は，できるだけ多くのタイプの教育を経験することが望ましいとされる。教育実習の学校では，学級担任と同様，授業や評価のほかに，職員会議や保護者面談などにも参加する。学生が授業を行う際，学級担任は，教室の後ろで授業を見学し，学生の行動と子たちの反応を客観的に記録する。放課後になると，学生は，学級担任と一緒に，授業とその日の一日を省察する時間がある。学期末試験は，ポルトフォーリオという学習記録の評価，約45分の授業見学，約2時間の口頭試問で構成されている。評価は，面識のない大学の講師か，外部からの評価者によって行われる。

コーチングでは，コルトハーヘン(Korthagen)の省察モデルやSTARTモデルが使われた。計画準備にはスマート(SMART)の法則，子どもと教師の関係の省察にはリアリー(Leary)の人間関係分析図の的なども活用した。

図Ⅰ-4　心理学者マッククレランド(McClelland)の氷山
(Handboek Coaching HvA 2010, 訳：筆者)

の？」と聞かれる。オランダでは，教育実習は，学生のために確保された教育実践を学ぶ場という認識があり，学生は，学生自身が，その日，その時間に何を目標として学びたいのかを考え，決めて，実践する。まず実践して，それを省察することで，自分が既にもっていた教員としての資質に気付くこともあれば，自分が不得意とする点や習得しなければならない技能も認識できるのである。このようにして，試行錯誤を繰り返し，学生は自分自身にとって必要なことを自分で学ぶのである。自分の考えで，自分の学びを次から次へと広げていく。

「考える力」となる省察力は，大学のコーチングという時間で培われている。学生は，毎週1時間半，6～7人の他の学生と一緒に，大学の講師一人にコーチングを受ける。コーチングでは，学生が各々，教育実習で疑問に思ったことや遭遇した問題，あるいは大学の学習に関する個人的な悩みなど，話題を提供する。コーチは学生の話を熱心に聞き，質問する。「どんな状況だったのか」「あなたはどのような感情をもったか」「あなたは本当はどうしたかったのか」「次はどうするのか」「どうしてか」「どんな結果になれば，あなた自身が満足するのか」など，学生自身に省察させ，自分で次のステップを考えさせ，計画させて，確実に次の実践へと導くのである。実践を省察することで，実践の中に理論との結びつきを見いだすことも訓練される。実践が失敗しても，省察の過程で理論を肥やしにして，次の実践につなげていくこともできるようになる。学生は在学中，このようなコーチングを継続して受けることで「考える力」を体得するのである。

オランダで教員になるということは，まず自己理解も必要になる。教員にも性格があり，個性があり，自分が育った環境があり，さまざまな経験をもち得ている。これらのすべてをバックグラウンドにもった一人の人間なのである。教員になりたいと思った動機もある。それは何か。オランダの教員養成では，あらゆる視点から見た「自分」に関する理解を徹底して文章化し，結晶化する。その一人の人間という根本的な骨組みに気付き，理解したうえで，教員に必要な理論や技能を肉づけしていく。

骨組みの修正が必要な場合もある。それも，自分で計画・実践・省察・新たな実践を繰り返すことで可能になるのである。教員は，学び続け，内面的な自分も含めて，自己成長を続けることのできる高度な専門職業人であり，将来を担う人材を育てるという務めがある以上，教員自身がそれを実践できる能力がないといけないのだと思う。

心理学者マッククレランドの氷山にも表されるように，水面上に出る教員の行動や発言には，教員に必要な理論や技能をはじめ，教育についての知識や教員という職業に関する知識，自己理解，自分の教育理念，教員になりたいと思った動機が，水面下に奥深く根ざしていることを，学生はオランダの教員養成で次第に理解していくようになる。対象は常に「自分」である。教員となる自分の姿を描き，理解し，自分をさらに育てる。教員免許を取得するには，その姿勢を第三者に実証できる能力がないといけない。

4．教員になって

教員になってからも，教員養成で培ったコーチング力から受ける恩恵は多いと感

じている。実践を実践で終わらせず，省察して，次の実践につなげることが日常的になっているのだ。コーチングを受けてきた教員は，何か問題に遭遇しても，自分で何かしら解決策を見つけることができると思う。教員という職業は，人を相手にするので，人との摩擦が多い職業である。生徒との摩擦や，ましては同僚や保護者との摩擦を経験すると，教員としての自信や自己肯定感を失いかけることもある。教育に批判的な世論に，教員としての誇りを傷つけられることもあるかもしれない。それでも，自分が置かれた状況を客観視することで，自分と状況を相対化し，自分で次のステップとなるものを設定して，一歩踏み出す。その勇気の源となる「考える力」は，教員という職業にとって，自己肯定感を与え，それを維持するために，最も大事なものに思える。

（仲本かな）

〈引用・参考文献〉

第1節
- 教育職員養成審議会（1987）教員の資質能力の向上方策等について．
  Available at:http://www.mext.go.jp/b_menu/shingi/chukyo/chukyo3/002/siryo/04111001/003.htm#01 Accessed September 16, 2015
- 教育職員養成審議会（1997）新たな時代に向けた教員養成の改善方策について．
  Available at:http://www.mext.go.jp/b_menu/shingi/old_chukyo/old_shokuin_index/toushin/1315369.htm Accessed September 16, 2015
- 中央教育審議会（2012）教職生活の全体を通じた教員の資質能力の総合的な向上方策について．
  Available at：http://www.mext.go.jp/b_menu/shingi/chukyo/chukyo0/toushin/1325092.htm
  Accessed September 16, 2015
- 中央教育審議会（2015）これからの学校教育を担う教員の資質能力の向上について（教員養成部会中間のまとめ）．
  Available at：http://www.mext.go.jp/component/b_menu/shingi/toushin/_icsFiles/afieldfile/2015/08/06/1360150_02_1.pdf
  Accessed September 27, 2015
- 佐藤学（2015）「専門家として教師を育てる」岩波書店
- 矢口悦子（2012）「絶えざる改革に影響を受けるイギリスの教員養成（宮崎英憲・東洋大学往還型教育チーム編）」変革期にあるヨーロッパの教員養成と教育実習，122-135, 東洋館出版社
- 国立教育政策研究所（2012）我が国の学校教育制度の歴史について
  Available at：http://www.nier.go.jp/04_kenkyu_annai/pdf/kenkyu_01.pdf Accessed September 16, 2015
- Ashton, P.T.（1985）"Motivation and the teacher's sense of efficacy." In C. Ames, & R. Ames, (eds.), *Research on Motivation in Education* Vol.2:141-174. The Classroom Meliu. Orlando, FL：Academic Press.
- Allinder, R.M.（1994）"The relationship between efficacy and instructional practice of special education teacher and consultants." *Teacher Educational and Special Education* 17, 86-95.
- Coladarci, T.（1992）"Teacher's sense of efficacy and commitment to Teaching." *Journal of Experimental Education* 60, 323-337.
- Gibson, S., & Dembo, M.H.（1984）"Teacher efficacy:A construct validation." *Journal of Educational Psychology* 76, 569-582.
- Woolfolk, A.E., & Hoy, W.K.（1990）"Prospective teacher's sense of efficacy and beliefs about control." *Journal of Educational Psychology* 82, 81-91.
- 前原武子（1994）教師の効力感と教師モラル，教師ストレス．琉球大学教育学部紀要44：333-342.
- 桜井茂雄（1992）教育学部生の教師効力感と学習理由．奈良教育大学教育研究所紀要28：91-101.

第2節
- Anja Swennen & Marcel van der Klink（2008）Becoming a Teacher Educator. － Theory and Practice for Teacher Educators. Springer
- 中央教育審議会などの各種答申については，文部科学省のHPを参照した．
  Available at：http://www.mext.go.jp/b_menu/b004.htm
- 藤本駿（2010）米国における教師教育者スタンダード開発の動向．西日本教育行政学会 教育行政研究31：27-37.
- 久冨善之（1994）「日本の教員文化」多賀出版
- 伊津野朋弘（2002）「教師教育（安彦忠彦ら編）」現代学校教育大事典，365-366, ぎょうせい
- 岩田昌太郎（2015）「教員養成のスタンダードづくり（岡出美則ら編）」新版体育科教育学の現在，創文企画
- 上條晴夫編（2015）「教師教育―いま，考えるべき教師の成長とは―」さくら社
- 三輪健二（2007）「はじめに」ドナルド・A・ショーン（柳沢昌一・三輪健二監訳）「省察的実践とは何か―プロフェッショナルの行為と思考―」鳳書房
- 佐藤学（2015）「専門家として教師を育てる―教師教育改革のグランドデザイン」岩波書店
- 高野和子（2008）教師教育の質的向上策―採用以降に関わる改革の国際動向―．日本教師教育学会年報17：17-24.

- 吉岡真佐樹（2008）教師教育の質的向上策と養成制度改革の国際的動向．日本教師教育学会年報17：8-16.

第3節
- 中央教育審議会（2012）教職生活の全体を通じた教員の資質能力の総合的な向上方策について．
  Available at：http://www.mext.go.jp/b_menu/shingi/chukyo/chukyo0/toushin/1325092.htm
  Accessed September 16, 2015
- 宮野安治（1990）ドイツ教師教育思想研究ノート．教育学論集19：17-27.
- 佐藤学（2015）「専門家として教師を育てる」岩波書店
- 鈴木晶子（2010）つながりの中にある心の響きあいを可視化する．
  Available at：http://www.educ.kyoto-u.ac.jp/shoko/contents01.html　Accessed September 16, 2015
- 樋口とみ子（2015）教員養成における教育実習の位置：大学から職業への移行．京都教育大学平成26年度教育改革・改善プロジェクト経費（学長裁量経費）成果報告書：「教員として求められる資質についての研究」平成26年度最終報告書，pp36-44.
- 杉原隆（2003）「まえがき」運動指導の心理学―運動学習とモチベーションからの接近―，p.iii，大修館書店
- 日本教育大学協会（2004）教員養成の「モデル・コア・カリキュラム」の検討―「教員養成コア科目群」を基軸にしたカリキュラムづくりの提案―．日本教育大学協会「モデル・コア・カリキュラム」研究プロジェクト
- 中央教育審議会（2002）大学院における高度専門職業人養成について．
  Available at：http://www.mext.go.jp/b_menu/shingi/chukyo/chukyo0/toushin/020802.htm
  Accessed September 16, 2015
- 杉原薫（2011）専門職養成教育における理論と実践の往還について：20世紀初頭ドイツにおける社会福祉職養成を中心に．広島大学大学院教育学研究科紀要第三部60：47-54.
- 山地弘起（2014）アクティブ・ラーニングの実質化に向けて．大学教育と情報 No.1：2-7.
  Available at：http://www.juce.jp/LINK/journal/1403/pdf/02_01.pdf　Accessed September 27, 2015

第4節
- 中央教育審議会（2015）これからの学校教育を担う教員の資質能力の向上について（中間まとめ）．
  Available at：http://www.mext.go.jp/b_menu/shingi/chukyo/chukyo0/gijiroku/_icsFiles/afieldfile/2015/08/10/1360841_2_1_1.pdf　Accessed July 31, 2015
- 中央教育審議会（2014）教員の養成・採用・研修の改善について―論点整理―．
- 中央教育審議会（2012）教職生活全体を通じた教員の資質能力の総合的な向上方策について（答申）．
- 中央教育審議会（2006）今後の教員養成・免許制度の在り方について（答申）．
  Available at：http://www.mext.go.jp/b_menu/shingi/chukyo/chukyo0/toushin/1212707.htm
  Accessed July 31, 2015
- 姫野完治（2013）「学び続ける教師の養成－成長観の変容とライフヒストリー」大阪大学出版会
- 文部科学省教員の資質能力向上に係る当面の改善方策の実施に向けた協力者会議（2013）大学院段階の教員養成の改革と充実等について（報告）．
  Available at：http://www.mext.go.jp/b_menu/shingi/chousa/shotou/093/houkoku/attach/1340445.htm　Accessed July 31, 2015
- 永田智子（2007）「教員養成の課題（鈴木真理子・永田智子編）」明日の教師を育てる　インターネットを活用した新しい教員養成：16-23，ナカニシヤ出版
- 山崎敬人（2011）教師のライフステージに応じた理科の実践的指導力の形成に関する研究．平成19年度～平成22年度科学研究費補助金（基盤研究Ｃ）研究成果報告書．
- 山崎準二（2002）「教師のライフコース研究」創風社

第5節
- Gardner, H.（松村暢隆訳）（2001）「MI：個性を生かす多重知能理論」331，新曜社
- 川喜田二郎（1967）「発想法」220，中央公論新社
- 對馬登（2005）「デューイの経験的自然主義と教育思想」243，風間書房
- 松下佳代（2010）「〈新しい能力〉は教育を変えるか」319，ミネルヴァ書房
- 村上忠幸（2014a）新しい時代の理科教育への一考察(2)．京都教育大学附属教育センター機構教育支援センター　教育実践研究紀要 14：31-40.
- 村上忠幸（2014b）教員養成高度化に対応した附属学校の教育実習スーパースクール化構想(3)．京都教育大学平成25年度特別経費プロジェクト最終報告書：13-26.

現職教員の体験から ①

アメリカ合衆国ワシントン州の教員養成・研修

アメリカ合衆国ワシントン州で公立学校の教員になるには

　アメリカでは州によって教員免許を取るためのプロセスが異なりますが，ワシントン州では大きく分けて2つのパターンがあります。4年制の大学で教育学を専攻し免許を取得するか，大学院に通い教育博士号と免許を取得するパターンです。大学にて教員免許取得をめざす場合は，Primary Education（幼稚園から中学2年生）かSecondary Education（小学6年生から高校3年生）のどちらかを専攻するか，専門としたい科目の専攻を選びます。大学院にて免許取得をめざす場合もPrimary EducationかSecondary Educationかを選びますが，Secondary Educationで教える科目（国語・数学・理科系科目・社会系科目・言語）を大学で専攻していなかった場合は，専門にしたい科目の単位を取る必要があります。専攻を決めた後は，それに沿った授業，実習と進んでいきます。通常は2年かかりますが，1年プログラムを提供している学校もあります。オプションで単位を取れば，英語以外の言語を母国語とする生徒へ英語を教えるELL（English Language Learners：ELL）の教員免許も取得できます。

　大学で数学を専攻し卒業した後，大学院の1年プログラムに通って教員免許を取得したMs. スタンベリーの体験談によると，1年間が4学期制になっていて，1・2学期は教員になるための基礎的な内容や科目の専門的な知識，テストの作り方や採点方法，高等学部特別支援教育などを学んだそうです。その間に，教育実習（以下，実習）に行く学校見学をしておかなければならず，また，3学期は実習期間となっていて，授業はないとのことです。実習では3か月間，専攻の学年や科目のクラスに入り，指導教員と相談しながら徐々に授業を受けもつようになります。授業を受けもつようになった後は，大学の先生たちとも話し合いを重ねながらワークシートやテストを作り，実習生がメインとなって授業を展開させていきます。

　ワシントン州は，アメリカで最も教員になるのが難しい州ともいわれています。その理由がedTPA（Education Teacher Performance Assessment）という課題です。これは，指導力を評価する専門の機関が行っているプログラムで，実習期間中に実習の様子を15分程のビデオに録画して提出したり，3〜5日間教えたことに対してのエッセイを書いたり，授業に対するテストの結果を検証していきます。州の定める点数を取らなければならないことに加えて，定期的に何回も行うので，授業づくりと並行してこの課題をこなすことが大変だったそうです。

免許取得から採用が決まるまで

　大学・大学院に通っていて，同州で就職を希望する場合は卒業前の4・5月頃から就職先を探し始めます。ワシントン州ではほとんどが学校ごとの採用になっています。大学院等の教員養成課程ではプログラムを始める前に認定テスト（National Evaluation Series）に合格していることが条件となっているところも多いため，日本の教員採用試験とは大きく違い，在学中に大学や大学院を通してオファーが来たり，各学区の求人情報を見て連絡をしたり，キャリアフェアで働きたい学校・職種に直接申し込み，面接をしてもらいます。ワシントン州では，公立学校であっても，イマージョンプログラムなどのような他とは違った教育方法を取り入れている学校もあるので，希望する学校を選ぶことができますが，必ずしも空きがあるとは限らないのが難点です。現在では，数学や特別支援教育，専門教科に加えて2科目担当できる教員はニーズが高いので採用されやすいようです。

　州外や国外で教員免許を取得した場合は，まずワシントン州の免許に書き換える必要があります。その後，勤務を希望する学校や職種が定めている認定テスト（National Evaluation Series）に合格し，面接を

通れば採用となります。

教員研修制度

　教員になった初年度は日本と同じように，初任者研修があります。初任者研修専門の指導教員のもとで，学校が始まる2週間ほど前から始まります。定期的に指導を受けながら，教科の指導法や，ワークシート・テストの作成や評価方法などを学んでいきます。学習支援や生徒指導，進路指導といった分野は専門の教員がいるので，教科担当の教員は「教えること」に集中することができます。

　アメリカでは学力改善政策によって，すべての生徒が州の定める基準の学力を身につけることを目標とした教育政策が行われています。多くの学校はPLC（Professional Learning Communities）を採用していて，教員がチームとなって州の教育スタンダードや学力テスト，評価システムに対応しながら個に応じた教科の指導力を高めていくことに重点を置いています。教科の専門性を高めるためにも，小学校では担当学年が毎年同じ学年で固定されている学校が多いとのことです。また，教育実践において，学区や学校の自由裁量が認められているので，校内で各学部（低学年・中学年・高学年）や専門部ごとに分かれて，指導法の研究を重ねています。さらに，指導力の専門性を高めるため定期的に教員評価制度TPEP（Teacher/Principal Evaluation Program）を受けます。自己評価や担当クラスの成果に加えて同僚や生徒／保護者からの評価を受けながら，教員としての指導力や適性が判断されます。場合によっては，失職に追い込まれることもあるそうです。そのほか，校外研修では，学区内における各教科／専門分野における情報の共有や，新カリキュラムに対応する指導方法などのセミナーへ行ったり，大学院へ通い，博士号や全米教員リーダー資格（National Board Certification）の取得をめざす，といった内容が多くなります。

アメリカの学校教員の課題

　アメリカでは，州によって指導要領が異なる場合もありますが，Reading（読解力）・Writing（文章を書く力）・数学力・判断力に焦点を当てて日々の指導を行っています。文章を書く力は，特に重要視されていますが，近年では「プレゼンテーション力」も注目されています。電子黒板や電子機器の普及率は高く，時代の変化に対応した指導力が求められているといえます。

　またアメリカには，いろいろな人種・家庭環境の子どもたちがいます。そのため，学校現場においてもいかに人種的・性的差別をなくすかということが今の大きな課題です。シアトル大学ではこの問題を重要視していて，教員養成課程ではSocial Justice（社会正義）を必須科目としています。教員の立場から，どうやって人種的・性的差別と向き合い，差別をなくしていくか，ということを学んでいるのです。

（池田　梢）

現職教員の体験から ②

教育実習を振り返って（1）

　私は，身体を動かすことが大好きです。小さい頃からサッカー，水泳，ハンドボールなどのスポーツを通して，人と関わることの楽しさや大切さを学んできました。私には，恩師がいます。目立ちたがり屋で，自分の思いばかりを優先させたがる当時の私に対し，「陰で根深く努力ができるあたたかい人になってほしい」と指導してくださった中学校時代の担任の先生です。

　そんな私が将来の職業について考えたとき，「児童生徒に寄り添いながら，人と関わる楽しさを伝えられる保健体育教員になりたい」という思いを抱くようになりました。こうして，沖縄県にある大学の教育学部に進学しました。この稿では，大学3・4年次で経験した教育実習について，振り返って感じたことを記してみたいと思います。

附属中学校での教育実習
○指導教諭の言動を目で追うことから
　教育実習の初日，人生で初めて「先生」と呼ばれる日。まずは，職員室で自己紹介をしました。なるべく簡潔に，自分が伝えたいことを一つに絞って話をするように心がけました。私の指導教諭や保健体育科でお世話になった先生方は，初めてお会いした時から，多くを語らず背中で伝えたいことを示してくださる先生でした。「学校とは」「教員とは」と，すべて知り得ているはずのベテランの先生方でしたが，私たちが学校現場を見て感じたり，学んだりすることのできる環境を意図的につくっていただいたように感じます。そのおかげで，先生の行動や生徒との接し方など，よりすみずみまで見て学ぶという習慣がつきました。

　実習の第1週目は，学校の雰囲気に慣れていきながら，先生方が行う授業を参観させていただき，翌週の授業展開を考えるという内容でした。指導教諭の出勤から退勤までの仕事をまずは目で追い，少し余裕ができたら授業に使う器具を出すなど，できることをまねして行います。朝は，職員室で職員打ち合わせがあるので，出勤から打ち合わせまでの間に1時間目の授業の準備をしたり，学級活動の計画を立てたりと目まぐるしく時間が過ぎていきました。

　第2・3週目は，実際に教育実習生が授業を担当します。私は水泳と保健，担当学級の学級活動の授業を行いましたが，お世辞にも「うまくいった」といえる運びではありませんでした。しかし，生徒たちが勇気づけるまなざしで私の話を真剣に聞いてくれていました。あの時の生徒の表情は今でも忘れません。教員をめざす私を応援してくれているようでした。

○若いからこそできること
　学校現場では，学習指導と同等に必要不可欠なものが「生徒指導」だといわれています。特に思春期を迎える中学生は，感受性が豊かで，とても人間らしい心の交流がみられ，私自身もこの時期に自分の存在を認めてくださった先生のおかげで教育学部に進学した背景があります。実習中に，ある部活の生徒たちの中で問題が起こり，まずは，活動を行わず全員で話し合う時間をつくるように顧問の先生から提案されていました。その時の顧問が私の指導教諭でした。何がきっかけで問題に発展したのか，放課後の体育教官室で先生に尋ねてみると，中学生の女子によくある，部活に対する思いや能力の差でわだかまりが生まれたということでした。その時に「若い先生だと，自然に本音がはき出せるのよね，子どもって。それは，若い時にしかできないことだから」と言ってくださいました。ベテランの先生方が話をすると，生徒の目が変わります。時には，甘えが通用しないことも上手に諭すように指導される場面もありました。生徒た

ちの気持ちを汲み取りながら，してはいけないことは見逃すわけにはいかない毅然とした態度の先生から，若い先生にしか開けない心の扉があると教わりました。当時の私にとっては何よりも心強いお言葉でした。

母校の高等学校での教育実習
○高等学校の教員の使命
　大学4年次に行った教育実習では，愛知県にある母校の高等学校に受け入れてもらいました。自主・自律を校訓として，生徒が自ら学び，自ら行動する力を大切にされる学校でした。当時，生徒たちは学校生活を全力で楽しみ，特に学園祭などの特別活動に力を入れながら，勉学との両立に励んでいたことを覚えています。
　しかし，私が3年ぶりに訪れた母校は少し雰囲気が変わっていました。初日に指導教諭の先生とお会いした時に校風についてお話を聞いてみると，時代の流れに合わせて，少しずつ規律を設けて自由とルーズをはき違えないような雰囲気づくりに励んできたとのことでした。生徒の特長やニーズも時代とともに変化していく現実に驚いたことと，教員はそれに合わせて生徒たちがより個性を伸ばしながら，成長していける環境を考えていかなければならないのだと痛感させられました。

○教員として責任感
　私の指導教諭は，初日からとても厳しい先生でした。毎朝教室に入る時，身だしなみが整っていること，聞き取りやすい声で話をしていることが大切だと指導してくださいました。私は，髪が肩に少しふれる程度の長さでしたが結んでおらず指導を受けました。当たり前のことですが，私はその瞬間教員ではなく「大学生」のままであったことを反省しました。「ここでは『先生』なのよ」という心のメッセージを感じました。おかけで毎日とても緊張感と責任感をもちながら取り組むことができました。授業においても集合隊形など日頃から規律が確立しており，その場にいるだけで気持ちが引きしまる思いでした。当時の私には同じことはできませんでしたが，授業のまとめで必ず意見交流の時間を取り入れることを最初から最後まで一貫して行うことができたことを最後の反省会の時にほめてくださいました。できたことについてはたっぷりほめてくださる先生をみて，こうして生徒も先生の魅力に引き込まれていくのだろうと感じました。

教育実習から学んだこと
　2校での教育実習を終えて，教員という仕事で生きていきたいという思いが強くなりました。実務的なことや先生方からのご指導などはもちろんのこと，目で見ることのできない「確かなもの」が私の心の中に刻まれていることに気付きました。生徒たちと過ごした放課後のたわいもない会話や教材研究の時間を通して，私の将来について相談にのってくださった先生方との時間などはかけがえのない宝物になりました。こうして「人と関わる楽しさ」を伝えられる仕事に就くことが私の夢であり，教員なのだと思います。

（石田由美）

第Ⅱ章
教育実習から教員採用・初任期の研修までの実際

第1節　教育課程・教育方法および評価の理論

1．学校は何を教えるのか

(1) 学校の教育内容の全体計画―教育課程

　学校は子どもたちに何を教えるところなのだろうか。教育実習に臨むにあたり，こうした問いと向き合うこともあるだろう。学校は，教科の知識内容の習得に重きを置くべきなのか，それとも，自ら課題を見つけ出す力や意欲を伸ばすべきか，いやむしろ，友だちとの協調性や思いやりを高めることに焦点を当てるべきか。あれもこれもとさまざまな考えが浮かび上がってくる。

　子どもたちの学校生活を規定する時間割を思い浮かべてみれば，日本の学校では，多くの場合，国語や社会，算数・数学，理科，生活，音楽，図画工作・美術，技術・家庭，体育，外国語（英語）などの教科とともに，総合的な学習の時間や特別活動，道徳などの時間が設けられてきた。

　だが，これらは，決して普遍的なものではない。歴史を紐解いてみれば，第二次世界大戦後初期には教科のみの時代も存在した。一方，1990年代後半には，従来の教科内容と授業時間数を削って，新しく総合的な学習の時間が導入された。教科の比重が弱まることで子どもたちの「学力低下」を招くのではないかといった批判的見解が寄せられたことは記憶に新しい。

　そもそも学校は何を教えるべきなのかという問いを追究する中で編成されるものの一つに「教育課程（カリキュラム）」がある。教育課程とは，一般に，①学校教育の目的や目標を達成するために，②文化的諸領域の中から選択した内容を，③児童生徒の心身の発達に応じて，④授業時数との関連において組織・配列した，⑤学

表Ⅱ-1　小学校における教育課程表の例

（数字は年間の授業時間数）

	各教科									道徳	特別活動	総合的な学習の時間	外国語活動	総授業時数
	国語	社会	算数	理科	生活	音楽	図画工作	家庭	体育					
第1学年	306		136		102	68	68		102	34	34			850
第2学年	315		175		105	70	70		105	35	35			910
第3学年	245	70	175	90		60	60		105	35	35	70		945
第4学年	245	90	175	105		60	60		105	35	35	70		980
第5学年	175	100	175	105		50	50	60	90	35	35	70	35	980
第6学年	175	105	175	105		50	50	55	90	35	35	70	35	980

（出典：文部科学省〈平成20（2008）年告示〉『小学校学習指導要領』をもとに作成）

　本田（2005）は，個性やネットワーク形成力，交渉力など，「個々人の人格や感情，身体などと一体化したもの」に光が当たる近年の傾向を「ポスト近代型能力」の台頭ととらえたうえで，警鐘を鳴らしている。従来の「学力」概念との関係を考えるうえで興味深い。

　戦後初めて出された昭和22（1947）年版の学習指導要領（試案）の中では，「教科課程」という言葉が用いられていた。現在，使われている「教育課程」という言葉が登場したのは，昭和26（1951）年版の学習指導要領（試案）においてである。

　研究開発学校制度・教育課程特例校制度などにより，教育課程編成の特例を文部科学大臣が認可する場合もある。例えば，京都教育大学附属京都小中学校では「ランゲージ」「サイエンス」などの領域が設定されたり，同大学附属桃山小学校では「メディア・コミュニケーション科」が開発されたりした場合もある。

校の教育内容の全体計画，と定義される（天野，1993）。当該の学校における教育内容の全体を見渡すことのできるように，何を教えるかの見取り図を示すものが教育課程である。

教育課程を編成する主体は，それぞれの学校である。各学校は，教育基本法や学校教育法，学校教育法施行規則，および学習指導要領に示された内容に則り，学校教育目標を具体化するための教育課程表を作成している。表Ⅱ-1は，現在の小学校における教育課程表の例示である。

(2) 学習経験の総体を視野に入れる

では，教育課程表に明示された内容だけを私たちは学校で教え学んでいると考えてよいだろうか。

計画・組織され可視化された教育課程表を顕在的カリキュラムと呼ぶとするならば，顕在化していないものの学校や教員が無意識のうちに子どもたちに伝えている内容を潜在的カリキュラム（隠れたカリキュラム）と呼ぶことがある。例えば，それぞれの学校や教室がもつ雰囲気や教員の言葉遣い，行動様式，地域の風土などは，必ずしも意図しているわけではないのに子どもたちの人間形成に少なからぬ影響を及ぼしていると考えられる。

学校や教室に入ってみると，子どもたちが自主的・積極的に活動を進める雰囲気のところがある一方で，教員の指示に従い規律を守ることに重きが置かれている場合もある。こうした潜在的カリキュラムが子どもたちに与える実際的な人間形成の作用を無視することはできない。

さらに，「学校は何を教えるのか」という問いを，学校で学ぶ子どもの側に立って考えてみれば，一人ひとりが学び取る内容がまったく同一のものとなるわけではないことも事実である。たとえ同じ学校・教室で学んだとしても，ある教育内容に対して，子ども一人ひとりが行う意味づけの実際は，さまざまに異なることが考えられる。そのため，教員は目の前にいる子どもたちとの関わりの中で，自身の計画した教育内容を常に問い直し，いろいろな工夫を加えているはずである。

このように考えると，どうやら可視化された計画としての教育課程表の作成のみをもって学校の教育内容の編成を完結・終了したと見なすわけにはいかないことが浮き彫りとなる。実際の教育活動の中で学校や教員がつくり出していく内容や子どもたちが実際に学び取ったものも視野に入れて，「学校は何を教えるのか」を考えていく必要がある。換言すれば，学校における「学習経験の総体」との関連において，教育課程のあり方を常に問うことが求められる。

したがって，教育課程は，国家によって一方的に上から与えられる画一的なものというよりも，むしろ各学校が子どもたちとともにつくり上げていくものとして考えることができる。そのダイナミックな働きは，同時に，教育実践に携わる教員一人ひとりが子どもたちの人間形成に影響を与える存在であるという点での責任を自覚させるものでもあるだろう。

(3) 教育内容をめぐる議論

ただし，先述のように教育課程をつくり上げていく際，私たちは何の指針ももたないわけではない。とりわけ直接的な影響を与えるものとして重要なのが，学習指導要領において告示される教育内容である。

「隠れたカリキュラム」の存在を最初に提起した人物は，アメリカ合衆国の教育学者ジャクソン（Philip W. Jackson）だといわれている（田中，2005）。授業実践の改善のためには，教える知識内容のみでなく，教員と子どもの相互交渉の様式なども視野に入れる必要のあることを，著書 Life in Classrooms（Holt, Rinehart and Winston, 1986）において提起した。なお，多賀（2014）は，他の教員と「同じことをしているのに，うまくいかないのはなぜか」という問いを追究する中で，教室での見えにくい「細かいてだて」について考えることの重要性を具体的に指摘している。

教員と子どもは，「教室で刻々と生起する多様なディレンマと遭遇し，問題解決的思考を展開して授業と学習に参加」しており，その都度，「教員自身の抱いている認識も修正され発展される」ものであることが注目されている。こうした教育実践の特徴を，佐藤（1996）は「反省的実践」として位置づけている。それに対置されるのが，どんな状況にも有効な技術の開発に重きを置く「技術的実践」である。

「学びの経験の履歴」としてカリキュラムをとらえる場合でも，計画的に教育内容を組織することそのものが否定されるわけではない（佐藤，1996, pp.108-109）。

平成20（2008）年版の学習指導要領に先立って出された中央教育審議会答申「幼稚園，小学校，中学校，高等学校及び特別支援学校の学習指導要領の改善

第二次世界大戦後おおよそ10年ごとに改訂されてきている学習指導要領は、それぞれの時代状況に応じるかたちで教育内容を示してきた。最近では、平成20（2008）年3月に告示された学習指導要領（小学校版・中学校版）をもとに、各学校が教育課程を編成している。

　平成20（2008）年版学習指導要領は、それ以前に展開されていた、いわゆる「ゆとり教育」に転換を迫るものとして注目された（勝野, 2015, p.107）。「ゆとり教育」とは、平成10（1998）年改訂の学習指導要領の内容に関して頻繁に用いられるようになった言葉でもある。そこでは、従来の教科内容と総授業時間数を削減する一方、子どもたちが自ら課題を見つけ、主体的に判断する力を育成しようと総合的な学習の時間が導入された。知識を詰め込むことはもはや時代遅れであり、変化の激しいこれからの時代を生き抜くためには、「生きる力」としての自ら考える力が重要だという認識がそこにはあった。

　ところが、平成10（1998）年の改訂直後から、教科学習の比重を減らすことによってもたらされるであろう「ゆとり」に対する批判的見解が提出されることになった。特に『分数ができない大学生』というタイトルの本が出たことに社会的な関心が集まる中で（岡部・戸瀬・西村, 1999）、大学生のみならず小中高校段階においても子どもたちの「学力低下」がみられるのではないか、さらに、「ゆとり教育」は「学力低下」をますます加速させるのではないかという懸念が高まったのである。

　対する文部科学省は、平成14（2002）年に「学びのすすめアピール」を提起したうえで、翌年には「確かな学力」の育成をはっきりと位置づけていることを表明し（図Ⅱ-1）、学習指導要領を一部改正した。さらに平成20（2008）年版では、「確かな学力」の中身を具体的に以下の3点にわたって明記するにいたる。

①基礎的・基本的な知識・技能の習得
②知識・技能を活用して課題を解決するために必要な思考力・判断力・表現力等
③学習意欲

　マスコミによって「脱ゆとり」とも名づけられる2000年代中頃以降の動向は、「確かな学力」の育成をめざして授業時数を増やした平成20（2008）年版学習指導要領の改訂とも密接な関連をもっている。

　以上のように、「学校は何を教えるのか」をめぐっては、さまざまな見解があり、

について」（同年1月）では、「21世紀は、新しい知識・情報・技術が政治・経済・文化をはじめ社会のあらゆる領域での活動の基盤として飛躍的に重要性を増す、いわゆる『知識基盤社会』（knowledge-based society）の時代である」とされた。その上で、「変化が激しく、新しい未知の課題に試行錯誤しながらも対応することが求められる複雑で難しい時代を担う子どもたちにとって、将来の職業や生活を見通して、社会において自立的に生きるために必要とされる力が『生きる力』である」と提起された。なお、高等学校と特別支援学校については平成21（2009）年に学習指導要領が告示された。

　当時の「学力低下論争」における論点の構図については、市川（2002）が参考になる。「総合的な学習の時間」は、子どもたちにとっての学ぶ意味と喜びをもたらすものとして高く評価する立場もある。

　中でも、②にあげられた「知識・技能を活用して課題を解決する」力は、「活用力」「応用力」とも称され、その育成のあり方が関心を集めている。

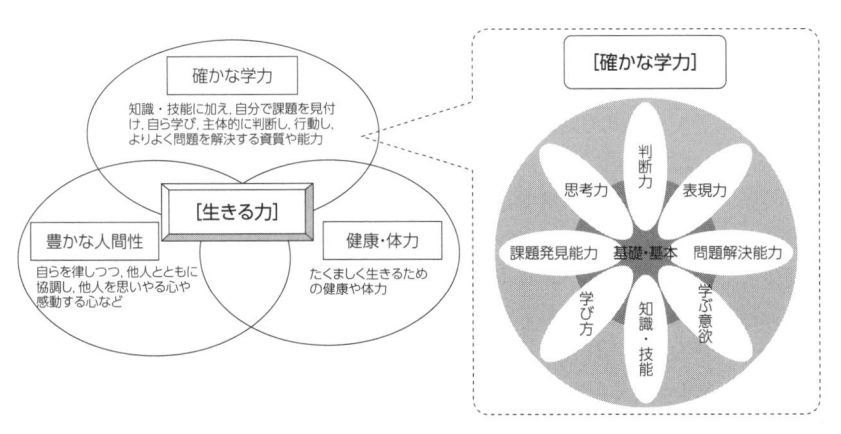

図Ⅱ-1　「生きる力」と「確かな学力」
（出典：中央教育審議会答申「初等中等教育における当面の教育課程及び指導の充実・改善方策について」平成15〈2003〉年）

何度も改革が行われてきたことを見て取れる。

歴史をさかのぼってみれば，社会状況を踏まえた「現代生活の研究」に加え，「教科専門家から得られる示唆」「学習者についての研究」という3つの源泉において学校の教育課程のあり方を模索する必要性を提起したのが，アメリカ合衆国の教育学者タイラー (R.W. Tyler) であった (田中, 2005)。

教育課程に関する理論を学ぶということは，歴史的な経緯の中で，現在，私たちがどのような位置にあるのかに関する理解を深める糸口となる。そしてまた，学校が教える教育内容は「他の可能性」に開かれたものでもあることを前提に，教員一人ひとりが自分自身の見解を不断に吟味し続ける営みが必要であることを教育課程の理論は示唆しているように思われる。

2. どのように教えるのか

(1) 教育方法としての「合文化の原則」「合自然の原則」

では，ある教育内容を取り上げて授業を行うとき，私たちはどのような方法をとるだろうか。講義形式や実物提示，対話，グループでの学び合いなど，少し考えただけでも実にさまざまな方法のあることが浮かび上がってくる。また最近では，子どもたちの思考を活性化する方法としてアクティブ・ラーニングにも注目が集まっている（第Ⅰ章第3節1参照）。

以下では，教師と教材，子どもという三者の相互作用を視野に入れ（図Ⅱ-2），授業の組み立て方を考えてみよう。その場合，「合文化の原則」と「合自然の原則」という2つの考え方のあることが指摘されている (庄井, 2015)。

「合文化の原則」とは，まず「次世代に伝達すべき文化価値（教える内容）を明らかにし，子どもに必要とされる文化としてそれを整序して，子どもの自己活動に呼びかける教育方法の原則」とされる (同上, p.51)。言い換えれば，教材研究を通して「教師が教えたいことをはっきりともち，子どもが，楽しく，手応えをもって学べるような教育方法」の模索である。

一方，「合自然の原則」とは，既存の文化を是としてその教え込みに陥ることを避けるため，何より「子どもの自然（人間としての本性）に寄り添いながら，子どもと既存の文化とを出会わせ，子どもとともにそれを吟味し，新たな文化を創造し合うことができるような教え方」を意味する (同上, p.53)。既存の文化に対して「子どもの自然（人間の本性に基づく本来の育ち）」を守るという発想により，まずは「子どもからはじめる」という原則が強調される。この場合，指導過程において子どもの発達に基づくことが重視される。

前者の「合文化の原則」について，その最も基本的な様式を提起したとされる代表的な人物はコメニウス (Johannes A. Comenius, 1592-1670) である。コメニウスは，戦乱の続く時代の中で「世界平和」の実現をめざしていた。絶えることのない戦争の要因は異なる信念の対立にあるとみたコメニウスは，だれにでも共通する普遍的なものとしての信念・知識を学ぶことに可能性を見いだした。そこで「あらゆる人にあらゆる事柄を全般的に教授する普遍的な技法」を模索して，著書『大教授学』(1657年) を世に提起した。

では，「あらゆる人」に教えるべき「あらゆる事柄」はどのように具体化された

タイラーは，教育課程の編成について，以下の4つの段階を提起した。①目標 (objectives) を設定する。②目標達成に必要な教育的経験を明確にする。③それらの教育的経験を効果的に組織する。④目標が達成されているかどうかを評価する (田中, 2005)。以上のように，あらかじめ設定した目標に到達していく過程を綿密に組織しようとするタイラーの発想は，「工学的アプローチ」と称される。それに対し，教師と子どもたちの実際の関わり合いの中でさまざまに生み出されてくるものを重視する発想は「羅生門的アプローチ」と呼ばれる。

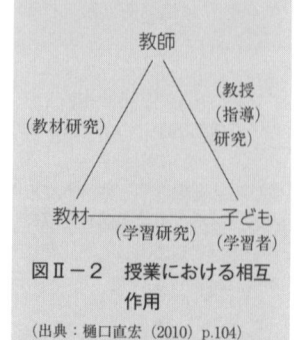

```
         教師
         /\
        /  \ (教授)
(教材研究)/    \(指導)
      /      \研究)
     /        \
    /_____\
  教材         子ども
      (学習研究) (学習者)
```

図Ⅱ-2 授業における相互作用

(出典：樋口直宏 (2010) p.104)

「合文化の原則」は学問中心カリキュラム (discipline-centered curriculum) に，「合自然の原則」は子ども中心カリキュラム (child-centered curriculum) に近い発想をもっているとされる (庄井, 2015)。前者の代表的著作としてはJ.S. ブルーナー (1960) を，後者の代表的論者としてはJ. デューイをあげることができる。

ただし，佐藤 (1996) によれば，コメニウスの提起した方法は，「印刷術によって大量の知識が迅速に多数の本へと印刷される」ように，「大量の知識が迅速に多数の子どもに教授される技術」を構想したものだったとされる。そこには，子どもを「白紙（タブラ・ラサ）」の受動的存在と見なす傾向のあったこ

のか。実際にコメニウスが開発した教材『世界図絵』(1658年) は，世界初の「絵入りの教科書」として注目された。そこには，「天空」「大地の作物」「本」「学校」「人間性」などの事物が，総数150にわたり，絵と言葉（解説）で示されている。『大教授学』において「権威だけで教えてはならない」「感覚と理性によって教えよ」と訴えていたコメニウスは，「拷問」のような「たいくつな綴字法」ではなく，子どもたちが「引き寄せられ」，楽しく喜んで「遊びたわむれるようなやり方」で学ぶことを可能にするような教材『世界図絵』の開発を試みた（コメニウス，1658）。

一方，後者の「合自然の原則」は，ルソー（Jean-Jacques Rousseau, 1712-1778）によって提起された教育方法にその淵源を見いだすことができるという。ルソーは「ただ一つ子どもにぜひともつけさせねばならない習慣は，いかなる習慣にも染まらないという習慣である」と主張した。その背景には，「万物をつくる者の手をはなれるときすべてはよいものであるが，人間の手にうつるとすべてが悪くなる」という「自然礼賛，人為排斥」の発想があった（ルソー，1762）。

そのため，ルソーの著書『エミール』(1762年) を訳した今野によれば，「子どもを自然の発育にまかせ，教師はただ外部からの悪い影響をふせいでやる」ことが重要になる（同上，p.6）。子どもが自らの行為を自ら決定していく「自律的な主体」となるよう，教員による一方的な教え込みをできるだけ避けるという点で，ルソーの主張は「消極教育」と名づけられる。「本来子どもの内面に宿っている自然性が損なわれることなく成長していく」ような「環境」に光が当てられたのである（橋本，2012）。まずは子どもの現在の生活を中心に，子どもの自然本性にふさわしい環境をつくり出し，新たな文化を創造することの必要性をルソーは提起したといえるだろう。

(2)「生き方の幅」を広げる教材と指導過程

上記の2つの原則は，互いに全く相容れないものだというわけではない。「合文化の原則」においては，「教師が教えたいことを子どもにわかりやすく教える」というところから主に教材の文化的価値に関する工夫がなされ，「合自然の原則」では，「教えたいことは子どもの自然（本性）にふさわしいかたちで教える」というところから，特に環境づくりや指導過程のあり方が考慮される（庄井，2015）。

これら2つの契機は，たとえその比重の置き方に違いがあるとしても，実際の授業実践において統合されることもあるといえるだろう。例えば，現在の小学校（算数科）における教科内容として「分数の意味理解」を取り上げ考えてみよう。

分数の意味理解に関する文化的価値という点では，量分数と割合分数の違いを踏まえつつ，分数と小数の共通点と相違点に迫ることなどが考えられる。中でも，分数に固有の量分数の概念を理解するために，どのような教材を用いて「はした」（余っている部分）の量を測るかを考える必要がある。

一方，子どもの自然本性や育ちに焦点を当てると，例えば分数の意味理解に関する発達段階を特に考慮することになる。さらに，その発達段階にふさわしいかたちで，子どもたちの興味・関心を生かした自発的な活動を尊重するような指導過程が求められる。

教材や教員による働きかけ（指導過程）を工夫することにより，分数の意味という文化的価値を，子どもたちが生活の中で実感を伴って理解することができるよう，授業実践は展開されていく。

とが指摘されている。

「人間を操作する技術」の合理化を求めるのではなく，むしろ教育される側は「教育されたがっているわけではない」こと，換言すれば「自分は自分で育てたいと思っていること」を視野に入れようとする立場もある。例えば，保育や幼児教育の中で重視される「環境による教育」は，どう遊ぶかを子どもにゆだねるため，自分自身のあり方の変容を他者から一方的に強制されるのではなく，「自分は自分がつくった」といえる可能性が大きくなることに光が当てられている（子どもと保育総合研究所，2013）。

教科内容と教材の区別については，柴田 (2000) が参考になる。

量分数は，基準とした量に対して余った部分（端下：はした）を，基準量にあてはめていき，いくつ分になるかを測ることによって算出される。例えば「端下」3つ分で1メートルになるものを，3分の1メートルと呼ぶ。常に基準量（1メートルや1リットルなど）を意識するのが特徴である。この計測方法は，互除法と呼ばれる場合もある。それに対して，割合分数は，あるものを等分するという操作に基づく。例えば，1つのケーキを3つに分けたうちの1つを3分の1と呼ぶ。この場合，等分する前の量（もともとのケーキの大きさ）は，場合によって異なり，必ずしも明確ではない。

算数の教科内容として蓄積されてきた知見はもちろんのこと，子どもたちの生活世界にも「じっくり付き合う」中で，「子どもたちの内にある力」を育てることの重要性を提起した渡辺 (2002, 2003) の実践が参考になる。

以上のように、「合文化の原則」と「合自然の原則」は、必ずしも二者択一ではない。むしろ、目の前の子ども一人ひとりの実態に対峙する中で、いかに両者を統合するかを模索することが求められる。つまり、授業においてどのような方法で教えるのかを構想することは、教材観と指導観、さらに両者をつなぐ子ども観を含む複雑なものである。教室に通ってくる子どもたちが生活に対する認識をより豊かにできるように、そして一人ひとりの「生き方の幅」が広がるように、教育方法のあり方を考えるということは、教育実践に携わる者にとっての魅力の一つであるように思われる。

3．子どもたちは何を学んでいるのか

(1) 子ども理解

中でも、教えるという行為は、実際にそこで学ぶ子どもたちの存在を無視して成立するわけではない。どのように教えるかを考える際には、対象とする子ども一人ひとりの特徴や学習への取り組み方を考慮する必要がある。

例えば、取り上げようとする教科内容に対して、子どもたちはどのような考えや知識をもっているのかを明らかにしたいと思ったときには、心理学における「素朴概念」の研究が参考になる。子どもたちは決して白紙の状態で授業に臨んでいるわけではなく、さまざまな生活経験の中で固有の論理（考え方）をつくり上げている。例えば、水は氷になるとき固まるのだから体積は減るはずだとか、重い物体の方が軽い物体よりも速く下に落ちるに違いない、体重計の上で力いっぱい踏むと力がかかって体重は増えるはずだなど、一人ひとりが生活の中で体得した原理をあてはめて事象を解釈していくとされる。こうした素朴概念は、事象への能動的な解釈・関わりという点で、いわば子どもたちの「有能さ」を示している。

そのため、これらを無視せずに、むしろ授業の中で積極的に生かすことが必要になる。例えば、小学校教員の東井（1957）は、子どもたちの素朴概念を含む「生活の論理」と、教科内容としての「教科の論理」との矛盾を授業の中で積極的に取り上げ、対峙させたうえで、その統合を試みる実践を展開させた（東井、1957）。

なお、教科内容に関する既有知識のみならず、子どもたちが生きている生活世界そのものに接近しようとする試みが、「子ども理解」というキーワードで積み重ねられてきていることも忘れてはならないだろう。例えば、固有名の〇〇さんはどのような日常を生きているのか、何を考え、どんな困難を抱えているのか、そのすべてを知り尽くすことは決してできないものの、「生活者」という視点で子どもをとらえ、教育実践を構想することが求められる時代になっている（山本・藤井・高橋・福田、2014）。

(2) 学習状況を見取り、指導の改善に生かす―教育評価

では、教員と教材、子どもの相互作用の中で繰り広げられる授業において、実際に子どもたちが何を学んだのかは、どうすれば把握できるだろうか。この問いに正面から取り組んできたのが教育評価論である。

教育評価とは、一般に「教育活動と直接あるいは間接的に関連した各種の実態把握と価値判断のすべて」とされる（梶田、1992）。ただし、とりわけ重要なのは、子

「生き方の幅」という言葉は、インドの経済学者セン（A. Sen）の提起したケイパビリティ（capability）アプローチから示唆を得たものである（川本、1995）。社会発展（social development）論において、GNPなどの数値で産出される経済面だけにとらわれず、人間発達（human development）そのもののあり方を問う必要性を提起したセンの発想は興味深い。

素朴概念は、「ミス・コンセプション」「オルターナティブ・フレームワーク」「プリ・コンセプション」「子どもの科学」「生活的概念」「経験的科学」と呼ばれることもある。中身の詳細については、今井・野島（2003）が参考になる。

東井（1964）によれば、「子どもというものは、［中略］無茶苦茶、無秩序に感じたり思ったり考えたり行なったりするのではなく、ちゃんと、その底に深くつをもっている」。「その理くつは、子どもの親たち［中略］、地域性だとか、経済、文化、歴史、伝統、今までに受けてきた教育、世の中のふんいき、学校、学級のふんいきにまで密接につながっている」。そこで、「『授業』というものは、子どもたちが背負ってやってくる『生活の論理』と、教師が代表する『教科の論理』の対決、止揚の意識的構成・組織とその実践の問題と考えてもいいのではなかろうか」と主張されている。

どもたちの学習状況を把握して終わりにせず，より豊かな人間形成へと結びつけるため「教育の改善」に生かすという視点である（田中，2008）。

そこで，教育活動のねらいがどのように実現しているかを的確に見取るための評価方法を開発することが求められる。中でも近年，注目を浴びているのが「真正の評価（authentic assessment）」論である。「真正の評価」論とは，テスト問題の作成において，日常生活のリアルな文脈・状況（situation）を取り上げたり，本物に近い場面を模写したりすることを重視するものである（田中，2008）。そこでは，文脈を排除したドリル型テストを積み重ねるよりも，学んだ内容を，実際の生活に近い，あるいは本物の（authentic）文脈の中で総合し活用することに重きが置かれる。

この「真正の評価」論は，基本的な知識・技能の習得のみならず，それらを活用して課題を解決するための思考力・判断力・表現力等を重視する，近年の「確かな学力」の動向に対応するものとして紹介されている。具体的に，この発想に基づくテスト問題として，知識や技能を総合して表現することを求める「パフォーマンス課題」の開発も進んでいる（田中，2011）。

教育評価をめぐるこれまでの理論が提起してきたのは，結果として浮かび上がる学習結果の違いの要因や責任を子どものみに帰すのではなく，教員の指導のあり方を問い直し，指導の改善に結びつけるということである。

それは，教材の良しあしや教員による発問などの働きかけ方を問い直すにとどまらず，果たしてそもそも学校は何を教えるべきなのかという教育内容そのものの問い直しにもつながっていくとされる（中内，1998）。

教えるということは，まさにこうした問い直しの連続でもあるのではないだろうか。問いを追究する中で先人が積み重ねてきた理論の展開に思いをはせることが，今後の展望を切り開く糸口となることもあるだろう。

（樋口とみ子）

とりわけ，生活指導論においては，「子ども理解」を，教員から子どもへの一方的決めつけとしてではなく，むしろ教員と子どもとの間で展開される「相互行為」としてとらえるべきだという主張もある（山本・藤井・高橋・福田，2014）。ほかに，臨床教育学では，「物語る」ことに光を当てた「子ども理解」論も展開されている（田中，2012）。

すでに戦後初期の昭和22（1947）年版の学習指導要領（試案）において，教育評価の役割が次のように記されている。「教材が果たして適当であったかどうか，また教師の環境のととのえ方や，活動の呼び起こし方，すなわち指導法が適切であったかどうかを反省することができるし，また，一人ひとりの児童や青年の学習結果を知って，これからの指導の出発点をはっきりさせたり，その指導計画を考えたりするいとぐちを見つけ出すこともでき，これあって，はじめて指導の効果を，よりいっそう，あげることができる」。こうした教員にとっての指導改善の指針という意義に加え，子どもの側にとっても，今後の学習のあり方を見通す自己評価の力を高めるという意義のあることが指摘されている。なお，当時は，調べて考えるという意味から「考査」という言葉が用いられていた。

教育実習は，各学校の教諭（養護教諭および栄養教諭を除く）の免許状を取得する際に行われ，教育職員免許法第5条，同法施行規則第6条などにより定められている（ただし，高等学校教諭の工業は特例により教育実習を必要としない）。

第2節　教育実習の事前の準備と心構え

1．教育実習とは

(1) 教育実習とは

各大学が実施している教員養成のカリキュラムは，教育職員免許法と同法施行規則に基づいて作成されており，教育実習についてもこれに沿って行われるが，大学内で履修する他の単位とは違い，実際に子どもたちが学ぶ学校現場で実施されるという点に注意しなければならない。学校現場は，先生方の教育実践のもと，子どもたちが学び，成長する場であり，実習生はそこで学ばせていただくという謙虚な気持ちを忘れずに取り組むことが大切である。

(2) 実習生という立場

実習校における実習生の立場は，学ぶために来ている「学生」であり，もちろん正式な「教員」ではない。しかし，実習中は子どもたちからは「先生」と呼ばれ，

地域の方々からは「学校の関係者」として見られることとなる。これを踏まえると，実習生は「教員」に準じる行動や意識が求められると考えなければならない。参考のため，公立学校の教員が地方公務員法によって守ることを義務づけられている「職務上の義務」と「身分上の義務」について，以下にまとめる。

服務の根本基準（地方公務員法第30条）	
職務上の義務	・服務の宣誓（同法第31条）
	・法令等及び上司の職務上の命令に従う義務（同法第32条）
	・職務に専念する義務（同法第35条）
身分上の義務	・信用失墜行為の禁止（同法第33条）
	・秘密を守る義務（同法第34条）
	・政治的行為の制限（同法第36条）
	・争議行為等の禁止（同法第37条）
	・営利企業等の従事制限（同法第38条）

> 「政治的行為の制限」「営利企業等の従事制限」については，教育公務員特例法においてその制限範囲の違いが示されている。

いずれも教員をめざすうえで必ず必要となる基本的な法規であり，教育実習が始まる前にきちんと学んでおいてほしい。

2．教育実習の心得

(1) 実習中に心がけたい姿勢

①情熱をもって積極的に

　実習校では，日々子どもたちの成長のためさまざまな教育活動が展開されており，これらの教育活動に「教育実習のためだから，この程度でかまわない」といった活動は一つも存在しない。実習生は，そのことを十分に理解し，責任感と情熱をもって積極的に取り組むことが求められる。間違っても「指示待ち」や「単位を取るためだけ」といった姿勢は慎まなければならない。また，清掃など子どもたちと一緒に活動する機会には，率先垂範の姿勢で臨み，よき手本となるよう心がけてほしい。なお，実習中，実習生にとって一見雑務に感じるような作業を依頼されることもあるかもしれない。しかし，学校の業務すべてが間接的であっても子どもたちの成長に必要な教育活動の一環であることを理解し，意欲をもって丁寧に取り組むことが大切である。

②心のコップを上向きに

　教育実習は，大学で学んだ教育に関する知識や技術をもとに，実際の学校現場で実践を行うことができる貴重な機会であり，充実した学びの期間とするためには感謝の気持ちと謙虚さもって真摯な態度で実習に臨むことが大切である。時には，指導教員の先生などから厳しい意見や指摘を受けることもあるかもしれないが，それは実習生の成長を期して指導いただいていることを忘れず「常に心のコップを上向き」にして前向きに受け止めてほしい。

③授業準備は徹底的に

　授業を成功させるためには，まずしっかりとした準備をすることが必須である。準備の段階で不安を覚える発問や展開は，実際の授業でもその部分でつまずく可能性が高いといえる。授業準備は，できれば実施が楽しみになるぐらい徹底的に行う

ことが理想であり，またそこまで熱意をもって準備をすれば，きっと授業を通してその思いが子どもたちにも通じ，応えてくれるはずである。自らの夢に向かってひたむきに努力する実習生との出会いは，子どもたちにとってもすばらしい学びの機会となる。実習中，何事にも全力で取り組む姿勢を大切にしてほしい。

(2) 実習中に気をつけるべきこと

①元気なあいさつと丁寧な言葉遣い

　子どもたち，先生方，地域の方々へは元気なあいさつで始まるコミュニケーションを心がけ，言葉遣いにも気をつけること。特に，子どもたちとの会話では正しい日本語を使い，発達段階に合わせた語彙を選択して丁寧に話しかけること。また複数の実習生がいる場合，実習生同士の会話も学生の会話とならないよう注意すること。

②清潔感のある身なりと節度ある振る舞い

　教育において，教員は非常に重要な人的環境となることを理解し，身なりや振る舞いは教員としての品性を保つようにすること。服装は動きやすく派手ではないものとし，安全性のためにも必要のない装身具はつけないこと。頭髪は清潔感のある髪型を心がけ，濃い化粧なども避けるべきである。また振る舞いについては，子どもたちとなれ合いの関係にならず，教員として適切な距離が保てるよう努めるとともに，先生方や地域の方々に対して失礼がないよう社会人として常識ある行動を心がけること。

③時間には余裕をもって行動

　学校現場は分刻みでスケジュールが決まっており，遅刻や予定ギリギリの行動は厳禁である。一日の日程，時程を頭に入れ，次にすべきことを常に意識しながら，早め早めの行動を心がけること。また，提出物についても改善・訂正しなければならない可能性に備え，期限に余裕をもって作成すること。

④登下校中も気を抜かない

　実習期間中，子どもたちは実習生の一挙手一投足を見ており，登下校時には地域の方々からも学校関係者として注目されることとなる。実習生は，常に子どもたちの模範となる行動を心がけなければならない。

⑤報告・連絡・相談を忘れない

　「わからないこと」や「判断がつかないこと」については無理に一人で抱え込まず，指導教員の先生などに相談してから進めること。ただし，先生方は日々，さまざまな業務でとても忙しくされている。相談する前には，「今，お時間よろしいでしょうか」など，一言うかがってから話し始める配慮は忘れないようにしてほしい。また，いじめにつながる言動など気になる様子を発見した場合や何か失敗をしてしまった時などは，速やかに先生方へ報告・連絡すること。

⑥子どもたちの安全と人権の保護が第一

　実習中は常に，子どもたちの安全と人権の保護に最大限の注意を払うことが求められる。いかなる場合であっても実習生による子どもたちへの体罰や人権侵害は許されない。万が一そういった事態が発生した場合，実習が打ち切りになるばかりでなく，子どもの成長と発達に甚大な悪影響を与えてしまうことを絶対に忘れてはならない。また，実習中に事故や災害が発生する可能性も考えられる。そのような場合に備えて，避難方法や経路などについて理解しておくとともに，もしもの場合は

子どもたちがパニックに陥らないよう冷静な行動を心がけてほしい。

⑦個人情報の漏えいは厳禁

　実習校や先生方，子どもたちについて実習中に知り得た情報は，実習後も含め絶対に他へ漏らしてはならない。特にインターネットなどを通じて情報が拡散した場合，子どもたちや実習校にとって取り返しがつかない事態を招く危険性があることを理解し，個人情報のみならず教育実習での出来事や知り得た情報は，SNSやブログに絶対に掲載してはならない。

⑧情報機器やインターネットの利用には注意が必要

　コンピューターウイルスへの感染や情報漏えいを防ぐため，情報機器やインターネットの利用は実習校の指示に従い注意して行うこと。特に近年，実習生が持ち込んだ記憶媒体によるウイルス感染などが相次いでおり，USBメモリーなどの取り扱いは慎重にしなければならない。また教材研究の際，インターネットから情報を得ることは大変手軽であるが，その活用については情報の正確性，著作権などに十分配慮しなければならない。

⑨子どもたちとの個人的な関係は厳禁

　実習中に限らず実習後も，子どもたちとの交流や電話，メールやSNSを通したやりとりなど個人的な繋がりをもつことは厳禁である。また，子どもたちからメールアドレス等の連絡先を聞かれた場合も，禁止されている旨を伝え，毅然とした態度で断ること。

⑩児童生徒の学校・教員批判には同調しない

　実習生は，子どもたちにとって「先生」であり，時には「親しみやすいお兄さん，お姉さん」と感じられる存在である。そのため，子どもたちから相談を受けたり，愚痴を聞かされることも珍しくない。そのような時，共感的に話を聞いてあげることは大切であるが，学校や先生方に対する批判などに同調してはならない。学校は教員が一丸となって教育活動を行うことが大切であり，実習生もその一員であるという意識を忘れて行動すると，実習校の教育活動に混乱を招く結果となるためである。また複数の実習生がいる場合，実習生同士の会話でも先生方の批判や噂話をすることは控えなければならない。

⑪武勇伝を語らない

　休み時間や放課後などに子どもたちとコミュニケーションを取ることで関係を築き，児童生徒理解を図ることはとても大切である。しかし，仲よくなることを優先するあまり，不適切な内容を話題にしたり，迎合的な態度で接したりすることがないよう気をつけてほしい。特に「昔は，先生も○○（悪事など）をした」といった類いの話は，何の教育効果もないばかりか実習校の教育活動に混乱を招く可能性もあり，絶対に慎まなければならない。

> 個人情報保護法において「個人情報」とは，生存する個人に関する情報であって，当該情報に含まれる氏名，生年月日その他の記述等により特定の個人を識別することができるもの（他の情報と容易に照合することができ，それにより特定の個人を識別することができることとなるものを含む。）をいう。

3．教育実習に向けての準備

(1) 健康管理について

　教育実習に向けて体調を整えることはもちろん，実習中もしっかりとした体調管理が必要である。感染症等にかかった場合，実習先の子どもたちや先生方へ感染する心配もあるため，インフルエンザ，ノロウイルス，病原性大腸菌等の感染症につ

いて理解し，必ず登校前に体調のチェックを行うこと。また，過去に大学生を中心に麻疹が流行したことに伴い，教育実習前に麻疹の抗体検査や麻疹ワクチンの接種状況を確認する学校もあるので，自身の罹患履歴やワクチンの接種状況について事前に確かめておくこと。

> 学校における感染症の予防については，感染症の種類（学校保健安全法施行規則第18条），出席停止の期間の基準（同規則第19条）などが定められている。

(2) 事前に準備しておきたいこと

①実習校についての下調べ

登下校は公共交通機関を利用することとなるため，その経路や所要時間を調べるとともに下見をしておくこと。また事前に，実習校の学校要覧，教育方針，教育目標，校則などに目を通し，実習中はその遵守に努めること。なお，実習前に担当するクラスの名簿や名前入り集合写真を借りることができる場合，顔や名前をしっかりと覚えて実習を始められるようにしてほしい。

②実習期間中のスケジュール管理

実習期間中は実習に集中するため，アルバイトや部活動，就職活動の日程調整をしておく，大学のレポート提出を済ませておくなど事前のスケジュール管理をしっかりとしておくこと。

③事前の教材研究

実習校との事前打ち合わせでは，実施する授業の教科や単元についても説明が行われる。必要な学習指導要領および同解説，教科書を購入し，できるだけ早期に教材研究を始めるとともに，実習校で指定された様式での学習指導案作成も練習しておくこと。また，臨機応変な授業展開を行うためには教科の専門知識や技能ばかりでなく，幅広い教養や一般常識が必要となる。普段から，読書やさまざまな経験を積むなど教養や常識を身につける取り組みも大切にしてほしい。なお，教育実習の初めには，担当するクラスの前で自己紹介をする機会が必ずある。例えば小学校低学年の場合，子どもたちの興味を引くような小道具を準備するなど印象に残り，親しみをもってもらえるような挨拶を考えておくとよいだろう。

(3) 教育実習中あると便利な物

筆記用具や印鑑，体操着など実習校から指示される持ち物のほかに，実習中にあると便利な物を以下に紹介する。

- 腕時計（実習校内での携帯電話の使用は厳禁なため絶対必要）
- 小さいメモ帳（実習中は常に携帯しメモを取るようにする。あわせて3色ボールペンなどもあると記録を整理しやすい）
- バインダー（授業参観や会議の時に資料を挟んで使用）
- クリアホルダー（資料や教材を項目ごとに整理して保管）
- 付箋（いただいたアドバイスや思いついたアイディアを整理するのに使用）
- 雑巾（控え室等の美化に努める）
- 大きめのハンカチ（怪我の応急措置など緊急時にも活躍）
- 動きやすい靴（通勤用と別にスニーカーなど動きやすいものが活躍する時がある）
- リュックタイプの荷物入れ（外での活動時には両手を空けておけるリュックタイプの荷物入れがあると指導しやすい）

この節では教育実習の心得や準備について述べてきたが，まず大切なことは，事

前に余裕をもって準備すること，実習中は実習校から指示・指導されたことを厳守することである。また，準備や実習を進めていく中で，迷いやわからないことがあれば勝手に判断せず，実習校の指示を仰いでから取り組むようにしてほしい。

最後に，教育実習は教員としての資質・能力を高めるだけでなく，先生方や子どもたちとの出会いの中で人間的に大きく成長できるとても貴重な機会である。一期一会の精神を大切に，人間性を磨いてほしい。

(今野勝明)

第3節　模擬授業について

1．模擬授業で学ぶこと

そもそも「模擬授業」って何だろうか。「模擬」という言葉には「本物や実際の場合と同じようにすること」「本物にまねてすること」と辞書には書いてある。簡単にいえば，実際の授業にまねて授業をすることが「模擬授業」である。

K大学における「初等教育実践基礎演習」の授業では，まさにこの模擬授業に取り組んでいる。カリキュラムとしては，15回の授業の中でテーマを決めて進めている。まず，初回は知らない学生たちとコミュニケーションゲームを通してグループをつくっていく。教員にとって，人と関わることはとても大切な資質の一つである。この時できたグループで，いろいろなアドバイスをし合い，また自分にとってプラスになることをお互いに吸収していく。授業の見方，いわゆる授業の観察の仕方と分析について，まず学んでから模擬授業（マイクロティーチング）へと授業を進めていく。模擬授業といっても，一人7分程度が2回と15分程度が1回という短い模擬授業（マイクロティーチング）である。しかし，この短さが初めて一人で授業する彼らには，段階を追うという点で，最適だと感じている。

まず，1回目の模擬授業は，テーマが「カードやチャートを生かした模擬授業」である。実際に授業をする時の小道具の作り方を学ぶ。どこで出せばいいのか，有効なのかを試行錯誤して学んでいく。最初からうまく授業ができるはずもなく，みんな課題は山積みではあるが，グループのメンバーでアドバイスし合い，徐々に力を高めていく。2回目の模擬授業は「パソコンによるプレゼンテーションを生かした模擬授業」。これは，視覚的な教材のよさはあるが，使い方一つで良くもなり，悪くもなることを学んでいく。

機器を使った授業も，これから教壇に立つ人たちにはぜひ必要になってくる。学生たちは思いのほか，上手にオリジナルな教材作りをしている。

そして，一番授業の本質に関わる「発問」について考える授業づくりへと難易度が上がっていく。このような短いけれど一人でつくっていく模擬授業（マイクロティーチング）を通して，学生たちは成長し教員へのモチベーションを上げていく。

この授業を通して，模擬授業の難しさと喜びを感じ取り，学習者の立場になって授業を受ける，すなわち子どもの考えそうなことを必死で考え，子どもの目線にたった授業について，徐々に目覚めていくことになる。

ここで述べた大学の授業としての「模擬授業」以外に，2で述べる教育実習での「模擬授業」，そして教員採用試験で行われる「模擬授業」がある。採用試験での「模擬授業」は都道府県によりかなり異なるが，試験会場で教科や単元を与えられて指導案を考え，試験官を相手に模擬授業することが多い。また，教員になってからの「模擬授業」は，研究授業などに備えて事前に授業を行い，本授業までに改善点を考えることが目的である。

「模擬授業」とは，本授業をイメージしてあらかじめ行うことであるが，活用される場面によって目的が異なる。ここで述べるのは，大学の授業としての「模擬授業」である。指導経験のない学生にとって，最初から本授業と同じような授業をすることは難しい。そこで時間を短くし，授業実践の基礎的技能を習得することを目的にして，設定された課題に沿って授業についてのトレーニングを行う。この方法はマイクロティーチングと呼ばれ，アメリカのスタンフォード大学で開発されたものである。

1回目より2回目，2回目より3回目と，その成長はすばらしいものがある。これはグループの他のメンバーから得るものがいかに多いかということの証明である。

自分の授業をするだけでなく，他のメンバーの授業も自分の授業のように受け止め，グループの人数分の授業をよい面はもちろんのこと，「自分ならこのように考える，やってみる」という自分のこととして考え，意見交流することでの成長であろう。

この授業を通して学生たちの成長を実感し，改めて「模擬授業」を実際に経験することの重要性を感じているところである。

2．模擬授業「授業の内容 ―発問の重要性―」

「模擬授業で学ぶこと」で述べてきたが学生たちがこの模擬授業を通して大きく成長することは実感したが，それでは大学の授業でなく，実際の教育実習での模擬授業について述べていきたい。教育実習での模擬授業は，子どもたちを前にして授業を行う前に，実習生同士で学習者の立場（それぞれの校種の該当学年）になって授業を受けるというものである。通常45分授業であるので，考える時間や作業する時間は削除していくものの，授業の流れや中心発問については，その妥当性についてお互いにアドバイスしていく。そして出てきた課題をもとに，もう一度授業を練り直し改善していく。指導案づくりの一番の難しさは「発問」であろう。「発問」の良しあしで授業の展開が全く違ったものになる。

ここに発問とは，どういうものであるのかを述べている文があるので引用する。

授業において指導者が行う言語活動に，発問，指示，説明がある。発問とは，授業の中で指導者が学習者に対して，思考や認識などの学習活動を引き起こすために発する問い，問いかけのことをいう。発問は学習者の精神活動に働きかけ，促す活動であるといえる。それに対して指示は，指導者が学習者に対して，学習方法などをことばで指し示すことをいう。指示は学習者の手足や五感などの身体活動を引き起こす活動といえる。説明は，指導者が学習者に対して，学習内容や学習の進め方を伝え，理解させるために行う活動のことを言う。（中略）授業においては，これらの三つの活動はいずれも欠くことのできない重要なものである。指導者はこれらをバランス良く指導過程の中に配置し，相互に関連づけることで，学習者の思考や表現を活性化し，授業のねらいを達成することが求められる。

授業は学習者である児童・生徒の主体的な学習活動が実現しなければ学習指導とはいえない。この主体的な学習活動を引き出すのが発問である。（中略）発問は学習者の主体的な活動を促す上で最も重要なものであり，発問を考えること（発問づくり）は，教材研究・分析及び学習者の実態分析・活動予測・評価とともに授業づくりの大切な作業である。

実習生たちにとってこの「発問」がなかなか難しく，どうしても羅列的，単発的な発問が多く，知識を問うだけのものや説明をしてしまっているものが多い。主体的な学習活動を引き出すための時間的な余裕がないのも原因の一つになっている。考える時間を十分に保証せず，正解を答えた児童生徒の発表のみで進めてしまうことが往々にして見受けられる。

この授業は，グループで進めていくものであるが，K大学では，教育実習中，それぞれの学級に配属された6～8人の学生が一つのチームになって実習期間を過ごす。京都市の公立学校での実習では，単独であることが多い。一対一での実習と複数人数での実習では，時間的には厳しいものがある。しかし，チームで取り組むことで自分一人では学べないような多くの経験ができる。

実習中の「模擬授業」では，学生の立場ではなく当該学年の児童生徒の立場になって答えることが大切になる。「子どもならどのように答えるだろう，反応するだろう。」と，正解ばかりでなくできる限り予想される反応を考えることが大切である。子どもの反応を考えるためには，それぞれの児童生徒理解が重要になってくる。

高乗秀明・浅井和行（2003）『コミュニケーションとメディアを生かした授業』日本文教出版，p.135より引用。

主体的な学習活動では，問題意識を学習者自らがもち，それを解決していこうとする態度や能力を育てる。反対に指導者が一方的に説明し，聞いているだけという学習活動では，受け身になり主体的な学習活動はできない。

3．模擬授業「授業に関わる姿勢」

　今まで述べてきたように指導案の中の「発問」が授業の良しあしに大きく関わってきているが，そのほかにも模擬授業において大切なことに「授業に関わる姿勢」がある。まず，明るく，はっきりと言うことが大切である。暗い表情で，楽しくなさそうに授業していては，子どもたちも学ぶことが楽しいものではなくなる。教員がその授業を楽しみ，明るい表情で子どもたち全体を見回して授業することが大切である。また，すべての子どもに明確に伝わるような声の大きさが必要である。しかし，同じ音量の声ではなく，時には強弱をつけたり，抑揚を工夫したりすることも大切である。

　また，子どもたちがいることを想定して，立ち位置を考えることも必要である。ずっと教壇の前だけにいるのではなく，机間指導したり，支援の必要な子どものところにアドバイスに行ったりすることもイメージしておく。

　板書については，授業が終了した時に，どんな授業をしていたのかが一目でわかるようなものが望ましい。これは模擬授業の時に事前に練習することができる。そして，必ず文字を丁寧に書き，書き順についても確認しておく必要がある。書いたものを消したり，いい加減に書いたりということがないように子どもたちにとって見やすいものであるかを常に心がけるようにする。同じ色ばかりでなく，効果的に色を使うことも有効である。しかし，見やすい色であるかどうかは，事前に確認しておく。

　教材を有効に使うことも大切なポイントになる。丁寧に作った教材を，どのタイミングで出すかによっても，その効果が異なる。そして，文字や教材を丁寧に掲示することも必要なポイントである。

　最後に子どもたちに対して，常に肯定的なとらえ方を心がけることが，大切である。特に間違った答えをした時の対応などは，十分配慮する必要がある。常に「先生は受け入れてくれる」という気持ちを子どもたちが感じ取れるような雰囲気を大切にしてほしい。

4．模擬授業観察の着眼点

　これまでは，模擬授業をする側からの有用性や授業内容そして授業に関わる姿勢について述べてきた。ここでは，模擬授業を見る側の着眼点について述べていく。授業をただ漠然と観察していたのでは，全体的な感想に終わってしまう事が多い。そこで，あらかじめ授業を見る視点を定めて観察する必要がある。これを積み重ねることで授業を見る目が育っていく。そして，そのことが授業者としての学びへとつながっていく。

発問づくりのポイント　1．わかりやすい発問であること。
ア）何を問うているのかが明確であること。
イ）問われていることの答えが導きやすいこと。ウ）思考の順序性，過程を考慮すること。
発問づくりのポイント　2．
ア）ねらいや意図が明確に意識された発問であること。
イ）学習者の応答を意識した発問であること。
ウ）中心的発問と補助的発問の関連を意識した発問であること。
エ）学習者の構えを前提とした発問であること。
（前掲書中「発問づくりのポイント」より引用・整理）

　教員の文字が，担任した子どもたちに与える影響は非常に大きい。教員が乱雑に書いていると子どもたちの文字も乱雑になり，丁寧に書かねばならないという意識が育たない。特に小学校低学年では，その傾向が強い。また書き順については，指導する前に必ず確認しておく必要がある。「学ぶ」は「真似ぶ」で，教員の書いた文字が子どもたちに与える影響は非常に大きい。

○授業観察の着眼点例（学習者の立場になって）
 1．先生の指示はわかりやすかったか。（何をどのようにするのか）
 2．先生の問いはわかりやすかったか。（何を考え何を答えるのか）
 3．先生の説明はわかりやすかったか。（筋が通り，要点がつかめる）
 4．先生の話し方はわかりやすかったか。（発声，大きさ，早さ，間合い）
 5．先生の言葉は，わかりやすかったか。（わかりやすい用語，言葉使い）
 6．板書は正しく，見やすかったか。（字の正しさ，大きさ，位置，色）
 7．教材・教具の利用が有効だったか。（教材・教具，実物など）
 8．問いや指示に対して考えたり行動したりする時間やゆとりがあったか。
 9．自分で考えて行動する場面や時間があったか。
 10．誤答に対する先生の対応は，あたたかく適切なものだったか。
 11．先生の態度は明るく，積極的に学習を促すものであったか。
　　　　　　　（『コミュニケーションとメディアを生かした授業』pp.33より引用）

　よい授業をつくっていくためには，まず授業を見ることである。それも漠然と見るのではなく，授業者の働きかけに対して学習者がどのように反応したかを記録していくのが望ましい。これを授業記録という。書き留めていくのが難しい場合は，録音しておくのも一つの方法である。授業を見る目ができてくると，授業の良しあしもわかり，おのずから改善点も見えてくるものである。

　模擬授業を見ることで授業を見る視点が育ち，模擬授業をすることで，自分自身では気付かないさまざまな課題を知ることができる。これが授業改善につながり，教員としての力量を高めていくことになる。
　　　　　　　　　　　　　　　　　　　　　　　　　　　　　　（西井　薫）

現職教員の体験から ③

教育実習を振り返って（2）

　大学4回生で採用試験に合格し，大学院で2年間学んだ後に教員となりました。本稿では，学部時代に行った2度の教育実習を振り返るとともに，現在の高等学校における勤務に生かされていることについて考えたいと思います。

小学校での教育実習

　学部3回生の時，大学の附属小学校での実習に参加しました。オリエンテーションの際，「実習生とはいえ，子どもたちに対して与える影響は大きいものがある」という指導教員の言葉がありました。これを聞いて緊張感が高まったことを覚えています。しかし，オリエンテーションの後，配属されたクラスで子どもたちと出会った時，がんばろうという意欲が高まりました。

　実習で重要なことの一つが授業です。全部で4回実施した授業では，教える内容を明確にすること，発問によって子どもたちから考えを引き出すことの2点の難しさを感じました。小学校においては，1時間で扱う内容はそれほど多くありません。その時間に扱う主題と単元との関係にも留意するとともに，子どもたちの経験や興味・関心に応じた発問を考えていくことが重要であると学びました。授業以外では，子どもたちとの関わりの中で多くの発見がありました。「教員と子ども」の関係は「教える，教えられる」という立場であり，こちらの話をいかに聴かせるのかということが大事であると思っていました。しかし，子どもたちとの関わりの根底にあるのは，彼ら彼女らが考えていることを「聴く」ことにあると気付きました。彼らのもっているもの，考えをもとにして指導をしていくことが必要であるとわかりました。

高等学校での教育実習

　小学校での実習の翌年，高等学校で実習を行う機会がありました。高等学校での実習は授業に重点が置かれていました。指導案の形式や授業の構想については，小学校での実習の経験や大学での講義で得た知識が生かされました。しかし，高校生に対していかに語りかけるのか，どのように伝えていくのかということについては，実際の授業を見なければ得られないものでした。そこで指導教員の先生から，他の先生の授業も見に行くようにとの助言をいただきました。扱われる授業の内容が充実しているのはもちろんのこと，ICTの活用などによって生徒の理解をサポートしたり，発問を重ねて授業内容と生徒の経験を結びつけていったりといったノウハウにふれることができました。同じ題材を扱う場合でも，実施するクラスが異なれば，アプローチの方法も少しずつ変わってきます。同じ先生の同じ小科目の授業でも，クラスによって導入や展開の実施形式が変わるという点が印象的でした。

　小学校と異なり，授業以外の時間の多くを教材研究に向けるのが高等学校の実習でした。「人間は教えているときに，学んでいる」という格言にあるとおり，だれかに伝えなければならないと意識すると，学びの深まり方が変わってきます。また，実習で同じ教科を担当した友人の授業を見学することで，教材のとらえ方の違いに気付くことができました。研究授業に関わる討議では，それぞれの実習生が授業実践を通して得た経験をもとに，授業の構成や指導の要点，教材の提示の方法などについて活発な議論を行うことができました。実習以前の議論では，どこか抽象的な理論が中心で実感を伴った理解が難しいものでした。しかし，実習で行った授業実践という直接的な経験が加わることによって，議論に具体性が増すとともに，やや抽象的な理論についての理解がしやすくなるように思いました。

教育実習の前後での変化は

　小学校と高等学校，二つの学校での教育実習は教員として必要となる要素を異なる角度からとらえることのできる貴重な機会でした。教諭として勤務している現在からすれば，あくまでも教員という仕事の一部分を，短い期間体験するというものにすぎないといえます。しかし，子どもとの関わり方，教材への向かい方の基本的な部分については，大学での講義を通してまかれた種が，教育実習を通して芽吹いたと考えています。教育実習以前は，教育に関する議論をする際の言葉がどこか借り物，よそ者の言葉であったと思います。そこに実習という経験が加わることで，語る言葉に具体的な子どもの姿が浮かぶようになりました。このことは，大学院時代に学部2，3回生向けの授業のTA（ティーチングアシスタント）として学生の模擬授業を見ていた時にも感じたことでした。3回生が実習を終えて授業に戻ってくると，模擬授業後の振り返りの際，それまでには議論にあがらなかった視点からの意見が出てくるのです。今から振り返っても，教育実習が生徒という他者を意識する教員の第一歩であったといえます。

　経験を通して変わったことはもう一つあります。それは自身の学び方の変化です。語り方，教育という活動への心構えの変化に加えて，学びについての意識も変化していきました。教育実習以前の学びは，自身の興味・関心に基づくものでした。しかし，教育実習を経験した後は学んだことがいかに教材として活用できるかといった教材化への視点をより強く意識するようになりました。社会的事象について複数の視点から考えることで議論を展開させる授業構想ができるのではないか，などと考えるようになったのです。つまり，「知識をもとにして授業を構想する」という方法に加えて，「あるねらいをもった授業を構想するためにはどのような知識が必要か」という，それまでとは反対方向からのアプローチで授業を考えるようになりました。

教育実習以後の教壇で感じること

　現在の勤務校に赴任する以前，大学院時代には2度目の教育実習で行った高等学校で，非常勤講師として勤務する機会がありました。実習で授業をした1年生が3年生になって在籍していたことから，生徒の成長を目にすることがありました。私が何かしたわけではないですが，人が変わっていく様子を見つめることができるのは，貴重な経験だと思います。教育実習では生徒の変化をまとまった期間観察することは難しいですが，変わっていく人の近くにいることは，自身がものごとを考えるうえでも大きな刺激になります。

　教員になるために大学で学んでいる間は，教材についての理解を深め，授業の工夫について学ぶことに主眼が置かれることになると思います。教育実習はそういったものの上に成り立つ実践的な営みです。学んだ後に実践しかつ実践から学ぶ。その双方向の繰り返しの中で気がつくことがあります。また，子どもとのやりとりから気付くこともあります。学びは続いていくものです。教育実習はそうした実践的な学びへの第一歩であると考えます。

（小仲一輝）

第4節　教育実習後，卒業まで（教職実践演習を含む）

　教育実習に行った学生たちから「大学の講義だけでは学ぶことのできない，子どもたちの実態に合った授業の組み立てや学級経営など，多くのことを学んだ」という振り返りの言葉が聞かれる。では，教育実習を終えることで「実践的指導力」は育ったといえるであろうか。これまで多くの学生は不安を抱えたまま教員生活をスタートさせ，また教育現場も不安をもって初任教員を受け入れてきたのではないだろうか。

　こうした課題に対応して新設されたのが「教職実践演習」である。この科目は，「教職課程の履修を通じて，教員として最小限必要な資質能力の全体について，確実に身につけさせるとともに，その資質能力の全体を明示的に確認する」（平成18（2006）年中央教育審議会答申「今後の教員養成・免許制度の在り方について」）という目的をもっている。現在，体系的な学校教員養成カリキュラムの最終に位置する重要な科目と必置されている。答申の中では，この科目の趣旨を踏まえ，科目には教員として求められる以下の4つの事項を含むことが示されている。

1．使命感や責任感，教育的愛情等に関する事項
2．社会性や対人関係能力に関する事項
3．幼児児童生徒理解や学級経営等に関する事項
4．教科・保育内容等の指導力に関する事項

　これらの資質・能力を高めるために，課程認定大学の教科および教職に関する科目の知見を総合的に結集し，学校現場の視点を取り入れながら，その内容が組み立てられている。同時に，理論と実践の有機的な統合が図られるような授業方法を積極的に開発・工夫し，この科目の授業が効果的に展開されるように工夫・改善が図られている。

　具体的には，授業内容に応じて，例えばさまざまな場面を想定した役割演技（ロールプレーイング）やグループ討論，実技指導，学校や教育委員会等との協力により，実務実習や事例研究，現地調査（フィールドワーク），模擬授業等がある。こうしたフィールドワークやシミュレーション等の教育実践活動により，教員としての資質・能力のさらなる向上が期待される。

　この授業を実施するにあたっては，学生自身による内省・省察が特に重要となる。1年生からの「履修カルテ」や「ポートフォリオ」を活用することにより，これまでの学修を振り返り，自己分析と課題設定に生かすことが大切になっている。

　例えば，教育実習等の経験を振り返り，授業の省察記録をもとに課題を設定し，学習指導案を再考した模擬授業の実施を通じて，教員としての授業力や表現力，子どもの反応を生かした授業づくり，協働的な学びの姿勢を育む指導法等を身につけるような活動がある。

　さらに，実践的資質能力の向上を図るためにシミュレーションやフィールドワーク等の教育実践活動の工夫も重要である。例えば「役割演技（ロールプレーイング）」は生徒指導面では有効な方法になっている。ある教育テーマ（例：いじめ，

「全学年を通じた『学びの軌跡の集大成』として位置づけられるものである。学生はこの科目の履修を通じて将来，教員になる上で，自己にとって何が課題であるのかを自覚し，必要に応じて不足している知識や技能等を補い，その定着を図ることにより，教職生活をより円滑にスタートできるようになることが期待される。」
（平成18年中央教育審議会答申「今後の教員養成・免許制度の在り方について」より引用）

不登校等）に関する場面設定を行い，各学生にさまざまな役割（例：生徒役，教員役，保護者役等）を割り当てて，指導教員による実技指導も入れながら，演技を行わせる。役割演技を通してそれぞれの立場や気持ちを深く理解することができると同時に，自己を客観的に見つめたり，解決策や適切な対応を考えたりする力を高めることが期待できる。また，ある教育テーマに関する実践事例について，学生同士でのグループ討議や意見交換，研究発表などを行わせる「事例研究」は，分析力や総合的知見を深め実践的な問題解決力を高める活動として有効である。参加者が自分の知識や体験に基づいて，問題の原因や背景の分析，実際的な解決の検討を行うとともに，参加者同士が協議を深めて，問題解決の方策を見いだす力を高めるものである。同時に，児童生徒理解を推進したり，問題への一般的理解を深めたり，情報処理能力や意思決定力等を向上させるなどのプラス面がある。

　また，学生が学校現場などに出向き，実地で調査活動や情報の収集を行うフィールドワークは，実践的力量育成において高い効果がある。そのため訪問先の学校・施設・機関・学会等については明確な目的意識をもって主体的に参加することが重要である。事前に情報を収集し，関連施設・関連機関における実務実習や現地調査（フィールドワーク）等に積極的に参加し，社会人としての基本姿勢（あいさつや言葉遣いなど）が身についているか，また，保護者や地域との連携・協力の重要性を理解しているかなどを確認することも重要である。さらに現職教員との意見交換等を通じて，教職の意義や教員の役割，職務内容，子どもに対する責務などの理解を深めることも大切なことである。

　教育実習から卒業までの期間にこれらの活動を通して，自己の課題を自覚し，主体的にその解決に取り組むとともに，実践的指導力を身につけられるよう有効に成果を省察しつつ，大学での学問的な学びと現場での実践経験を往還的に積み重ねる努力を続けることが望まれる。

(橋本京子)

第5節　教員採用試験の概要とその対応

1．教員採用試験に備えて

(1) まずは情報収集，そして「筆記科目」対策は早めに

　周知の通り，教員採用試験は，各自治体において内容や方法が少しずつ異なる。よって，まずは自分が受験しようとする自治体の試験情報を集めることからスタートしなければならない。教員採用試験の情報は，「教員養成や教職に関する教育雑誌」などのほか，大学の就職センターで収集することができるが，先輩方からの直接の情報が特に役立つと考えられる。また，情報収集については早ければ早いにこしたことはないといえよう。

　一方，教員採用試験における筆記科目は，一般教養，教職教養ならびに専門科目（小学校の場合は全科）で構成されるのが一般的である。もちろんこれらすべてを課す自治体もあれば，例えば，一般教養を省いたり，さらには，それぞれの得点の

　試験対策は早めにすることが大切であるが，その中でも早くからやる気を高めることがポイントである。したがって，各種セミナーや勉強会に積極的に参加したり，身近な先輩の話を聞いたりすることはきわめて有効である。先輩から現場の話を聞くことなどは，単なる情報収集ではなく，例えば，採用試験で出題される「場面指導」の質問に対して自分の考えをもつことができるようになる。

比重を違えたりするのが普通であるため、さまざまな角度から受験しようとする自治体の特徴について情報を集積することはきわめて大事である。また、教員採用試験は、競争試験ではなく、選考試験であるために、ほとんどの自治体において、面接（個人と集団）や模擬授業が実施されている。しかし、試験の公平性の観点からは、結果として得点主義にならざるをえないので、やはり「知識」による筆記科目で高得点を獲得することが合格するための第一歩になると考えてよいだろう。つまり、教員としてふさわしい最低限の知識をしっかりと有したうえで、対人関係能力など臨機応変に対応するための資質・能力やスキルを身につけて試験に臨むことが求められているのである。

(2) 現在、どのような教員が求められているのか（一般論）

過去30年間の中教審答申等の変遷から、「国や自治体がどのような教員を求めているのか」をまとめると、一つには、「教育に対して使命感や情熱を有している教員」であり、また、指導力やコミュニケーション能力が高く、何事にも臨機応変に対応でき、加えて教職に就いている限り「学び続けていける教員」ということになろう。

(3) 試験前にもう一度、「教職に就く動機」について、自問自答しよう

「教員の資質能力」はだれにでも初めから備わっているのではなく、教職を志望する段階や教職に就いた後に、徐々に培われるものであるが、教職を志望する学生や初任期の教員にとって、現時点で可能な自分自身への「問い」として、「なぜ教員になろうとしているのだろう」という「教職志望の動機」について、今一度自問自答してほしいと思う。端的にいうなら、「子どもが好きだから」や「教えることが楽しいから教員をめざす」などの内発的な動機づけの占める割合が自分自身で「高い」と思うなら、今後、教員として経験するあらゆる困難な場面にも粘り強く対応し、教員としての成長が図られるであろう。またそういった困難な場面を乗り越えていくことのできる力量があると判断してよい。しかしながら、「職として安定しているから」だとか、周りが「教員になった方がよいというから」等々の理由が強い場合、すなわち、自律性の低い動機づけによって教員を志望している場合には、教職に就くことに関して考え直した方がよいかもしれない。それはやはり今の学校現場の現実がそう甘くはなく、今後、ますますその厳しさが増大すると予想されるからである。

日本の教員の厳しい現状を具体的なデータで示す。例えば、OECDが実施している2013年の第2回国際教員指導環境調査（TALIS）の分析結果では、「もう一度仕事を選べるとしたら、また教員になりたい」と回答した教員の割合は、参加国平均が77.6％であるのに対し、日本の教員の割合は58.1％と参加国中最低レベルであるほか、「教職が社会的に高く評価されている」と思う教員の割合も28.1％と低いレベルにあることが判明している。これに呼応するかのように平成27（2015）年7月の中教審の教員養成部会における「中間のまとめ」では、その背景を「近年、学校教育が抱える課題の多様化などに伴う教員の多忙化や、社会全体の高学歴化等に伴い教員に対して専門職としての社会的評価が低下してきていること、さらには地域の教育力の低下や家庭環境の多様化により学校に対する教育上の期待が以前よりも増加している中で、そうした期待に十分に応えられない学校や教職員に対する社会

一般的に「採用試験の出願」は、4月中旬～6月上旬であり、「1次試験」が7月、「2次試験」が8月である。もちろん具体的には各自治体によって少しずつ異なるので早めに教育委員会に問い合わせて確認することが必要である。

平成27年度採用試験（試験自体は26年度に実施）における全69自治体の最終合格者（小・中・高・特別支援など）は3万4,121名となっている。全国で3万人以上の合格は5年連続であり、校種や教科による違いはあるものの、全体としてみれば近年は比較的広き門である。
（参考）教育新聞（2015）「平成27年度公立学校教員採用選考実施状況」
http://www.kyobun.co.jp/kyosai/rate.html　Accessed September 16, 2015

文部科学省が公表している平成26年度公立学校教員採用選考試験実施状況データによると（現時点で最新）、教員採用選考試験の受験者総数は177,820人で、前年度に比較して3,082人（1.7％）減少している。
（参考）文部科学省（2015）「平成26年度公立学校教員採用選考試験実施状況」http://www.mext.go.jp/a_menu/shotou/senkou/1354821.htm
Accessed September 16, 2015

や保護者の反応も厳しくなっていることなどが考えられる」と発表している。つまり，教職に対する「自律性の高い動機づけ」の必要性もさることながら，現代において教職に就くということは，教職志望者一人ひとりに相当な覚悟が求められているといえよう。

(4) 実際の教員採用試験では，どのような人物を求めるか

総合的な人間力を評価するために，各自治体がさまざまな試験を課してはいるが，教員採用試験では時間的に制約があるため，各自治体は，一定の視点（ポイント）を設定し，採用を決めていくことになる。そこで教員としての総合力や人物像が判断しやすい，面接と模擬授業を例にとって，その視点についてまとめる。

○面接では……
① 一人の社会人・教員としてふさわしい言動がとれること。（清潔感のある外見は当然のことながら，はきはきとした歯切れのより受け応えを心がけ，面接官から目をそらすことのないよう気をつける。－－時には笑顔も必要である。）
② 教育全般（特に現代の教育課題・重点化されている教育内容）およびめざすべき教員像に関して自分なりのしっかりとした意見をもっていること。
　これに関しては，最近の中教審答申や受験する教育委員会のホームページを熟読することである程度対応することができる。
③ 卒業論文や教育実習，部活・サークルやボランティア活動など，これまでの自身の経験を，これから教員としてどう生かすのかが言えること。
④ 基本的には即戦力を求めているので，学校現場の難しい現実（場面）に対して，周りの教員と協力しながら即座に対応できる人物。

○模擬授業では……
① 子どもを交流させつつ，子ども中心で授業を進めることができるか？ つまり，「教える教員」ではなく「学ばせる教員」なのか？
② 授業中に細かい配慮を行い（声量・発問や板書など），子どもが思考し，学ぶためのコミュニケーションが取れるか？
③ その場に応じて臨機応変に対応できるか？

また，筆者は過去に，複数の都道府県教育委員会の人事担当者と，交流をもった経験を有するが，「中高の場合，体育以外の教科の教員で運動部の指導ができる教員を積極的に採用している」と聞いたことがあるし，「中学校では，技術科の教員免許を有している教員が少ないので，それに該当する受験生は有利になるだろう」といった情報を耳にしたことがある。

これらは一つの例であり，ほかにも全国的に共通した傾向があろうが，各自治体特有の傾向といったものも存在するだろう。したがって，この稿の最初に記したように精度の高い情報が重要になってくるわけである。

(小林　稔)

2．教員採用試験における具体的な対応策

(1)「筆記試験」への具体的な対応策

「どんな勉強をしたらいいですか」「どの参考書がいいですか」「よい参考書を教えてください」「勉強のしかたがわかりません」

前頁下の側注にある文部科学省データ（2015）によると，校種別の合格倍率は，小学校で2.5倍（山口県）〜13.0倍（鹿児島県），中学校で3.5倍（岐阜県）〜15.5倍（沖縄県），高等学校で4.0倍（熊本市）〜28.5倍（沖縄県）となっている。全体の傾向としては，都市部の倍率が低く，地方部が高い傾向にある。

繰り返しになるが，各自治体ならびに校種や教科等によって試験内容のウェイト（特徴）が違うので，2次試験も含めて早めに過去問を調べ，学習する内容の取捨選択と順序づけをすることが大事である（例えば，ここは重点的に学習する。ここはほとんど学習しない等々）。

集団討論では，もちろん協調性も大切であるが，発言回数は試験官が量的に記録することができるので，他の人よりはやや多めの発言をすることが重要である。

参考書は，多くを購入せず同じものを何度も使用し，繰り返し勉強することをお薦めする。

大学において，教員採用試験の対策講座を担当していると，毎年，上記のような声が学生から上がってくる。教員採用試験では，どの自治体も一次試験に「筆記試験」を課している。一次試験を通過するためには，この「筆記試験」の対策が鍵を握っているといっても過言ではない。

　そこで本節では，それぞれの内容に関する具体的な対応策について述べていくこととする。なお，先述されているように，「筆記試験」は教職教養，一般教養，教科専門が一般的であると考えられるため，3つの視点から述べていく。

　まず，教職教養である。教職教養は，教育原理や教育心理，教育法規，教育史などの内容が一般的となっており，ほかにも中央教育審議会答申や国立教育政策研究所などの国レベルの教育時事，各自治体の教育施策についての問題が多く出題されている。このように考えると，教職教養は出題範囲が多岐にわたっており「やばい」「大変だ」と思うかもしれない。もちろん，試験勉強であるため十分な時間をかけて勉強する必要はある。

　しかし，広範囲に及ぶ教職教養は，自治体によって出題の傾向があり，それを踏まえて勉強することで効率的な勉強が可能になる。教員採用試験対策関連の本では，過去3～5年分の過去問の分析がなされ，出題傾向が掲載されている。これらを参考に勉強を進めていくのが最も一般的であろう。それと並行して，ぜひ自分自身で問題を分析することも薦めたい。

　また，教職教養では教育に関する時事問題も出題されている。出題は，主に文部科学省中央教育審議会の各種答申や国立教育政策研究所の報告書，自治体の教育関連資料からなっている。近年は，いじめや体罰，部活動，道徳教育，英語教育，学力向上などが多く出題されている傾向にある。ニュースや新聞等で教育関連の情報が入った際には，ホームページ等で原本に当たり確認することが大事である。とりわけ，自治体の独自の教育施策については，面接や小論文等にも関係する場合が多いため，しっかり勉強しておく必要がある。

　次に，一般教養である。一般教養は，人文科学，社会科学，自然科学等の各分野から出題される。また，自治体によっては独自の問題を出題する（その地域の歴史やことわざなど）ことも少なくない。出題のレベルは，高校生までに学習した内容が多く，広範囲にわたるため早期の対策，取り組みが必要となってくる。ただし，出題数が少ない自治体もあるため，教職教養や教科専門の勉強とのバランスも考慮する必要がある。

　次に，教科専門についてである。教科専門は，主に受験する教科の専門的な知識や学習指導要領，学習指導要領解説，教科に関連する答申や報告書などから出題されている。また教科専門は，教職教養や一般教養などに比べて配点が高いため，時間をかけて勉強する必要がある。対策としては，教職教養と同様に過去問を分析し，傾向を把握する必要がある。特に，学習指導要領や学習指導要領解説は，多く出題されるので出題状況を分析して勉強を進めるとよい。

　筆記試験は，どの分野も出題範囲が広いため時間をかけて勉強する必要がある。現役合格する多くの学生は，3年生の4月（早い学生は2年生の後期）から1年以上をかけて勉強している。早朝や講義の合間，昼休みなど，時間を有効に使い本気で取り組んでいる。ぜひ，現役合格をめざす学生には，本気になって勉強に挑んでもらいたい。

(2) 面接，小論文，模擬授業への具体的な対応策

　二次試験では，多くの自治体で面接（ここでは集団討論も含む）や小論文，模擬授業，実技（小学校や保健体育，音楽，美術等）が実施されている。二次試験は，一次試験の合格発表から日が少ないため，一次試験を終えてすぐに取りかかる必要がある（合格したものと見なして）。もちろん，一次試験と同様に二次試験の対策も並行して行えればなおさらよい。筆者のこれまでの経験では，一次試験対策と二次試験対策を並行して行うことで余裕をもって準備でき，そのような学生が多く合格しているように思う。

　ここでは，面接，小論文，模擬授業の対策について述べていきたい。

　まず，面接である。面接はほとんどの自治体で実施されており，一次試験，二次試験の両方で課される場合もある。面接の形態には，個人面接や集団面接，集団討論などがある。それぞれの形態によって，重視するものは異なると考えられるが，面接によってその人の多様な面を引き出し，教育者としての人物評価を行っている。また，自治体によっては，面接が二次試験の大きなウェイトを占めていることもある。そのため，面接の対策はしっかり準備しておくことが必要である。大学の先生や恩師，あるいは教育実習先の教頭先生や校長先生など，経験のある先生方に面接官役をしてもらい，いろいろな視点から指導を受けることが重要である。また，試験に受かった先輩から面接での質問内容について情報収集しておくことも大事である。なお，面接では数分の英会話を実施している自治体もあるため，自分の受験する自治体の面接内容を確認しておくことが必要である。どんな質問でも，動揺せず毅然とした態度で自分の考えを伝えられるようになることが大切である。

　次に，小論文である。小論文は，自治体の教育施策や教育課題に関連するテーマで出題される傾向にある。そのため，課題となりそうな内容に関しては，事前に勉強しておく必要がある。

　小論文の基本的な構成は，「序論」「本論」「結論」からなっており，いろいろなテーマで何度も書く練習をしておきたい。また，文字や文章力などの基本的な文章の書き方についても並行して練習することが大切である。

　小論文の出題形式は，「課題が提示され，それについて自分の意見を述べる」「図書や資料等を読み，その中から自分で課題を設定して論述する」などが主流となっている。小論文は，さまざまな出題形式で練習し，多様なテーマで「書く→添削→書く→添削……」を繰り返すことで，自分の文章となり，よりよい文となる。

　次に，模擬授業である。模擬授業は，実施していない自治体（その場合は，面接が2回課されていたり，一次試験と二次試験で異なる形態の面接が実施されていたりする）もある。模擬授業の内容は，教科や校種，そして自治体によって異なっている場合が多い。例えば，事前に内容が提示されている場合，一次試験の合格者にのみ内容を提示する場合，当日に配布された資料をもとに学習指導案を作成して実施する場合などがある。模擬授業の時間も異なっており，ある自治体では，授業構想に5分，授業の「導入」部分の模擬授業を7分で実施している。模擬授業は，5分から15分と数分で終わることが多いが，その時間内で子どもたちを引きつけるような発問や指導，表情，対応など，教員としての自分の指導力をアピールしなければならない。そのためにも，事前の準備（教材研究，授業案作り）をしっかり行い，それをもとに授業を実践して何度も授業をつくり直すということをしておく必要がある。

（嘉数健悟）

すべての都道府県において二次試験で面接や小論文，模擬授業が課されているわけではない。例えば，一次試験に小論文が課されている自治体もある。あるいは，一次試験で個人面接，二次試験で集団面接を実施している自治体，模擬授業を実施していない自治体もある。

〈引用・参考文献〉
第1節
- 東洋（2001）「子どもの能力と教育評価（第2版）」東京大学出版会
- 天野正輝（1993）「教育課程の理論と実践」樹村房
- 市川伸一（2002）「学力低下論争」ちくま新書
- 今井むつみ・野島久雄（2003）「人が学ぶということ」北樹出版
- 岡部恒治・戸瀬信之・西村和雄（1999）「分数ができない大学生：21世紀の日本が危ない」東洋経済新報社
- 梶田叡一（1992）「教育評価（第2版）」有斐閣
- 勝野正章（2015）「学校では何を学ぶの（勝野正章・庄井良信）」問いからはじめる教育学，有斐閣
- 川本隆史（1995）「現代倫理学の冒険」創文社
- 教育科学研究会編（2013）「講座教育実践と教育学の再生 第1巻 子どもの生活世界と子ども理解」かもがわ出版
- 京都教育大学教育支援センター「生活科・総合的学習」研究会編（2013）「生活科・総合的学習の理論と実践」東京教学社
- 子どもと保育総合研究所編（2013）「子どもを「人間としてみる」ということ」ミネルヴァ書房
- コメニウス，J.A.（鈴木秀勇訳）（1962）「大教授学」明治図書出版（原著1657）
- コメニウス，J.A.（井ノ口淳三訳）（1995）「世界図絵」平凡社（原著1658）
- 佐藤学（1996）「教育方法学」岩波書店
- 柴田義松（2000）「教育課程：カリキュラム入門」有斐閣
- 庄井良信（2015）「教え方は試行錯誤されてきた（勝野正章・庄井良信著）」問いからはじめる教育学，有斐閣
- セン，A.（東郷えりか訳）（2006）「人間の安全保障」集英社新書
- 多賀一郎（2014）「ヒドゥンカリキュラム入門」明治図書出版
- 田中耕治（2005）「教育課程の思想と構造（田中耕治ほか）」新しい時代の教育課程，有斐閣
- 田中耕治（2008）『教育評価』岩波書店
- 田中耕治編（2011）「パフォーマンス評価」ぎょうせい
- 田中孝彦（2012）『子ども理解と自己理解』かもがわ出版
- デューイ，J.（市村尚久訳）（1998）「学校と社会／子どもとカリキュラム」講談社学術文庫（原著1899/1902）
- 東井義雄（1957）「村を育てる学力」明治図書出版
- 東井義雄（1964）「生活の論理と教科の論理」別冊現代教育科学1巻1号，明治図書出版
- 中内敏夫（1998）「「教室」をひらく－新・教育言論」中内敏夫著作集1巻，藤原書店
- 橋本美保（2012）「西洋における教育思想と教育方法の歴史（田中耕治・鶴田清司・橋本美保・藤村宜之著）」新しい時代の教育方法，有斐閣
- 樋口とみ子（2010）「リテラシー概念の展開（松下佳代編）」〈新しい能力〉は教育を変えるか，ミネルヴァ書房
- 樋口とみ子（2011）「アメリカにおけるパフォーマンス評価（田中耕治編）」パフォーマンス評価，ぎょうせい
- 樋口直宏（2010）「教育方法学の意義と目標（根津朋実・吉江森男編著）」教育内容・方法，培風館
- ブルーナー，J.S.（鈴木祥蔵・佐藤三郎訳）（1963）「教育の過程」岩波書店（原著1960）
- 細谷俊夫（1991）「教育方法（第4版）」岩波書店
- 堀尾輝久（1971）「現代教育の思想と構造」岩波書店
- 本田由紀（2005）「多元化する「能力」と日本社会」NTT出版
- ルソー，J.J.（今野一雄訳）（1962）「エミール（上）」岩波書店（原著1762）
- 渡辺恵津子（2002）「こどもといっしょにたのしくさんすう：考える力を育てる学習法（小学1～3年）」一声社
- 渡辺恵津子（2003）「こどもといっしょにたのしくさんすう：考える力を育てる学習法（小学4～6年）」一声社

第2節
- 溝邊和成・内藤博愛（2007）「最新！ 教育実習「実践」マニュアル」明治図書出版
- 教育実習を考える会（2000）「新編 教育実習の常識 事例にもとづく必須66項」蒼丘書林
- 寺﨑昌男・黒澤英典・別府昭郎（2009）「教育実習64の質問」学文社

第3節
- 高乗秀明・浅井和行（2003）「コミュニケーションとメディアを生かした授業 ―新時代の授業実践力を培う基礎演習―」, 135, 日本文教出版

第4節
- 中央教育審議会（2006）今後の教員養成・免許制度の在り方について.
- 京都教育大学シラバス（2015）教職実践演習.

第5節－1
- 教育新聞（2015）平成27年度公立学校教員採用選考実施状況.
  Available at : http://www.kyobun.co.jp/kyosai/rate.html Accessed September 16, 2015

- 文部科学省（2015）平成26年度公立学校教員採用選考試験実施状況．
  Available at：http://www.mext.go.jp/a_menu/shotou/senkou/1354821.htm Accessed September 16, 2015
- 中央教育審議会（2015）これからの学校教育を担う教員の資質能力の向上について（教員養成部会中間のまとめ）．
  Available at：http://www.mext.go.jp/component/b_menu/shingi/toushin/_icsFiles/afieldfile/2015/08/06/1360150_02_1.pdf
  Accessed September27, 2015
- 大石英助（2011）あなたの（夢実現）のための教採ハンドブック．琉球大学教育学部附属教育実践総合センター

現職教員の体験から ④

教員採用試験の取り組み方

　採用試験の出題内容はとても幅広く，覚えなければならないことが多いです。しかし，すべてを記憶することは無理な話で，いかに効率よく勉強すればいいのかを考え，取り組む必要があります。また，試験勉強は，1年間かけて行うものだと思われがちですが，覚えるという作業が多くなるので，長々と時間をかけて行うより，ある程度期間を決めて取り組む方がよいと思います。

採用試験勉強を始める前にやっておくこと
　試験勉強に取り組む前に行ったことは，過去5年間に出題された試験内容を分析することです。指導要領や答申，教育基本法など，過去にどの分野から出題されているのかを調べていくうちに，何度も出題されている箇所や傾向等が見えてきました。そうすることにより，学んでいく内容を絞ることができたり，今の教育で焦点とされていることなどが見えてきたりしました。

学習方法について
　実際に試験勉強を始めたのは，5月の中旬で試験日まであと3か月というところでした。「受かる」という気持ちを強くもち，1日のうち約半分の時間を学習に充てました。
　私が苦労したことは，やはり覚えるという作業です。ただ覚えるということは難しいので，採用試験の内容なら，とにかく何でもよいので関連づけるようにしていきました。
　まず，教職教養については，日本の教育の大まかな変遷をとらえながら現在の教育の方針を見ていくことから始めました。学習を進めていくうちに，「なぜ，このような学習指導要領ができたのか」「どうしてこのような答申が出されたのか」という背景が理解でき，興味をもって学習ができるようになりました。また，法律の条文や答申の中でキーワードとなる語句を自分なりに予測し，穴埋め問題をシミュレーションしながら覚えることも効果的でした。
　次に，専門教科についてですが，各教科の指導要領解説を2，3回丁寧に読んだ後，過去5年間の傾向を基に，非常に多くの穴埋め問題を作成し，解いていくという作業を繰り返しました。
　一般教養については，参考書を1冊に絞り，それをどんどん解いていきました。そして，わからないことを調べるという作業を繰り返しながら，さらに知識を増やしていくようにしました。また，新聞や教育雑誌等を通して，時事や教育に関係するトピックを毎日読み，常にあらゆることにアンテナを張ることを心がけました。これが後に，時事問題や小論文，面接においても非常に役に立ちました。

環境を整える
　ともに試験勉強をがんばれる仲間をもつこともお勧めします。調べたことや知っていることをお互いに共有できるだけでなく，励まし合い，切磋琢磨できる仲間がいることは，試験勉強を乗り越える心の支えにもなりました。
　また，一日の生活リズムと学習のしやすい環境を整えることも大切です。決まった時間から学習を始め，しっかりと睡眠時間を確保するようにしました。私の場合，大学の図書館が近くにあったので，そこで決まった時間から取り組み始め，決まった時間に帰宅するようにしました。そして，わからなかったことをインターネットや本で調べ，その日のうちに解決するようにしました。

二次試験対策について

　ほとんどの都道府県の二次試験において，面接や小論文，模擬授業等が実施されているかと思われます。前述しましたが，二次試験対策でも，過去5年間でどのようなことが出題されたかを調べておくことが大切です。また，一次試験対策で，教職教養や一般教養で学習したことやその知識が，ここでもかなり役に立ちます。答申や現在の教育で話題となっていることなどについて，自分なりの考えをもっておくと，それを面接や小論文でいかすことができます。

　二次試験対策をいつから始めるかについてですが，一次を通過したのを確認してから取りかかるには遅い分野もあります。例えば，小論文については，課題が与えられ，それに沿った自分の意見を書かなければなりません。決められた時間内でまとめなければならず，どんなことを書こうかと考えている余裕は全くありません。文章の構成や書き方など，どんな課題を与えられても時間内に書き上げられるように，練習をしなくてはなりません。私の場合，一日に2～3の課題について小論文を仕上げ，書くことに慣れるようにしました。

　面接については，入室から退室までの基本的な流れを把握し，面接官からの質問を想定したうえで，受け答えられるよう準備する必要があります。まれに，過去に出た質問が再度聞かれることもあるようなので，過去の質問にも目を通して自分の考えをまとめておくことは大切だと思います。ときどき，面接対策で一つの質問に対し，台詞のように覚えて答えを準備する方を見かけますが，面接ではかなりの緊張を伴います。覚えたことを急に忘れてしまうという可能性も出てきます。私は，質問に対して，キーワードをあらかじめ頭に入れ，答えられるよう練習をして面接対策に取り組みました。例えば，「子どもにとって必要な学力」のキーワードとしてあげられるのは，「思考力，判断力，表現力」です。なぜそれらの力の育成が大切なのかをPISA調査や答申等を熟読して理解しておき，キーワードを含めた自分の考えをまとめておくようにしました。

　模擬授業に関して，各都道府県によって出題のされ方は異なりますが，大切なことは，教員が一方的に進めるものではなく，子ども（児童生徒）が自発的に考えたり，活動したりするなど，短い時間の中で［子どもが参加する授業］を行うことです。そのために，どのような校種および教科・領域の授業であっても重要なことは，子どもの興味・関心をひくような発問および導入，子どもが意欲をもって授業に参加できるような活動および展開，授業の目標およびポイントを端的に押さえたまとめ方だと思います。模擬授業のあらゆる場面において，子どもがどのような反応をするのかを想定したうえで授業の流れをイメージすることも大切となってきます。また，模擬授業の導入，展開，まとめのいずれかを指定されても，対応できるよう準備することも必要だと思います。気をつけたいことは，時間配分を意識しながら授業を進めていくことです。模擬授業のわずかな時間において，授業の目標となるものが明確に示せるかがポイントだと思います。

　教員採用試験を受けるにあたって，情報収集が大事ですし，これまでに培ってきた学習方法やスタイルがそれぞれにあると思います。例えば，英単語を覚える際，何度も書く方が覚えやすいという人もいれば，例文と関連づける方が覚えやすいという人もいます。自分に合った効率的な学習方法を早いうちから見つけることが大切です。そのうえで，現在から試験当日までの時間を逆算して計画的に対策するようにしましょう。

　　　　　　　　　　　　　　　　　　　　　　　　　　　　　　　　　　　　　　　（高橋貴子）

現職教員の体験から ⑤

教員採用試験を振り返って

　大学院修了後，2年間の研究員を経て，採用試験に合格しました。この稿では，小学校教員をめざすきっかけとなった大学院時代から教員採用試験の対策までを，記させていただきます。

小学校現場との出会い
　大学院の講義の一環で，附属小の3年生にサッカーの授業実践をさせていただくことになりました。大学までは，中・高の保健体育免許のみを所持していたので，小学校の現場で実践するのは初めてでした。約1か月間（単元10時間），小学生とふれあい感じたことは，どの子もとても素直で，眼が輝いていたことです。また，10時間という短い時間の中で，子どもたちのスキルがどんどん上達していくのがわかりました。子どもたちの吸収の早さに驚いたのと同時に，その発達段階の特性に魅力を感じました。この経験が，後に小学校教員をめざすきっかけとなり，現在の私につながっています。

研究員の仕事と小学校教員免許取得の両立
　大学院を修了する前，進路が未定だった私に，指導教員から研究員の仕事の話がありました。それは，大学の教員養成モデル改革に関わる仕事で，主に研究の分析や，先生方との連絡調整を行っていました。研究員としては合計2年間，仕事をさせてもらったのですが，その1年目に通信教育課程で小学校教員免許を取得しました。これは，大学院時代の授業実践の充実感があったのと，指導教員による勧めでした。研究員の仕事をするかたわら，レポートを書いたり，検定試験に臨むのは容易ではありませんでしたが，指導教員の多大なサポートのおかげで，免許取得にいたりました。今，考えると，研究員1年目と並行して，免許を取得できたことは，とてもタイミングがよかったと感じています。

教員採用試験（一次）の対策
　私が一番最初に始めたのは，過去問の分析です。どの年度に，どのような問題が出ているのかを調べ，エクセルデータとしてまとめました。そのうえで，出題されるであろう箇所を集中して勉強しました。
　特に，小学校全科は，配点が高く，学習指導要領から出題されることが多かったため，指導要領を徹底的に覚えることにしました。穴あき問題を作成したり，一緒に勉強している仲間と問題を出し合ったりと，ほぼ暗記するぐらいまで勉強しました。また，一般・教職教養は，採用試験対策をしている予備校に通い，過去問を解いたり，模試を受けたりしました。そして，現時点での実力（点数）を仲間と競い合いながら，対策を進めていきました。私が受験した県では，一般・教職教養の中で，一般教養には郷土の問題が出たり，教職教養では県の教育施策から多く出題されることが，分析の中からわかったことでした。そのため，インターネットで，郷土文化や教育施策を検索し，時間を見つけては，何度も読みました。
　また，勉強にかける時間や内容のバランスも，対策を進めていくうえで心がけたことでした。具体的にいうと，もし1時間勉強する時間があれば，小学校全科が45分，一般・教職教養が15分といった具合です。先述したように，小学校全科の配点が高いので，勉強時間の多くも，小学校全科により多くの力を注ぎ，残りの時間を一般・教職教養に充てました。

教員採用試験（二次）の対策
　一次試験が終了した翌日から二次の対策を始めました。二次試験は，論文，模擬授業，面接，体育実技，

デッサンで，中でも模擬授業と面接に比重を置きました。模擬授業は，現場経験を何年も重ねた先生方との勉強会に参加し，対策を進めました。たまたま恩師の紹介で会に参加することができたのですが，今，振り返ると，このことが合格への分かれ道だったと感じています。

　一次試験の合格通知とともに出題された模擬授業の範囲は「小数のかけ算」でした。ただ，出題されるのが導入なのか，展開なのか，まとめなのかが記されていません。そこで，模擬授業を指導していただいた先生の予想で「まとめ」に絞り，対策しました。内容は，問題に対する児童の多様な考えを順にまとめていくという方法でした。試験当日は，みごと予想が的中し，いつもより緊張せずに授業を進められたのを覚えています。

　また，面接対策には，二次対策の予備校や大学が実施している講座に通いました。私が受験した県の面接では，当時，英語での自己紹介もあったので，英文を考えたり，教育施策をもとに自分の考えをまとめていく作業をしました。その中で，一番苦労したのは，「もしクラスでいじめがあったら…」「もしそうじ時間にほうきを振り回している児童がいたら…」という場面を想定した質問です。実際に担任をもっていたのであれば，より説得力のある回答だったと思いますが，どうしても想像上での回答になってしまいます。しかし，そこで助けられたのは，現場経験のある先輩方との話でした。「自分は，このように対応していたよ」「学年主任の先生は…」などという経験を聞くことで，自分の中での理想や対応策もイメージできてきました。

　そのほか，アドバイスとしては，論文や体育実技，デッサンなどは，二次試験が迫ってくると，どうしても後回しになるので，早めに取りかかるとよいと思います。

最後に……

　私は現在，採用5年目を迎え，充実した教員生活を送っています。あたたかい子どもたちや保護者，職員に囲まれながら仕事ができることにやりがいを感じ，日々を過ごしています。採用試験の対策でも感じましたが，教員は本当に人とのつながりが大事な仕事です。これからも，多くの人に支えられていることに感謝し，子どもたちのためにがんばっていきたいと思います。教職をめざしている皆さん，教員は，子どもの成長場面に寄り添える，とてもすばらしい仕事ですよ。

（具志堅太一）

第Ⅲ章 学習指導案の作成

第1節 学習指導案作成にあたって

　学習指導案というものは，授業の設計図のようなものである。これが書けていないと，授業を進めていくことができないほど重要なものである。

　指導案に書く内容については，どの教科・領域の指導案もほぼ共通している。

　しかし，形式については都道府県により形式が異なることがある。また，教科により形式が異なる場合がある。各教科の研究会などでは，研究の視点により独自の形式によることもある。

　指導案の作成にあたっては，初期の段階ではいろいろな指導案を参考にし，どのように書かれているのかを自分なりに分析していくことが大切である。そして，繰り返し書いていくことで，どのように書けばよいのか，理解が深まっていく。この章では，一般的・標準的な指導案について述べていく。

○○科　学習指導案[1]

指導者[2]　　○○　○○

1　対　象[3]　　　　第　学年　組　男子　名　女子　名　計　名

2　日　時[4]　　　　平成　年　月　日（　曜日）第　校時　：　～　：

3　場　所[5]　　　　第4学年　組　教室

4　単元・教材名[6]

5　単元について[7]

6　単元目標[8]

7　単元の評価規準（例　国語）[9]

国語への 関心・意欲・態度	読む能力	書く能力	言語についての知識・ 理解・技能

8　単元指導計画（全○時間）[10]

9　本時の目標[11]

10　本時の展開[12]

1) 表　題
　　どの教科の指導案であるかを示すために教科名を明記して「○○科学習指導案」と記す。

2) 指導者
　　校内の場合は氏名のみでよいが，市や府などの広域または全国レベルでの研究会の指導案の場合は，学校名も書く。

3) 対象（学年・組）
　　「第○学年○組　男子○名，女子○名　計○名」と書く場合と，男子，女子を分けず「計○名」と書く場合がある。

4) 日　時
　　元号で書くことが一般的である。平成○年○月○日（○曜日）第○校時　：～　：
　　校内関係者だけに見せる場合は第○校時でよいが，学校外の方が参観するような場合は，学校により授業時間の設定が異なる場合があるので，時刻を明記する必要がある。

5) 場　所　　第○学年○組　教室
　　音楽の授業の場合は「音楽室」，図画工作なら「図工室」，体育なら「運動場」「体育館」などと明記する。

6) 単元名（題材名）・教材名
　　教科書に書かれている単元名（題材名）と教材名を書いておく。
　　教科によっては，1単元（題材）について複数教材の場合もある。
　　例）国語：単元「説明のしかたを考え，わかりやすく伝える文章を書こう」
　　　　　　　教材「アップとルーズで伝える」「○○リーフレットを作ろう」

7) 単元について
　　この部分は指導案の根幹になるところである。指導案によっては，「単元について」とひとくくりになっていることもあるが，これを3観点に分けて書くことが多い。
　　　　①児童（生徒）観　　②教材観　　③指導観

①児童（生徒）観
　　学級の児童生徒の各教科での実態，能力，学習上の課題について述べる。
　　ここでは国語を例にあげるが，国語の力を伸ばすために常時取り組んでいる活動（日記指導，スピーチタイム，読書タイム，漢字タイムなど）についても書き，国語科における児童生徒の学習状況の現状をあげる。読む・書く・話すなどの力について，発表の様子やグループ活動の状況なども述べる。
　　そして，学級全体の国語に関する到達状況と課題点について書く。教師が一人ひとりの児童生徒の実態をいかに把握しているかで，児童生徒の目線に立った指導案を書くことができる。一部の児童生徒だけが理解できるような内容ではなく，いかに指導していけば学級全体が理解できるのかを常に考えていく。また課題点については，「～ができない」などの否定的な書き方ではなく，「～の苦手な児童もいるが，～に取り組むことによって徐々に理解が深まってきた」など手立てを打つことによって改善してきたことや，「～に取り組んできたが，苦手意識をもつ児童もいる」などのように，児童生徒を肯定的にとらえた書き方をすることが大切である。
　　それぞれの教科での児童生徒一人ひとりの学習状況をしっかりと把握していくこと，すなわち児童生徒理解が授業の柱となっていく。

〈表記方法〉 主語は学習者。 ～ができる。 ～を学習してきた。 ～に取り組んでいる。など

②教材観

　　教材とは，料理でいえば素材や材料となるものである。その素材がもっているよさを最大限に生かすための料理方法，すなわち指導について考えていくことになる。教材を分析し，深く理解することで教材の本質が見えてくる。

　　例えば国語の教材なら，とにかく何度も読み，行間に隠された作者の思いを汲み取ることが必要になる。音楽なら，教材の楽しさがどのようにすれば子どもたちに伝わるのかを考えることになる。

　　このように，教材観とは，教材の特性を深く理解して，この教材で子どもたちにどのような力をつけていくのかを述べるものである。

　　〈表記方法〉 ～となっている。 ～というねらいがある。 ～とされる。など

③指導観

　　指導観とは，a) 目の前にいる児童生徒の実情をとらえて，b) どのような教材を使って指導を進めていくのか（指導の工夫や手立て）という道筋を記していくものである。第1次1時間目の導入から最後の○次○時間目までの指導の大まかな流れを示すものである。本時がどの時間であっても，本時にいたるまでの指導の内容や流れ，それに対する児童生徒の反応などを述べていく。第1次1時間目の導入であっても，どのように指導を進めていくのかを明らかにしておくことが必要である。

　　ただし，指導が進むにつれてその流れが変化することは当然であるので，あくまでも予定である。本時については，特に詳しく述べていく必要がある。

　　〈表記方法〉 主語は教師。～させる。という書き方ではなく，～を指導する。 ～話し合い活動を取り入れる。 ～支援をする。 ～資料を活用する。などの表現が望ましい。

8）単元目標

　　学習指導要領や教科書の指導事項を参考にするとよい。観点は教科によって異なるので，各教科での観点と表記方法に従って書くとよい。また，単元によっては，すべての観点が網羅されていないものもある。

　　例）国語：○国語への関心・意欲・態度　　○話す・聞く能力　　○書く能力　　○読む能力
　　　　　　　○言語についての知識・理解・技能

　　〈表記方法〉 主語は学習者。 ～理解する。 ～ができる。 ～工夫する。 ～表現する。

9）単元の評価規準

　　どのような力をつけるのかを，国立教育政策研究所の「評価規準のための参考資料」を参照し，単元目標に沿って具体的に記す。

10）指導計画

　　全体の時数を書く。本時の記入を忘れがちになるので，必ず本時の場所がわかるように明記する。指導計画では，第一次でどのような学習活動をするのか，そのために何時間が必要なのかを書く。この計画に沿って授業を進めていくことになる。

　　1時間ごとに指導計画，指導上の留意点，評価の観点，評価の方法などを細かく記述する場合もあるが，教育実習等では大まかな指導の流れを示すものでよい。

指導計画（全○時間）
第一次
　・学習活動　　　（○時間）

第二次
　　・学習活動　　　　（○時間）
　第三次
　　・学習活動　　　　（○時間　本時　／　）
　　本時は第三次の時間の中でどの時間なのかを明記する。　例）（3時間　本時　2／3）

11）本時の目標
　目標と評価は表裏の関係にあるので，本時の目標は評価基準と対応している。ただし，本時の目標に観点のすべてをあげず，1～2観点に絞る。
　　〈表記方法〉　主語は学習者。～考える。～表現する。～に気付く。など

12）本時の展開
　時間は例であり，授業によって時間の長短はあるが，一応の目安として記述した。
　○導入（5分）
　　導入で授業が決まるといっても過言ではない。児童生徒が「なぜ」「どうして」という興味・関心をもつことで，「調べてみたい」「やってみたい」「考えてみたい」と，これからの授業に意欲をもって取り組んでいけるきっかけになる。ただし，授業の進度によっては導入部分で既習事項を想起して，学習内容を確認する時間になることもある。
　○展開（35分）
　　本時の学習課題は展開の最初に示すことが多い。しかし場合によっては展開部分の中頃に学習課題を示すこともある。本時の学習課題は，時間短縮のためにできるだけカードなどで事前に準備しておくのがよい。
　　展開部分では，発問が非常に大切になる。一問一答の発問になりがちなので，児童生徒の主体的な学習活動を引き出して行く発問を考えなければならない（中心的発問）。
　　授業者は，児童生徒の反応や応答を前提に授業を組み立てるものなので，まず学習者がどのような反応や応答をするかを予想して考えていくことになる。ここでも，児童生徒理解の重要性があげられる。
　　展開部分の理想的な流れは，上述した中心発問によって，まず個別に課題に取り組む。そして，ペアやグループで意見交換して自分の考えを修正したり，深めたりしていく。その後，それぞれのペアやグループの考えを，発表によって全体交流していく。話し合う中で理解が深まっていくので，質疑応答する時間を取り入れることも一つの手立てになる。
　　指導上の留意点では，目標を達成するための手立てや工夫を具体的に記述する。机間指導をすることで支援の必要な児童生徒を把握することができる。指導案には，支援の手立ても記述しておく。
　○まとめ（5分）
　　本時のまとめをする。この時，教師が学習のまとめをしがちだが，児童生徒の発表によって本時のまとめを行うことが望ましい。わかっているつもりでも，人に説明することでより理解が深まるものである。そして，本時の振り返りカードやワークシートにまとめる。書くことで本時を振り返り，学んだことを確かめることができる。
　○板書計画
　　板書を見ればその1時間の流れがわかり，内容が理解できるものであることが望ましい。
　　字は丁寧で児童生徒にわかりやすいものでなければならない。特に低学年ほど先生の字の丁寧さが，児童の字の丁寧さを左右するといっても過言ではない。これは練習次第で，必ず上手になるものである。書き順についても，児童生徒の前で板書する時は正しいものでなければならない。また，チョークやペンの色にも注意が必要である。児童生徒がよく見えるものでなければならない。まっすぐに書いていくこともなかなか難しいも

のなので，事前に板書してみて練習するとよいだろう。

○準備物・資料等

　授業でプリント，ワークシート，プレゼンテーションなどを児童生徒に配布して使用した場合には，それらのスライドの一覧などがあれば添付しておく。

○本時の展開例　　　　　　　　　　　　　　　　　　　　　　　　　　　　　○主なる指示・発問　■評価

区分	学習活動と内容 (予想される児童の反応)	指導上の留意点・支援・評価 (教師の活動)	準備物・資料等
導入 5分	1．本時の学習内容についての興味・関心をもつ		
展開 35分	2．本時の課題を知る 3．個別で課題に取り組む 4．ペアやグループ内での交流をする 5．全体で交流して考えを深める	本時の課題「中心的な発問」 ・目標を達成するための具体的な手立てや工夫。 ・つまずいている児童生徒に対するアドバイスや具体的な手立てなど。 ■評価の観点や方法について（発言）	カードや必要な機器
まとめ 5分		■評価の観点や方法について（ワークシート）	

（京都教育大学学習指導案標準形式より引用）

（西井　薫）

　　　　次ページ以降の各指導案例で取り上げられているPointについて
Point 1 2 3 で取り上げられている内容は，どの教科もほぼ同一の記述になっている。
Point 1 では，主に児童生徒の各教科における現時点での実態と課題が記述されている。
Point 2 3 では，本単元の位置づけを明確にして，どんな力を育成するための授業であるかについて記述されている。
Point で取り上げられている事柄は同じでも，内容はそれぞれの教科におけるものになっている。教科ごとにその特性が異なっているため，本文（指導案の中身）を熟読し，理解していくことが必要である。

第Ⅲ章　学習指導案の作成

第2節　小学校学習指導案作成例

〈指導案作成例①〉小学校国語

国語科学習指導案

　　　　　　　　　　　　　　　　　　　　　　　指導者　　〇〇　〇〇

1　対　象　　　　第4学年　　組　　男子　名　　女子　名　　計　名

2　日　時　　　　平成　年　月　日（　曜日）第　校時　：　～　：

3　場　所　　　　4年　組

4　単元・教材名　説明のしかたについて考え，わかりやすく伝える文章を書こう
　　　　　　　　「アップとルーズで伝える」「〇〇〇リーフレットを作ろう」

5　単元について

　本学級の児童は，一人学びを大切にし，考えたことやわかったことをグループやクラス全体で交流する学習を進めている。グループや学級での話し合いは活発に行われるが，グループの話し合いの中で共通点を見つけたり，相違点から意見交流に深めたりする力はまだ弱い。また，文章を書くことに関して苦手意識のある児童が数名おり，自分の考えを書いたり，意見文を書いたりするとき手が止まってしまうという課題が見られる。(⇒**1**)

　これまで国語科の学習では，三年生の「すがたをかえる大豆」で段落ごとのまとまりに注意して，中心となる文をとらえ内容を正しく読む力，「ありの行列」では，説明の進め方に注意しながら，段落のつながりに気をつけて読む力をめあてとして学習してきた。さらに四年生の一学期「大きな力を出す」「動いて，考えて，また動く」では，筆者の考えを読み取るために相互段落の関係を考え，事実や説明，考えをとらえる学習を行った。また，文章を読んで筆者が「伝えたい」ことについて自分は共感するか，疑問に思うか，書かれている内容や書き方を中心にして述べたり，自分の生活と重ねて述べたりしてきた。自分の考えを読み手に深く印象づけるために，重要な段落を文章全体のどこに置くかということを意識した授業を行った。(⇒**2**)

　それを受けて本単元では，教科書教材の流れを生かし「説明のしかたについて考えよう『アップとルーズで伝える』」「説明のしかたを工夫して，わかりやすく伝える文章を書こう」の二つの教材を複合単元として位置づけ，段落同士の関係が全体の中でどのような役割を果たしているかを考えながら読む力を高めるとともに，関心のあることから書くことを決め，写真と文章を対応させながら，段落相互の関係に注意し，わかりやすく文章を書く力を育てていきたい。そのために，写真と文章で説明するリーフレット作りを言語活動として設定する。「アップとルーズで伝える」で，わかりやすい説明のしかたとして写真と文章の対応関係や対比，段落構成のしかたの学習を生かしたり，身近にある課題を伝える手立てとしてリーフレットの特徴を生かしたりすることでわかりやすく説明する力を主体的に育てることがで

Point 1

児童生徒の実態については，国語科における学習課題や本単元に関連する学習課題について記述する。

Point 2

学年や年間指導計画の系統性や関連性を踏まえて，本単元の位置づけを明確にして，どんな力を育成するための授業なのか見通しを明確にする。

Point 3

本単元で身につけたい力を明確にするとともに，どんな教材や言語活動を組み合わせた単元の構成か，つけたい力に沿った言語活動の特徴を明記する。

Point 4

この例は「読むこと」と「書くこと」の関連の強い教材が配置されているため複合単元として扱い，言語活動を効果的につなぐようにする。

61

Point 5
本単元の教材の特性とつけたい力の関係について簡潔に述べる。ここでは，書くことのテーマを教材文とは違い，該当学校に即したものに変えている。

Point 6
本単元で身につけたい力を育成するための単元の指導の流れについて概観を明記する。

Point 7
単元目標は，当該学年の学習指導要領の指導事項に準拠し，単元の特質を踏まえて具体化する。

Point 8
どのような力を身につけさせるのか，単元目標に沿って簡潔に記す。国立教育政策研究所の「評価規準のための参考資料」を参照する。この例では，複合単元として位置づけているため，観点が4つになっている。

Point 9
文末表現は，目標に対する学習状況を表すことから，「～しようとしている」（関心意欲態度），「～している」（その他）と記述する。

Point 10
1次では，単元の見通しをもたせるために，学習課題を設定し，学習計画を立て，児童生徒が主体的に学習に向かえるようにする。

Point 11
学習活動は，学習者の立場から具体的に，実際に行う学習活動に即した表現で記す。

Point 12
指導上の留意点は，その時間に最も大切な指導について，目標に達成するための手立てや工夫を記述する。

きると考える。（→3 4）

「説明のしかたについて考えよう『アップとルーズで伝える』」は，サッカーのテレビ中継を通して「アップ」と「ルーズ」の情報伝達の違いを対比して説明しているもので，わかりやすい説明のしかたを学ぶに適した教材である。また「説明のしかたを工夫し，わかりやすい文章を書こう『○○○リーフレットを作ろう』」は，写真と文章を工夫して組み立てるリーフレットの作成であるが，写真に対応する説明のしかたを「アップ」や「ルーズ」の視点を生かしたり，段落の関係を整理して文章を構成したりして書く力を育成するのに適した教材である。（→5）

第一次で児童の身近である運動会のリーフレット作りを計画し，一年生に運動会をわかりやすく紹介しようという学習課題をもたせる。第二次では，本文を読む中で，筆者の説明のしかたで聞き手にわかりやすくするために工夫している言葉や文章構成を探し，リーフレット作りに生かしていけるよう学習を進める。第三次では，実際に運動会の様子を取材し，これまでに学習したことを生かしてリーフレット作りを行う。単元のまとめとして一年生に運動会のリーフレットを読んでもらい，今後，読み手にわかりやすい文章を書くには，どのような点に注意や工夫が必要かをクラス全員で学んでいきたい。（→6）

6　単元目標（→7）
　○段落相互の関係や，文章全体における段落の役割について考えながら読むことができる。
　○写真と対応した部分に注意して読み取り，「アップ」と「ルーズ」それぞれの特徴をまとめることができる。
　○写真と文章を対応させながら，段落相互の関係に注意し，読み手にわかりやすい文章を工夫して書くことができる。

7　単元の評価規準（→8）

国語への 関心・意欲・態度	読む能力	書く能力	言語についての知識・理解・技能
説明文の書き方や上手な説明のしかたに関心をもち，「アップとルーズで伝える」の説明の特徴を見つけようとしている。（→9）	段落相互の関係や，文章全体における段落の役割について考え，写真と対応した部分について注意しながら，それぞれの特徴を読んでいる。	関心のあることから書くことを決め，必要な事柄について中心を明確にし，事例をあげ，写真と文章を対応させながら，段落相互の関係に注意して書いている。	読みやすく，正しく句読点を打ったり，必要な箇所は改行をしたりして，文章を書いている。

8　単元指導計画（全13時間）

次	時	指導 計画	学習活動 （→11）	指導上の留意点 （→12）	評価（→13）		
					評価規準 （評価の観点） 〈評価の方法〉	十分満足と判断される状況	努力を要する状況への手立て
1次		（→10）	・「仕事リーフレットを作ろう」を読み，運動会リーフ	・学習のめあてがもてるよう題材・相手・目的を明確に	リーフレットを作るという活動を理解し，活動に意欲をもって	写真と文章を組み合わせて，仕事の内容を伝えることを	本物のリーフレットを用意しておき，具体物からその特徴をと

次		学習内容	学習活動	指導上の留意点	評価規準と評価方法		手立て
	1	学習課題の把握	レットを作って，1年生に○○小学校の運動会を紹介しようという学習課題を設定する。	させる。	いる。（関心・意欲・態度）〈ノート〉	理解し，わかりやすいリーフレットを作るという活動に意欲をもっている。	らえられるようにする。
	2	学習計画の設定	「アップとルーズで伝える」の全文を読み，学習のしかた，進め方についてリーフレットを作るまでの学習計画を立てる。	・学習計画表を提示して見通しをもたせ，文章から説明の工夫を学び，リーフレット作りに生かしていくことを確認する。	説明文の書き方に関心をもち，「アップとルーズで伝える」の説明の特徴を見つけようとしている。（関心・意欲・態度）〈ノート〉	上手な説明のしかたに関心をもち，「アップとルーズで伝える」の説明の特徴を進んで見つけ，交流しようとしている。	これまでに学習した説明文について教科書をもとに振り返り，「アップとルーズで伝える」の文章で共通しているところや違うところを探せるようにする。
2次	3 (→⑭)	段落関係や内容の把握	・リーフレットを書くために，写真と文章が対応している段落を見つける。・段落相互の関係を考えながら，内容を確認する。	・写真と文章が対応していること，写真から読み取れることが文章に書かれていることを確認してから読ませる。・段落相互の関係を図に整理させる。	第一段落から第三段落の関係をつかみ，説明の工夫を見つけている。（読む）〈ワークシート，発言〉	対比しながら述べる説明のしかたをとらえて読み，第一段落から第三段落の関係をつかんでいる。	問いが第一段落と第三段落のどちらにくるとわかりやすいかを考えさせ，第三段落で提示しているよさに気付かせる。
	4	段落関係や説明の工夫，内容の把握	・リーフレットを書くために，段落相互の関係を考えながら読み，組み立てについて考える。・第七段落と第八段落を読み，その役割をとらえる。	・接続・指示の表現に着目させ，段落内の対比関係や段落相互の関係を理解させる。・第六段落と第七段落の末尾の一文を確認し，第八段落の意味を考えさせる。・段落相互の関係を図に整理する。	接続詞や重要語句に注意し，第七段落，第八段落と他の段落との関係をとらえ，筆者の主張を読み取っている。（読む）〈ワークシート，発言〉	対比しながら述べる説明のしかたをとらえて読み，第七段落，第八段落と他の段落との関係をとらえ，筆者の主張を読み取っている。	「しかし」「でも」「このように」などの接続・指示の表現に着目させ，「アップ」と「ルーズ」それぞれの長所，短所やまとめの段落などに気付かせる。
	5	各段落の役割と文章構成の把握	・リーフレットを書くために，全文を読み返し，各段落の文章全体における役割について考える。	・文章全体を三つに分け，段落相互のつながりを考えながら，三つのまとまりにつける小見出しを考えて，文章の全体をとらえさせる。	段落の内容を短くまとめ，段落相互の関係を読み取っている。（読む）〈ワークシート，発言〉	キーワードに着目し，段落の内容を短くまとめ，文章全体の構成をつかんでいる。	これまで教科書やワークシートに書いたキーワードを中心に小見出しをつけることを助言する。

Point 13

評価については，該当時間のねらいに即した評価規準を中心に十分満足とされる状況や努力を要する状況への手立てを具体的に記述する（ここは，評価規準のみの表現でもよい）。

Point 14

2次は，単元の教科書教材を中心的に扱う展開部であるが，言語活動を生かして，つけたい力を意識した単元構成をする。子どもたちの課題意識が途切れないように留意する。

Point 15

3次は，発展の部分である。2次で学んだことを生かして，子どもたちが自力で読む力をつけられるように言語活動が設定されるようにする。

Point 16

この単元では第2次の「読むこと」で学ぶ説明の仕方を生かし，3次の「書くこと」に中心を置いた複合単元として言語活動を位置づけているが，多くの場合は単一単元で言語活動を行っている。

Point 17

第3次では「書くこと」の複合単元であるため，「書くこと」の指導事項が位置づけられているか確認する。

	6（本時）	説明の工夫への考察	・全文を読み，筆者が用いている説明の工夫についてまとめ，交流する。	・上手な説明のしかたが教材文のどこに具体的に表れていたか，また上手な説明のしかたといえる理由も発言させる。・次時につながるように筆者の説明の工夫の中で取り入れたいものとその理由を考えさせる。	写真と文章の対応関係や段落相互の関係，全体構成などを改めてとらえ直し，説明のしかたのよさについて考えている。（読む）〈ワークシート，発言〉	段落相互の関係や全体構成に着目し，作者の考えをとらえ，わかりやすく相手に伝えるための説明のしかたについて自分の考えをまとめている。	本文やこれまでのワークシート，ヒントカードなどを参考にして自分の考えをもつことを伝える。
3次	8 9	リーフレットの情報収集	・リーフレットにまとめたい仕事を選び，情報を集める。（⇒16）	・仕事内容や工夫がわかるように「だれ」「どこ」「いつ」「何」「どのように」を尋ねることを確認する。・情報収集では，カードや付箋を活用すると，その後の作業がしやすいことを伝えておく。	取材相手を決め，取材内容について考え，必要な情報を集めている。（書く）〈ワークシート・インタビュー〉	取材相手を決め，取材内容について考え，必要な情報をわかりやすくまとめながら集めている。	なぜその相手に取材したいのかの理由を書かせることで，本当に知りたいことを意識させる。
	10	リーフレットの構成	・集めた情報から，載せる内容と写真を選ぶ。	・全体から部分へ，部分から全体へ，どちらが自分の取材した内容を伝えるのに適しているかを考え，段落関係なども明確にして構成させる。	集めた情報から伝えたい内容や写真を適切に選び，構成している。（書く）〈ワークシート〉	教科書の作例から組み立てを確かめ，わかりやすい書き方を見つけ，自分の作品の構成に生かしている。	取材内容から伝えたい情報を選択して書きまとめるように助言する。
	11	リーフレットの作成	・第2次でまとめた説明の工夫を生かし，書こうとする中心を明確にして，リーフレットを作る。（⇒17）	・リーフレットの構成について工夫し，200字から300字を目安とする。基本はアップとルーズの写真1枚に対し，一段落で書かせる。	取材したことをもとに，読みやすく正しく句読点を打ったり，必要な箇所は改行をしたりして，文章を書いている。（言語事項）〈作品〉	段落構成や句読点の打ち方を意識し，わかりやすく読みやすい文章を書いている。	初めて知って驚いたことなどを聞きながら，一緒に決定していくように支援する。
	12	リーフレットの見直	・作ったものをグループで見直し，さらに	・1年生に読んでもらうということを意識	作ったものを見直し，さらによいものにする。	推敲のポイントを意識して，作ったものを	・あらかじめ推敲のポイント（読みやす

	し	よいものにする。	させ，丁寧に仕上げさせる。	（書く）〈行動観察・作品〉	見直し，さらによいものにする。	筆者の主張やわかりやすい文章の書き方についてまとめ，今後活用していきたいことを交流している。	ように点を打っているか，主語と述語の関係は合っているか等）をいくつか示し，見直しができるよう支援する。
13	振り返り（→18）	・1年生にリーフレットを読んでもらい，学習のまとめをする。	・リーフレット作りを通し，自分が工夫したことや，友達の作品から今後活用していきたいことなどを交流させる。	・リーフレット作りを通し，自分が工夫した点について意見を交流している。（書く）〈発言・ワークシート〉	わかりやすく文章を書くための工夫点について意見を交流している。	筆者の主張やわかりやすい文章の書き方についてまとめ，今後活用していきたいことを交流している。	これまでの学習をワークシート等で振り返り，教材文や友達の作品の上手な説明のしかたについて発表できるよう助言する。

Point 18
3次では，単元全体の学びを振り返らせ，どんな力がついたか，どんな学びができたのかについてメタ認知できるようにする。

9 本時の目標
　○全文から写真と文章の対応関係や段落相互の関係，全体構成などをとらえ，筆者の説明のしかたの工夫やよさについて考えることができる。

10 本時の展開（7／13時間）

過程	指導内容	指導形態	主な学習活動	指導上の留意点	教材・教具	評価（→20）（評価の観点）〈評価方法〉
導入	脳の活性化	一斉	国語係の進行により，今週の詩を暗唱する。（→19）		言葉のアルバム学習計画表司会の手引き	
	めあての確認		筆者の説明のしかたの工夫やよさについて考えよう！			
展開	筆者の説明のしかたについて考察	一斉	・本文を音読する。	・説明のしかたや工夫に着目しながら，音読するように伝える。	話し合いの手引き	・写真と文章の対応関係や段落相互の関係，全体構成などを改めてとらえ直し，説明のしかたの工夫やよさについて考えている。（読む）〈ワークシート，発言〉
		個別	・筆者の説明のしかたの工夫やよさについて，自分の意見を考える。	・説明の工夫やよさが教材文のどこに具体的に表れていたか，またよいと思う理由も考えさせる。	ワークシート	
		グループ	・グループで話し合い，自分の意見を深める。（→21）	・本文やワークシートをもとにして発言することを伝える。・自分の意見を伝える際には，理由をつけて説明できるように助言する。	ワークシート話し合いの手引き	A段落相互の関係や全体構成に着目し，作者の考えをとらえ，わかりやすく相手に伝えるための説明のしかたについて自分の考えをまとめてい

Point 19
導入では，前時の振り返りをしたり，本時のめあてに結びつく話題提示が一般的だが，この場合は国語への気持ちの切り替えという目的で詩の暗唱を取り入れている。

Point 20
本時の目標と本時の評価が対応しているか確認する。また評価の観点や評価方法も記述する。

Point 21
話し合いの前には，個別で考えをまとめる時間をもたせる。叙述に基づき根拠をまとめるようにさせる。

	筆者の説明のしかたの考察について交流	一斉	・グループで話し合ったことをもとに、筆者の説明のしかたの工夫点やよさについて話し合う。	・本文やワークシートをもとに討論を深めることを伝える。 ・テーマに沿った話し合いにすること、深まらない場合はグループ交流の場を設定するなど、司会者に助言する。	ワークシート	C 本文やこれまでのワークシート、ヒントカードなどを参考にして自分の考えをもつことを伝える。
	リーフレットに生かす説明の工夫の交流	一斉	・今後のリーフレット作りに生かしたい説明のしかたについて交流する。	・筆者の説明のしかたをもとに、自分がリーフレット作りに生かしたいと思った理由も発言させる。 ・上手な説明のしかたとして、ポイントを押さえる。		
まとめ	学習のまとめ	一斉	・学習計画表の振り返り欄に学習のまとめを書き、振り返りをする。（⇒22）	・本時で学んだことやわかったことを具体的に書くよう助言する。	学習計画表	

Point 22
本時のまとめは、感想ではなく何を学んだか、何を身につけたかを振り返らせるようにする。

板書計画の例

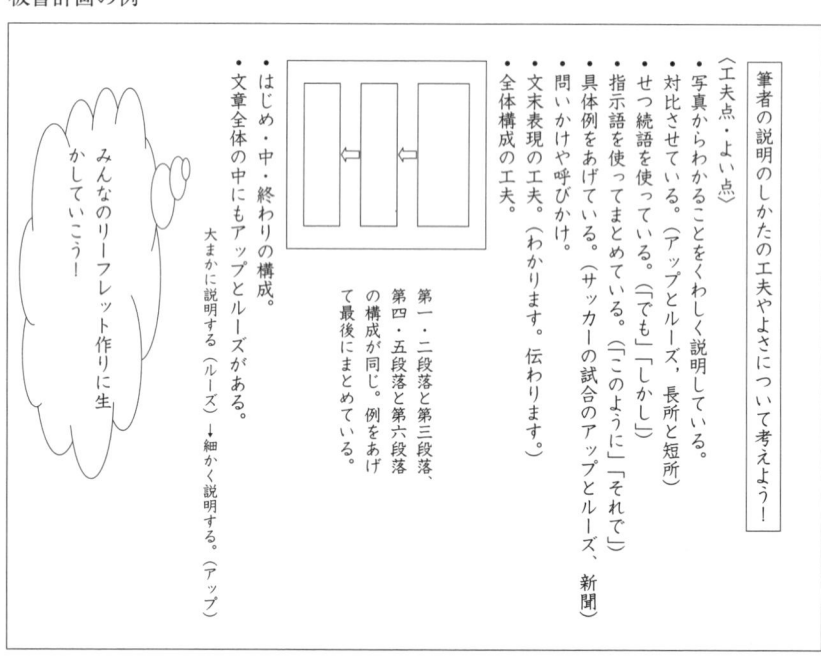

筆者の説明のしかたの工夫やよさについて考えよう！

〈工夫点・よい点〉
・写真からわかることをくわしく説明している。
・対比させている。（アップとルーズ、長所と短所）
・せつ続語を使っている。（「でも」「しかし」）
・指示語を使ってまとめている。（「このように」「それで」）
・具体例をあげている。（サッカーの試合のアップとルーズ、新聞）
・問いかけや呼びかけ。
・文末表現の工夫。（わかります。伝わります。）
・全体構成の工夫。

・はじめ・中・終わりの構成。
・文章全体の中にもアップとルーズがある。
・第一・二段落と第三段落、第四・五段落と第六段落の構成が同じ。例をあげて最後にまとめている。
大まかに説明する（ルーズ）→細かく説明する（アップ）

みんなのリーフレット作りに生かしていこう！

（橋本京子）

〈指導案作成例②〉小学校社会

社会科学習指導案

指導者　　○○　○○

1　対　　象　　　第3学年　組　男子　名　女子　名　計　名

2　日　　時　　　平成　年　月　日（　曜日）第　校時　：　～　：

3　場　　所　　　3年　組

4　単　　元　　　わたしたちのまち

5　単元について

　本学級の多くの児童は，放課後家に帰ってから，学年の友だちと遊ぶことが多くなってきている。その際に，自転車を利用して遊びに行っている児童が多い。家が近い友だちと遊んでいる児童が多いが，家が遠い友だちとも遊んでいる児童もいる。児童たちは，公園などでよく遊んでいる。

　児童たちは，校区の古くからある商店街の文房具店で鉛筆を買ったことや，花屋の黒猫の話など，そこでの具体的なエピソードなどをよく学校で話している。また，大型のショッピングモールがあり，そこで買い物をしたことや遊んだ話もよくしている。しかし，話の内容は点であって，それがつながることはあまりない。（⇒1）

　2年生の生活科の学習では『まちたんけん』をしている。その時は，クリーニング屋・花屋・魚屋・ケーキ屋・銭湯・児童館・保育園・図書館などを訪問した。魚屋では「魚は何種類ありますか？」「一番売れている魚は何ですか？」など，児童が思い思いの質問をした。（⇒2）

　本単元は，3年生の児童にとって初めての社会科の学習である。まず，2年生の生活科で学習したことと普段の生活をもとに，校区のさまざまな場所（点）を紹介し合い，共通理解することからスタートする。次に，校区の様子を絵地図や白地図などにまとめ，校区の特徴（点から面）を読み取っていく。その際，四方位・地図記号・土地利用による色の塗り分けなど，地図の見方や使い方の，利便性や必要性を体感させながら習得させる。そして，次の単元である『京都市のようす』へと学習対象が広がっていくつながりになっている。

　本校は100年以上の歴史がある学校である。都市計画法では第1種住居地域と工業地域からなる。校区の少し北にはJR○○駅があり，校区には国道などの大通りが通っている。校区の大半は住宅街である。古くからの住宅がある一方，急激に新築の家が増えている。商店に関しては，住宅地と同じく，校区の西側には50年以上の歴史がある商店街がある一方，校区の東側には大きなショッピングモールができて20年ほどになる。そのほか，畑や田が点在し，特に自動車関係の小さな工場が多い地域である。京都市の他地域と比べると，オーソドックスな住宅地といえるが，さまざまな使われ方をしている小さな工場が多いという特徴があげられる。（⇒3）

　以上より本単元では，次のように指導していく。

　第1次では，「紹介したいこんなところ」と題し，登下校で見かける特徴ある場所を紹介し合う。聞いている児童は友だちが紹介した場所を知っていると，それに

Point 1
児童の実態については，社会科に関する・この単元に関する児童の実態を具体的に記述する。

Point 2
本単元と関係する単元を扱った内容・様子を記述する。

Point 3
読み手がわかるように，扱う単元についての情報とその情報を分析した結果を詳しく具体的に書く。

つけ加えて話すだろうし，知らなければ一度行ってみたい気持ちになるだろう。そこで，実際に行くことにして，紹介したい場所の案内図をかく。すると個人によって表し方がいろいろと違うことがわかってくる。そこで，「四方位」を指導する。

第2次では，前時に作った案内図をもとに探検コースを作り校区探検をする。そこでわかったこと・気付いたことを大きな地図にかき込む。この地図は，まだ記号や色分けを用いていないので文字や写真が入り組んだ地図である。この地図では情報が読み取りにくい。そこで，「校区の様子はわかるかな？」と問いかけ，校区をもっと詳しく調べる必要性を感じさせる。さらに，そのためにはどのような地図にまとめればよいか考えさせる（一軒一軒の家をかくのは無理なので，色分けを用いること。地図記号を用いて簡素化することなど）。

第3次では，実際に校外へ確認しに行くことを繰り返し，校区の地図を完成させる。実物と地図を比較する活動を何度も取り入れることにより，地図を用いる技能・空間を把握する概念を確実に身につけさせたい。

次に，完成した地図を見て，校区の特徴を読み取らせる。また，特徴をより浮き彫りにさせるため，他校の校区地図と比べる活動を取り入れる。

最後に，学習対象を校区（地域）から京都市へ広げていくために，他の地域にはどんな特徴があると思うか問いかけることにより，本単元だけではなく，この先の単元にも興味をもたせ続けたい。（⇒**4**）

Point 4
単元の指導の流れについて概観を明記するが，キーとなる発問・児童の思考の予想・活動のねらいなども書き込む。

6 単元目標 （⇒**5**）

○身近な地域の様子を観察し，絵地図や平面地図に表して調べ，場所による様子の違いや特色を具体的に考えるようにする。

Point 5
単元目標は，当該学年の学習指導要領の指導事項に準拠し，単元の特質を踏まえて具体化する。

7 単元の評価規準 （⇒**6**）

社会的事象への関心・意欲・態度	社会的な思考・判断・表現	観察・資料活用の技能	社会的事象についての知識・理解
身近な地域の様子に関心をもち，それを意欲的に調べ，まとめようとしている。（⇒**7**）	身近な地域の様子による違いや特色を具体的に考え，判断したことを適切に表現している。	身近な地域の様子を的確に観察・調査し，結果を絵地図や平面地図にわかりやすく表している。	身近な地域の様子は場所によって違いがあることやそれぞれの場所の特徴を理解している。

Point 6
どのような力を身につけさせるのか，単元目標に沿って簡潔に記す。
国立教育政策研究所の「評価規準のための参考資料」を参照する。

Point 7
文末表現は，目標に対する学習状況を表すことから，「〜しようとしている」（関心・意欲・態度），「〜している」（その他）と記述する。

8 単元指導計画（全14時間）

次	時	指導計画	学習活動	指導上の留意点	評価		
					評価規準（評価の観点）〈評価の方法〉	十分満足と判断される状況	努力を要する状況への手立て
1次	1 2	学習課題の設定1	・通学路や校区で，自分がよく行く紹介したい場所をカードに書き，紹介する。 ・私たちの校区を詳しく調べようという学	・書き方のルールにはこだわらずに，自分の紹介したい場所を紹介させる。 ・紹介したい場所を種類によって簡単にグ	紹介カードを書くことに積極的に取り組んでいる。 （関心・意欲・態度） 〈カード〉	エピソードを交えながら，意欲的に紹介カードを書いている。	本日学校へ登校する時，何を見たか，記憶に残っていることから話を広げさせる。

第Ⅲ章　学習指導案の作成

		・習課題を設定する。	ループ分けする。			
3	四方位の習得	・紹介したい場所への案内図を作る。 ・案内図を用いて案内の交流をする。 ・四方位を習得する。	・案内図を作って交流する過程で、「右・左」ではなく、方角があることを指導する。方位磁針を紹介し、使い方の練習をさせ、習得させる。	適切に方位磁石を使って方角を調べている。 (技能) 〈行動観察〉	方位磁石を適切に操作して、東西南北がわかり、地図の上で説明している。	方位磁石が止まるまで待たせ、北を合わせることをゆっくり確認する。
2次 4	探検コースの設定	・全員の紹介したい場所を道路のみの大きな白地図にかき込み、見学コースを考える。 ・見学コースに名前をつける。	・校区の紹介したいポイントをかき込んだプリントを用意し、全員にコースを考えさせる。 ・60分で回るコースであることを伝えておく。 ・コースの特徴をイメージさせるために、コースに名前をつけさせる。	考えたコースに、特徴がわかる名前をつけている。 (思考・判断・表現) 〈地図プリント〉	コース上の特徴的な一つの場所だけでなく、コース上のいくつかの場所をまとめた名前をつけている。	自分の行ってみたい場所をいくつか選んでから、同じ方角にある場所をつながせる。
5	探検の準備	・近い探検コースのグループに分かれて、探検する計画を立てる。 ・探検する時に、大切な視点を知る。	・持ち物（白地図・デジカメ・探検ボード・水筒など）の確認をする。 ・紹介したい場所だけでなく、大きな建物や特徴的な場所など目印となるものを地図にかき込むよう指示する。	白地図に記録するのにふさわしいこと、ふさわしくないことを理解している。 (知識・理解) 〈ノート〉	自分が探検するコースだけではなく、他のグループの探検コースでもどのようなことを記録するべきか理解している。	探検コース上にある記録するべき具体的な物の例を出し示す。
6 7	探検校外学習	・グループごとに探検をする。 ・地図で今の場所を確認しながら探検を進める。 ・気付いたことは地図にかき込み、写真で伝えたいことは、撮影する。	・安全に気をつけて活動できるように保護者に協力をいただく。 ・時計を持たせ、帰校時刻を確認しておく。	探検して気付いたことを白地図にまとめている。 (技能) 〈白地図〉	気付いたことを記録するだけでなく、マークを決めて記録するなど工夫して記録している。	一番記憶に残ったことから、気付いたことを文章にさせる。
		・撮った写真をもとに、探検して気付いた	・児童が撮ってきた写真を事前にプリント	撮ってきた写真を地図の適切な場所に貼ってい	地図の適切な場所に写真を貼ったり、そ	目印となる建物や大きな道路から、どのように

	8	交流	ことを交流する。 ・撮った写真にコメントを書き入れて、白地図に貼る。	アウトしておき、児童が説明したすぐ後に地図に貼れるように準備しておく。黒板に貼るための大きなものと、児童一人ひとりが貼るための小さなものを用意しておく。 ・写真が地図上のどこにあたるか、一つひとつ確認させる。	る。 (技能) 〈行動観察〉	の写真の場所が、どこにあるか地図を使って説明している。	行った場所か説明する。
3次	9	課題の設定2	・前時に作った地図から校区の特徴を考える。 ・もっと詳しく調べるためには、どのようにまとめたらよいか考える。 ・校区調べの分担を決める。	・前時に作った地図には、何もかかれていない白いところがたくさんあるので、そこに注目させる。すべての白いところに文字で書き込むのは大変だから、色分けしたり、記号を使うと便利なことに気付かせる。 ・地図記号を指導する。 ・クラスでの色分けの仕方を決める。どのような色分けをしたらよいか考えさせる。公園やガレージは意外と多いので、ぜひ色分けしたい。	校区の特徴がよりわかる地図を作成するためには、どのようなことを調べればよいか理解している。 (知識・理解) 〈ノート〉	地図記号を用いたり、色分けをしたりすると、文字より地図が見やすくなること、絵より簡潔に表現できることがわかる。	実際に以下の3種類の地図を見せる。 1．絵で表した地図 2．文字で表した地図 3．地図記号と色分けをした地図
	10 11 12 13	地図作成	・グループの担当した場所を調べに行く。 ・グループごとに、校区の道路のみの白地図に、地図記号をかき込み、用途別に色を塗る。	・校区の地図をグループの数に分割して活動させる。 ・用途によって、色を塗り分けさせる。 (黄)住宅 (赤)商店 (橙)会社	進んで、白地図に記号をかき込み、色を塗っている。 (関心・意欲・態度)	意欲的に、調べてきたことをもとに色分けをしている。	丸いシールに地図記号をかき、それを地図に貼るように促す。

過程	指導内容		主な学習活動	指導上の留意点	評価 (評価の観点) 〈評価方法〉	教材・教具	評価 (評価の観点) 〈評価方法〉
				（緑）公園 （黒）ガレージ ・地図にかき込んでいる間にわからなくなったら，実際に確認に行ってもよいこととする。			
14 (本時) まとめ	・作成した地図と他地域の地図を比べて，自校の校区の特徴を読み取る。		・本校の地図だけではわかりにくいので，意図的に気付かせたいことが浮き彫りになる他地域の地図を準備する。	本校の校区の特徴がわかるネーミングをし，その理由の説明をしている。 (思考・判断・表現) 〈ノート記述〉	他校・他地域と比較して，本校の校区の特徴が浮き彫りになることばでネーミングし，理由を適切に説明している。	他地域の地図と比べて，何が一番違うか考えさせる。	

9 本時の目標
　○自分たちでまとめた校区の地図と他校が作った地図を比べることを通して，本校の校区の特徴を考え，説明することができる。

10 本時の展開（14／14時間）

過程	指導内容	指導形態	主な学習活動	指導上の留意点	教材・教具	評価 (評価の観点) 〈評価方法〉
導入	前時までの復習	一斉	・校区にはどんな場所があったか発表する。	・本時までに用いた写真を手もとに準備しておく。	校区の特徴的な写真	
	校区の特徴をまとめよう					
展開	校区の地図を見て気付いたことを書かせる。	個別	・各グループが分担して作成した地図を合わせ，気付いたことをノートにたくさん書く。	・箇条書きでたくさん書かせる。 ・早くできた児童には，気付いたことをグループ分けさせたり，重要な気付きに☆マークをつけさせたりする。	作成した校区地図	・本校の校区の特徴がわかるネーミングをし，その理由を説明している。 (思考・判断) 〈ノート記述〉
	気付いたことのつながりを意識させながら，発表させる。	一斉	・気付いたことを発表し，気付きを分類したり，関係づけたりする。	・児童の意見を分類して板書する。 （→8） (1)〜が多い・〜がいくつある →具体的に一つひとつを見ている (2)住宅地が多い・工場が多い →全体を俯瞰して見ている		

Point 8
具体的な児童の発言を予想し，記述する。

Point 9

どこの学校でも行っている学習なので、他地域の学校と協力できるとよい。

同じところ、違うところを意識させながら、他校の校区地図と比較させる。	一斉	・他校の校区地図と比べる。	(3)国道と駅の近くはお店が多い →関連づけて見ている ・本校の特徴が浮き彫りになる校区・地域の地図を準備する。	他校・他地域の地図（⇒9）	A 他校・他地域と比較して、本校の校区の特徴が浮き彫りになることばでネーミングし、理由を適切に説明している。
校区の特徴をまとめさせる。	個別	・本校の校区の特徴をまとめる。	・本校の校区は「○○地区」と特徴がわかるネーミングをする。 (例)「工場パラパラ地区」「家・田・工場地区」など		C 他地域の地図と比べて、何が一番違うか考えさせる。
まとめ まとめた言葉を交流させ、校区の特徴を理解させる。	一斉	・まとめた言葉を交流する。	・必ず理由を説明させる。友だちに予想させてもよい。 ・次の単元につながるように、「京都市の他の地域にはどんな特徴があるのかな?」と問いかけ、終わる。	京都市の地図	

板書計画の例

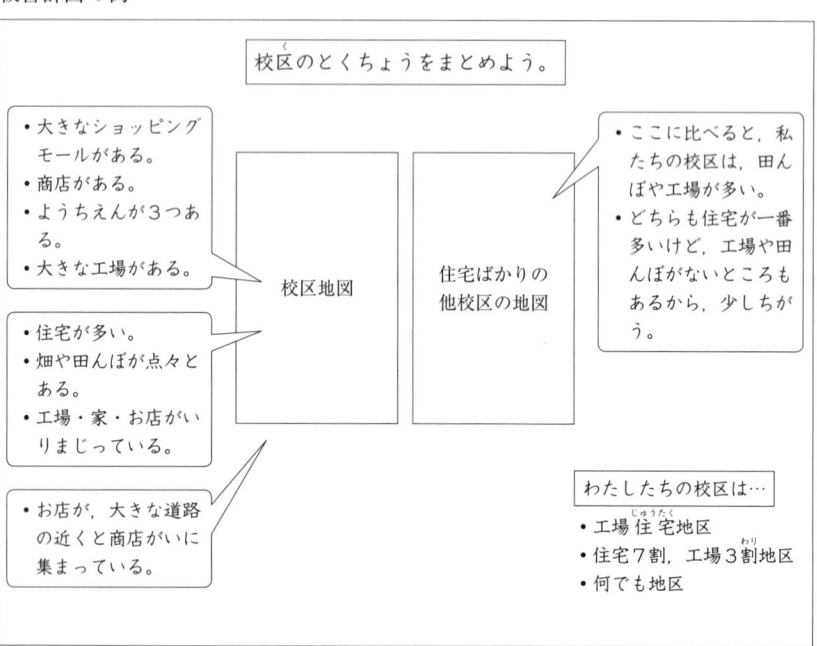

```
           校区のとくちょうをまとめよう。

・大きなショッピング                        ・ここに比べると、私
 モールがある。                             たちの校区は、田ん
・商店がある。                              ぼや工場が多い。
・ようちえんが3つあ    校区地図   住宅ばかりの  ・どちらも住宅が一番
 る。                          他校区の地図   多いけど、工場や田
・大きな工場がある。                        んぼがないところも
                                          あるから、少しちが
・住宅が多い。                              う。
・畑や田んぼが点々と
 ある。
・工場・家・お店がい
 りまじっている。
                                      わたしたちの校区は…
・お店が、大きな道路                    ・工場 住宅地区
 の近くと商店がいに                     ・住宅7割、工場3割地区
 集まっている。                         ・何でも地区
```

（深蔵心理）

〈指導案作成例③〉小学校算数

算数科学習指導案

指導者　　○○　○○

1　対　象　　　第4学年　　組　　男子　名　女子　名　計　名

2　日　時　　　平成　　年　　月　　日（　曜日）第　校時　：　～　：

3　場　所　　　4年　組

4　単元・教材名　直方体と立方体

5　単元について
　本学級の児童は，一人ひとりが算数的活動を通して考え，考えたことやわかったことをグループやクラス全体で交流し，学びを深める学習を進めている。算数的活動は意欲的に行うが，その活動の中にどのような数学的な価値があるのかを考えることは苦手な児童が多い。算数の得意な児童，苦手な児童がともに活動に取り組み，そこで考えたこと，わかったことを話し合い，既習と関連づけて深めていくことが課題である。（⇒1）
　児童は1年生で身の回りにある立体の観察や構成の活動を行っている。実際に箱を重ねたり，積んだり，分類したりする活動を通して形の特徴を学習している。また，2年生では頂点，辺，面という言葉を学習し，平面図形と関連づけながら立体の特徴を学習している。そして実際に立体を分解し，どのような平面から立体が構成されているのかを観察する学習している。3年生では平面図形の円と関連して球を立体として学習をしている。（⇒2）
　この単元では3年生までの学習をうけ，直方体と立方体を構成要素や辺や面の関係を平行，垂直という新しい視点から理解する。そして図形を構成したり分解したりする算数的活動を通して辺や面のつながり，それらの位置関係について理解できるようにすることがねらいである。その際，見取り図や展開図を用いて立体を平面に表す表現方法のよさがわかるように指導することが大切である。このような学習を通して，一つの立体図形から一通りではなくいくつかの展開図をかくことができることや，展開図からできあがる立体図形を想像できるようにすることが大切である。（⇒3）
　第一次では直方体，立方体の特徴を平面図形と垂直と平行の見方と関連づけて理解する。第二次では実際に立方体，直方体を工作用紙等で作り，その立体を実際に展開し，面や辺がどのような位置関係になるのかを考える。第三次では直方体，立方体を見取り図を使って平面にかくかき方を理解する。そして見取り図には立体図形の辺や面の平行関係が表されていることを理解する。第四次では見取り図を用いて3次元の位置の表し方を学習する。（⇒4）

6　単元目標（⇒5）
　○直方体，立方体の構成要素を平面図形と関連づけて理解することができる。
　○直方体，立方体の辺や面の関係を平行や垂直の関係から理解することができる。

Point 1
児童生徒の実態については，算数科における学習課題や本単元に関連する学習課題について記述する。

Point 2
学年や年間指導計画の系統性や関連性を踏まえて，本単元の位置づけを明確にして，どんな力を育成するための授業なのかの見通しを明確にする。

Point 3
立体の構成と分解という算数的活動を取り入れ，児童が立体図形と平面図形の関係がわかるようにする。

Point 4
本単元で身につけたい力を育成するための単元の指導の流れについて概観を明記する。

Point 5
単元目標は，当該学年の学習指導要領の指導事項に準拠し，単元の特質を踏まえて具体化する。

○直方体，立方体を展開したときに各面がどのような位置関係になるか，また展開された面を構成したときにどのような位置関係になるかを考えることができる。

7 単元の評価規準 (⇒6) (⇒7) (⇒8)

関心・意欲・態度	数学的な考え方	表現・処理	知識・理解
直方体，立方体の辺や面の関係を，平面図形や垂直と平行の学習と関連づけながら具体的な操作を通して考えようとしている。	直方体や立方体の辺や面が展開されたときにどのような位置関係になるのか，また展開されたものを構成したときにどのような位置関係になるのかを，既習や生活経験と関連づけて考えている。	直方体，立方体の性質を用いて構成する。また，これらの立体を面や辺の関係を用いて見取り図や展開図に表している。	直方体，立方体の構成要素やその関係を理解している。

8 単元指導計画（全13時間）

次	時	指導計画	学習活動 (⇒9)	指導上の留意点 (⇒10)	評価規準（評価の観点）〈評価の方法〉	十分満足と判断される状況	努力を要する状況への手立て
1次	1	直方体，立方体の定義の理解	・身の回りの箱を分類する。箱は正方形からできている箱と長方形からできている箱が多いことがわかる。	空き箱を持ってこさせる。その中に正方形で囲まれた箱があるようにする。ない場合は教師が用意する。	平面図形の見方を用いて，箱を分類し，正方形で囲まれた立体は立方体，長方形で囲まれた立体は直方体ということを理解している。（知識・理解）〈ノート〉	平面図形の既習を用いて箱の分類に意欲的に取り組んでいる。	素朴な分類の視点を認めつつ，既習の平面図形を用いて分類できないかを考えるように促す。
	2	直方体，立方体の特徴の理解	・直方体，立方体の構成要素を調べる。その際に，垂直，平行の見方を加え，構成要素同士の関係を理解する。	・平面図形と関連づけて，直方体，立方体の構成要素を理解できるようにする。また，垂直，平行の見方を取り入れ，構成要素同士の関係にも着目するようにする。	直方体，立方体の構成要素と，その関係を既習と関連づけて理解している。（知識・理解）〈ノート〉	直方体，立方体の構成要素と，その関係を既習と関連づけて理解している。	まずは，頂点，辺。面の個数を数えさせる。そして面の形を平面図形の既習を用いて考えさせる。その後に面と面，辺と辺の関係を垂直，平行を用いて説明できないかを考えるように促す。
2次	3	(⇒11) 直方体，立方体	・工作用紙を使って，直方体，立方体を構成する。	・直方体，立方体の辺の長さや面の個数を確認してから構成させる。構成した後に辺で展開でき	直方体，立方体を構成する平面図形から作っている。（表現，処理）〈操作の姿〉	直方体，立方体を構成する面の形や数を考え，作っている。	直方体，立方体を構成する面がいくつあるのか，またその面はどのような形をしているのかを一緒に確かめる。

Point 6
どのような力を身につけさせるのか，単元目標に沿って簡潔に記す。
国立教育政策研究所の「評価規準のための参考資料」を参照する。

Point 7
文末表現は，目標に対する学習状況を表すことから，「～しようとしている」（関心意欲態度），「～している」（その他）と記述する。

Point 8
評価については，該当時間のねらいに即した評価規準を中心に十分満足とされる状況や努力を要する状況への手立てを具体的に記述する（ここは，評価規準のみの表現でもよい）。

Point 9
学習活動は，学習者の立場から具体的に，実際に行う学習活動に即した表現で記す。

Point 10
指導上の留意点は，その時間に最も大切な指導について，目標に達成するための手立てや工夫を記述する。

Point 11
2次では算数的活動を取り入れ，児童が立体の面の関係を2次元と3次元から考えられるようにする。

	の構成		るように，6つの面を切り，配置してからセロハンテープで貼り合わせる。			
4	立方体の展開図の種類	・立方体を辺で展開し，面がどのような位置関係になるのかを考える。	・全部で11種類の展開図が見つかるので，クラスで協力して探すようにする。裏返したり，回したりして重なる展開図は同じ展開図であることを確認する。 ・立方体を展開するときに辺を何本切ったかを数えておくようにする。	展開図の面の関係に着目し，多様な展開図を探そうとしている。（数学的な考え方）〈操作，発言，ノート〉	面と面の位置関係に着目しながら多様に展開図を探そうとしている。	見つけた展開図はノートに記録させる。そして，切って，開いた展開図をまたテープでつなぎ，再度展開して新しい展開図を探させる。
5	立方体の展開図の決まり	・立方体の展開図はすべて辺を7回切って展開できるわけを考える。	・切っている辺の数とともに，つながっている辺の数にも着目するようにする。	立方体の辺の数に着目し，展開したときに切る辺の数と，展開図の6つの面をつないでいる辺の数との関係を見つけようとしている。（数学的な考え方）〈ノート，発言〉	展開図の6つの面をつなぐには，いつも5つの辺が必要なことがわかっている。	見つけた展開図の辺に色を塗り，本数を数えさせる。立方体の辺の数12本と，展開図に残る辺の数5本と切った辺の数7本の関係を考えさせる。
6（本時）	立方体の展開図の心的操作	・展開図を組み立てたときに面がどのような位置関係になるかを頭の中でイメージし，考える。	・開いた展開図を頭の中で組み立てるときに，どの面を基準となる底面にすると考えやすいかを話し合い，考えさせる。	底面を基準にし，その周りの4つの側面を頭の中で組み立てて，できあがった立方体を考えようとしている。（数学的な考え方）〈ノート，発言〉	底面を基準に考えることで，他の面を頭の中で組み立てやすくなることがわかっている。	実際の展開図を使って考えるようにする。
7	直方体の展開図	・直方体を展開し，展開図の辺が，組み立てたときに，どのような位置関係になるかを考える。	・立方体で用いた底面を決める考え方に加え，辺の長さに着目して考えるようにする。	立方体の展開図を頭の中で組み立てた方法を用いて，どの辺とどの辺が組み立てたときに重なるかを考えようとしている。（数学的な考え	底面を基準に考えることと，辺の長さに着目することで重なる辺を探そうとしている。	実際の展開図を使って考えるようにする。

次		指導内容	主な学習活動			評価
						方）〈ノート，発言〉
3次	8	直方体，立方体の見取り図	・3次元の直方体，立方体を2次元の平面にかく方法を考える。	・児童から出される多様な方法の中から，どの方法が立方体，直方体の性質を現しているのかを話し合い，よりよい方法を考えるようにする。	辺や面の平行，垂直の関係を生かしてかくと，直方体か立方体かがわかりやすいことに気付いている。（表現，処理）〈ノート，発言〉	面や辺の平行，垂直の関係を使って3次元の立方体を2次元の平面に書き表そうとしている。	友達の発表した方法の中から，より直方体，立方体らしくかける方法に積極的に取り組ませる。
	9	直方体，立方体の辺や面の関係	・見取り図を用いて直方体，立方体の辺と辺，面と面との関係を考える。	・見取り図の頂点に記号を入れ，辺や面の呼び方を理解させる。	見取り図を用いて辺と辺，面と面の関係を垂直や平行の関係から考えようとしている。（表現，処理）〈ノート〉	平面に表された辺と辺，面と面の関係を垂直，平行を用いて考えようとしている。	実際の立方体，直方体と照らし合わせながら考えるようにする。
4次	10	位置の表し方	・見取り図と関連づけて3次元の位置の表し方を理解する。	・平面上に表された，縦，横，高さの関係を理解させる。	平面状に表された縦，横，高さの関係を用いて3次元の位置を表そうとしている。（表現，処理）〈ノート〉	平面上に表された縦，横，高さの関係を見取り図と関連づけて考えようとしている。	模型などを使って実際の場面から考えさせる。

Point 12
練習問題を用いて，重要な数学的な考え方を児童全員が体験し，そのよさがわかるようにする。

9 本時の目標
　○1面足りない展開図の残りの1面を，どこにつけると組み立てたときに立方体になるかを，既習や生活経験から考えることができる。

10 本時の展開（6／10時間）

過程	指導内容	指導形態	主な学習活動	指導上の留意点	教材・教具	評価（評価の観点）〈評価方法〉
導入	めあての確認	一斉	・1面足りない展開図の，どこに残りの1面をつけるかを考える。　1面足りない立方体の展開図があります。あと1面をどこにつけると，組み立てたときに立方体になるでしょうか。	・黒板と同じ図をノートに写させる。	問題で提示した展開図は辺で面が動くようにしておく。	

展開	展開図を頭の中で構成し，足りない面を考察	個別	・自分なりの考えをノートに書くようにする。 ・自分の考えを発表する。	・なかなか見つからない児童には，ノートにかかれた立方体の展開図や，実際の展開図を使って考えるように伝える。 ・児童の発表する方法は板書し，後で比べやすいようにする。		
	展開図を頭の中で構成する方法について交流	一斉	解答例1 　前に調べた立方体の展開図11種類と比べて，どこに残りの1面をつけるか探しました。 解答例2 　黒く塗った面を底面とします。そうして組み立てると上の底面がない立方体になります。上の底面はそれぞれの側面につくので，点線の面の場所に残りの1面がつきます。 解答例3 　この展開図を頭の中で組み立てると上の底面のない立方体になります。上の底面がつく辺は4か所あるので，そこにあと1面つきます。	児童が黒板の前で説明しやすいように，大型の展開図を用意する。 ・3つの方法のどれが似ているかを考えさせる。	・底面を基準にし，その周りの4つの側面を頭の中で組み立てて，できあがった立方体を考えようとしている。 （数学的な考え方） 〈ノート・発言〉	
練習	頭の中で展開図を構成する方法を適用	個別	この展開図も1面足りません。あと1面をどこにつなぐと，組み立てたとき立方体になるでしょうか。 (⇒⑫)			
まとめ	学習のまとめ	一斉	・ノートにまとめを書き，振り返りをする。	・本時で学んだことを具体的に書くよう助言する。		

板書計画の例

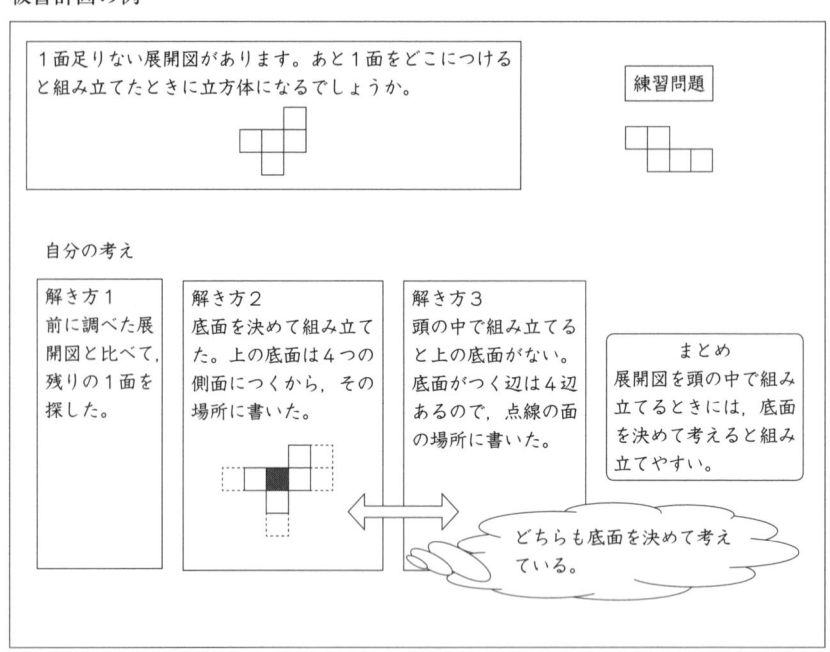

1面足りない展開図があります。あと1面をどこにつけると組み立てたときに立方体になるでしょうか。

練習問題

自分の考え

解き方1
前に調べた展開図と比べて，残りの1面を探した。

解き方2
底面を決めて組み立てた。上の底面は4つの側面につくから，その場所に書いた。

解き方3
頭の中で組み立てると上の底面がない。底面がつく辺は4辺あるので，点線の面の場所に書いた。

まとめ
展開図を頭の中で組み立てるときには，底面を決めて考えると組み立てやすい。

どちらも底面を決めて考えている。

（渡辺 敏）

〈指導案作成例④〉 小学校生活科

生活科学習指導案

指導者　　○○　○○

1　対　象　　　　第1学年1組　　男子18名　　女子18名　　計36名

2　日　時　　　　平成　　年　　月　　日（　曜日）第　校時　：　～　：

3　場　所　　　　1年1組

4　単元・教材名　もう　すぐ　みんな　にねんせい

5　単元について（⇒**1**）
　子どもたちが入学してから，はや11か月経った。その間，子どもたちはそれぞれの歩みの中で大きく成長してきた。入学した頃は，自分のことしか考えられず，何をするのも不安で，教師に依存することが多かった1年生も，3学期にもなると，学校生活にもすっかり慣れ，友だち関係や行動範囲も広がってきた。そして，授業や生活の中でいろいろな活動を経験するごとに，自分の力を少しずつ確かなものにしてきた。しかし，1年生の認識としては，今の自分を見つめることはできても，自分がどれだけ成長してきたかということについては，まだまだ気付きにくいものである。成長という抽象的なものを，いかに具体的に，1年生の子どもに迫っていくかが本単元の鍵になると考えられる。（⇒**2**）
　そのために本単元の導入時に，4月の入学当時に書いた自分の名前と現在書いた自分の名前を比較させた。すると，子どもたちからは，「先生，ぼく，字が上手になっているよ。」「色も丁寧に塗れるようになった。」「成長したのだと思う。」という意見が多数出た。このことから，第3時（本時）では，友だちと話し合いながら，自分がもっと成長したことを見つけてみようという学びが展開されるであろう。そして，成長についての探究活動（生活科では，子どもたちはこれを「けんきゅう」と呼んでいる）を自分たちで行っていこうとする意欲の炎が子どもたちの心に芽生えることを期待している。（⇒**3**）
　また，学びの中で，子どもたちは成長について考え合ううちに，自分のことだけでなく，友だちの成長やよさにも気付いていくであろう。友だちに認められる喜びは，1年生にとっては，大きな自信につながる。そこで，友だち，先生，親など，他者に自分を認められることと同時に，いろいろな人の励ましや支えによって，自分も成長してきたことに1年生なりにも気付かせたい。
　さらに子どもたちの得た自信や満足感は，次に，家の人に感謝の手紙を書いたり，新1年生を迎える準備をしたりという次の活動の原動力となるであろう。子どもたちにとって1年生最後の意義深い単元となることを願っている。（⇒**4**）

6　単元について
　本単元は，特に学習指導要領（生活）の内容(9)「自分の成長」に関わる単元である。（⇒**5**）
　子どもたちは，この単元の学習を進めていくうちに，自分自身の成長とともに友

Point 1
まず「児童について」から指導案をスタートすることで児童のレディネスを学習を進めるうえでの柱にしたいという願いがある。児童を指導の中心として，単元や教材があるという発想で生活科は進めたい。

Point 2
まず児童の現在の実態と，本単元の関連について記述する。

Point 3
本単元において，子どもの思考や活動の流れについて記述する。

Point 4
本単元の教材の特性とつけたい力について述べる。

Point 5
本単元と学習指導要領の内容との関連性について述べる。

79

Point 6
単元目標は，当該学年の学習指導要領の指導事項に準拠し，単元の特質を踏まえて具体化すること。

Point 7
どのような力を身につけさせるのか，単元目標に沿って簡潔に記す。国立教育政策研究所の「評価規準のための参考資料」等を参照すること。

Point 8
評価「規準」の特性から，文末表現は「～しようとしている」（関心・意欲態度），「～している」（その他）となる。

Point 9
1次では，児童が単元の見通しをもてるように学習課題を設定し，児童が主体的に学習に向かえるようにする。

Point 10
学習活動は，児童の立場から具体的に，実際に行う学習活動に即した表現で記す。

Point 11
指導上の留意点は，その時間に最も大切な指導について，目標を達成するための手立てや工夫を記述する。

Point 12
評価については，該当時間のねらいに即した評価規準を中心に十分満足とされる状況や努力を要する状況への手立てを具体的に記述する（ここは，評価規準のみの表現でもよい）。

だちの成長やよさにも気付くであろう。そして，学習指導要領の(8)の内容も含む活動を通して，友だちに認められる「喜び」を体感できるだろう。さらに，その「喜び」は子どもたちの心に大きな自信をつけ，「豊かな育ち」につながっていくものと考えている。子どもたちには，この単元を進める中で自分の成長に関心をもち，これからの成長への願いをもって意欲的に生活しようとする力の基礎を培ってほしいと思う。そして，成長を支えてくれた人々への感謝の気持ちなども自然と感じられる人に成長してくれることを願っている。（⇨6）

7 単元目標（⇨7）
○1年間の学習や生活，成長を振り返り，新1年生に紹介したり，交流したりしながら，これからの成長や2年生からの学校生活への期待と意欲をもつようにする。
○新1年生の立場や気持ちを考えて，自分たちの学校生活について伝えたり，一緒に活動したりすることを通して，自分たちの成長やこれからの願いを表現することができるようにする。
○新1年生と互いに心を通わせて関わることの楽しさや自分ができるようになったこと，役割が増えたことに気付くようにする。

8 単元の評価規準（⇨8）

生活への関心・意欲・態度	活動や体験についての思考・表現	身近な環境や自分についての気付き
1年間の出来事を振り返り，自分や友だちの成長を見つけようとするとともに，これからの成長への願いをもって2年生からの学校生活を送ろうとしている。	新1年生の立場や気持ちを考えて，自分たちの学校生活について伝えたり，一緒に活動したりしている。自分の成長を振り返ることでわかった自分の成長や，これからの願いについて素直に表現している。	新1年生と関わることの楽しさや相手のことを考えて行動できるようになったこと，できるようになったこと，役割が増えたことなどさまざまな面での自分の成長に気付いている。

9 単元指導計画（全13時間）

次	時	指導計画	学習活動（⇨10）	指導上の留意点（⇨11）	評価（⇨12）		
					評価規準（評価の観点）〈評価の方法〉	十分満足と判断される状況	努力を要する状況への手立て
1次	1	(⇨9) 思い出に浸る	・入学から現在までの自分や学級のことを思い出し，楽しかったことや心に残ったことを話し合う。	・入学から現在までの行事の写真やビデオ，または学習で作成したカード，初めて書いた文字などを掲示したり，配布したりすることで，1年間をより具体的に振り返ることができるようにする。	入学から現在までを振り返り，関心をもって1年間の思い出を集めようとしている。（関心・意欲・態度）〈行動観察〉〈発言分析〉	入学から現在までの自分や学級のことを思い出し，自分の成長への気付きにつながる発言をしている。	入学式の様子や入学時の教室環境を再現したりするなど視覚的なことから，この一年間を思い出せるようにする。

第Ⅲ章　学習指導案の作成

	2	思い出を集める	・自分や友だちのよいところやすごいところを，友だちと教え合ったりカードに書いて交換したりする。	・「楽しかったこと」「わくわくしたこと」「がんばったこと」などの視点で交流し，次の活動につなげる。	入学から現在までを振り返り，楽しかったことや心に残ったことを言葉や動作などで表している。（思考・表現）〈作品分析〉〈行動観察〉	自分や友だちのよいところやすごいところを見つけ，より多くの言葉や作品で表現しようとしている。	国語科「いいこと いっぱい 一年生」と合科的・関連的に扱うことで，児童の視野を広げる。
2次	3（本時）	(⇒13) できるようになったことを見つける	・自分や友だちが1年間でがんばったことやできるようになったことを出し合う。	・一人でできるようになったこと，友だちと一緒にがんばったことなどの視点をもつことで，自分のことだけでなく，友だちのことについても考えることができるようにする。・できるようになったことを絵やカード，実演するなど，いろいろな方法で発表してもよいことを知らせる。	自分や友だちができるようになったことやがんばったこと，得たことを話したりカードに書いたりしている。（思考・表現）〈発言分析〉〈作品分析〉	自分の成長がわかるような作品を意欲的に見つけたり，発表したりしようとしている。	入学当初の作品や前時の板書を掲示しておくことでたくさんの事柄に子どもの思考がつながるようにする。
	4 5 6 7	探究活動と伝え合い	・探究活動をし，その結果をまとめて発表し，みんなと成長したことを分かち合う。	・友だちの成長にも目を向けることで，みんなの成長を喜ぶことができるようにする。・自分たちだけでなく，もっと多くの人にも知らせたいという思いをふくらませ，新1年生や他の学年，保護者などへの発表につなげてもよい。	交流を通して，「いまのじぶん」にできるようになったことが増えたことに気付いている。（気付き）〈発言分析〉〈作品分析〉	今の自分や友だちの成長について積極的に探究をしたり，発表したりしようとしている。	具体的な例を教師が示したり，発表の前に児童同士で探究活動の成果を交流する時間をつくったりする。
3次		(⇒14)	・「1年生は楽しいよ」という気持ちが来年の1年生に伝わる方法を考える。	・「園児が知りたいことやしたいこと」を児童とともに考えたり，児童が考えた「園児と一緒	自分が園児だった頃のことを思い出し，園児が知りたいことや考え，交流の準備をしている。	自分が園児だった頃のことを思い出し，園児の立場に立った活動を計画している。	児童が園児だった頃の生活の様子を思い出せる資料（画像や動画など）を見せることで，新1年生への思いが

Point 13

2次では低学年なりの「こだわり」をもった探究に十分時間をとることで，今後の総合的な学習の時間を中心として展開されるであろう探究活動の礎を築きたい。また1次で芽生えた思いや思考の流れが途切れないように留意したい。

Point 14

3次は，「探究する力」と同時に大切にしたい「共同する力」や「コミュニケーション力」の礎となる「相手意識」を育てたい発展の部分である。

81

		8 9 10	新1年生との交流会の準備		に楽しむためのアイディア」に共感したりする。 ・事前に幼稚園や保育園との打ち合わせをし，教師は児童が園児だった頃の生活の様子について情報を得ておく。	（思考・表現） 〈行動観察〉 〈作品分析〉		ふくらむようにする。
		11 12	新1年生との交流会を開く	・来年の新しい1年生と交流する。	・事前に交流の流れを幼稚園や保育園の教師と打ち合わせ，園児に無理のないプログラムや時間設定であるかどうかを確かめておく。	新1年生が知りたいことやしたいことを考え，学校生活のことを伝えたり，一緒に活動したりしている。 （思考・表現） 〈行動観察〉 〈発言分析〉	園児との交流に関心をもち，言葉や製作物を使って一生懸命に学校生活のことを園児に伝えようとしている。	教師が活動をしっかり観察し，児童と園児が互いに緊張しすぎることなく安心して交流ができるように支援する。
		13	交流会の振り返り	・活動を振り返り，新1年生を迎える準備についてまとめる。	・交流をした後に，園児にインタビューを行い，その結果を伝えることで活動の価値づけができ，児童の自己肯定感も高まる。	園児と関わることの楽しさや，相手のことを考えて行動できるようになった自分に気付いている。 （気付き） 〈発言分析〉 〈作品分析〉	交流会をした時の感想や気付いたことなどを話し合うことで，自分の成長に気付いている。	園児の立場に立って考えたり行動したことをほめることで，自分の成長を実感できるようにする。
4次	(⇒15)	14 15	進級することへの喜びと期待	・2年生の教室を訪問する。 ・今までの成長や2年生でしてみたいことなどをカードに書いたり，発表したりして，2年生に進級することへの喜びと期待をもつ。	・事前に2年生の担任と交流の時間や内容について打ち合わせをしておく。	進級への意欲や願いをもって，活動に取り組もうとしている。 （関心・意欲・態度） 〈行動観察〉 〈作品分析〉	2年生に進級することへの喜びと期待をカードに書いたり，発言したりして表現している。	2年生のお兄さんお姉さんと話をする時間をとり，2年生になって取り組んでみたいことを伝えることで，2年生への期待や夢が広がるようにする。

Point 15

4次では，単元全体の学びを振り返らせ，自分の成長をメタ認知できるようにするとともに，次学年への期待や夢が広がるようにする。

10 本時の目標
　○自分や友だちが成長したことを話し合うことを通して，自分たちの成長について気付き，今後の探究活動の意欲をもつ。

82

11　本時の展開（3／15時間）

過程	指導内容	指導形態	主な学習活動	指導上の留意点	教材・教具	評価 （評価の観点） 〈評価方法〉
導入	めあての確認	一斉	・前時の振り返りをもとに，本時の学習のめあてをもつ。	・前時の板書を教室内に掲示することで，本時のめあてに子どもの思考がつながるようにする。	前時の板書	
			班の友だちと付箋を分類しながら，成長について話し合おう。			
展開	グループでの学び合い	グループ	・付箋を分類しながら，グループの友だちと考えを交流する。（⇒16）	・グループのメンバーの付箋の色を別色にすることで，個の意見を分類しやすいようにする。 ・机間指導のなかで，それぞれのグループの話し合いの内容を聞き，アンカーに適する班をリサーチする。 ・グループ内で語り合いの視点がずれたり，だれかが語り合いに参加しにくい状態が起これば，支援する。	付箋 付箋を貼る紙	・自分や友だちができるようになったことやがんばったこと，得たことを話したりカードに書いたりしている。 （思考・表現） 〈発言分析〉 〈作品分析〉
		一斉	・アンカー班の分類結果を知り，自分（たち）の意見をつけ足していくことで，学びを広げる。	・付箋が貼ってあるアンカー班の画用紙をプロジェクターを使ってホワイトボードに映し，クラス全員で学ぶ環境づくりをする。 ・子どもが発表した意見をアンカー班の意見に関連づけて板書する。		
		一斉	・自分（たち）の成長の証拠を見つけていく方策を考える。	・ホワイトボードにまとめた意見をもとに，子どもが追究の対象と方法（「何について」「どこへ」「どのよう		

Point 16

思考やコミュニケーションを支援するためのツールとして，付箋を使わせる。

				に」「何を使って」等）に目が向けられるようにする。		
まとめ	学習の振り返り	一斉	・今日の学びの振り返りをする。	・振り返りカードの中に「自分の」追究の方法を書く欄を設けることで，子どもが自分の学びの計画づくりにつながるようにしたい。	振り返りカード	・自分たちの成長についての気付きを広げ，そのことについて追究活動をしていく意欲をもっている。 （思考・表現） 〈作品分析〉

板書計画の例（⇒17）

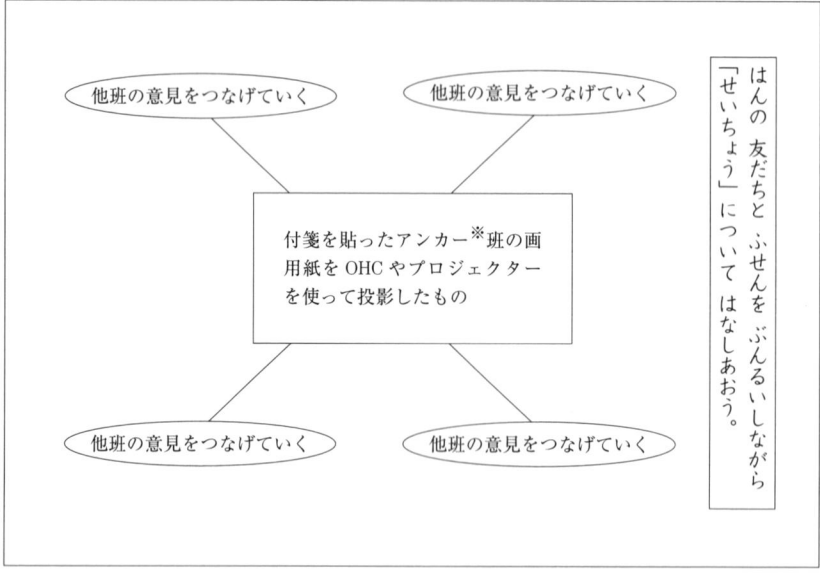

```
┌─────────────────────────────────────────────┐
│                                              │  はんの友だちとふせんをぶんるいしながら
│   ( 他班の意見をつなげていく )   ( 他班の意見をつなげていく )   │  「せいちょう」についてはなしあおう。
│           \           /                      │
│            \         /                       │
│         ┌─────────────────┐                  │
│         │ 付箋を貼ったアンカー※班の画 │                  │
│         │ 用紙をOHCやプロジェクター  │                  │
│         │ を使って投影したもの      │                  │
│         └─────────────────┘                  │
│            /         \                       │
│           /           \                      │
│   ( 他班の意見をつなげていく )   ( 他班の意見をつなげていく )   │
│                                              │
└─────────────────────────────────────────────┘
```

※アンカー…ディスカッションのきっかけや規準となる意見。

（足立登志也）

Point 17
教師もICT機器を積極的に使用したい。

〈指導案作成例⑤〉小学校音楽

音楽科学習指導案

指導者　　〇〇　〇〇

1　対　象　　　　　　第1学年　組　　男子　名　女子　名　　計　名

2　日　時　　　　　　平成　年　月　日（　曜日）第　校時　：　～　：

3　場　所　　　　　　音楽室

4　単元名[注1]（⇒**1**）　問いと答えを意識して『花いちもんめ』を歌おう（⇒**2**）

5　指導内容（⇒**3**）　　問いと答え
　　〔共通事項（⇒**4**）〕問いと答え
　　〔指導事項（⇒**5**）〕A表現(1)－イ　歌詞の表す情景や気持ちを想像したり，楽曲の気分を感じ取ったりし，思いをもって歌うこと。

6　教材名　　　　　　京のわらべうた　『花いちもんめ』

7　単元について
　①児童観（⇒**6**）

　本学級の子どもたちは，歌うこと，また音楽を聴いて身体を動かしたりすることに意欲的に取り組む。毎朝，日直を中心に月ごとの歌を歌うことから一日が始まり，元気な歌声を響かせている。

　音楽科では，郷土の音楽を大切に指導している。特に子どもたちにとっての郷土の音楽である京のわらべうたを教材として取り上げるようにしている。それはいうまでもなく，わらべうたが子どもの文化そのものであり，最も基本的な日本音楽の特徴をもつものだからである。わらべうたに内在する，拍の流れ，リズム，音階，問答といったさまざまな仕組みや要素に注目し，指導内容を定めて教材化することによって，子どもが遊びから学習を発展させていくことができる。低学年の音楽の時間は，わらべうた遊びから始まる。子どもたちは，わらべうた遊びをとても楽しんでいる。

　「拍の流れを意識しておちゃらかを歌おう」では，拍の流れについて学習した。「拍の流れがあると，とんとんとんと楽しく友だちとおちゃらかができるね。」と，拍の流れのよさやおもしろさについて感じ取ることができた。また「ゆったりとした拍の流れにのってかごかご十六文を歌おう」では，揺り遊びを通してゆったりとした拍の流れを学習した。子どもたちは「ゆったりとした拍の流れだから，赤ちゃんを揺らしているみたい。やさしい声で歌うよ。」といったように表現を工夫しながら歌うことができた。遊びを通して学んでいくことで，子どもたちは身体全体で，それを言葉で表現することができた。

　②教材観[注2]（⇒**7**）

　『花いちもんめ』は，歌詞や節は変われど，今も子どもたちに歌い継がれて

Point 1
音楽科では歴史的経緯により「題材」と示すところが多いが，思考力を育成すべき学力とした「単元」を用いる。「単元」では，子どもの思考が連続的に進行するように目的，教材，方法，評価を総合した学習経験の連続を図るものである。

Point 2
学習する内容や活動（歌唱・器楽・音楽づくり）が明確にわかるようにする。

Point 3
本単元で指導すべき内容を，学習指導要領と照らし合わせながら設定する。

Point 4
どの活動も共通事項を指導することが基盤となるので，特に本教材において特徴的な音楽を形づくっている要素や仕組みを選ぶ。

Point 5
学習指導要領の内容から，本単元での指導事項を書く。「解説」を参照すると活動の具体例が示されており，わかりやすい。

Point 6
これまでの学習を通して児童が学んできたことを書く。この児童の実態をもとにして，本単元が構成される。

Point 7
本教材が，本単元の学習目標を達成するために，どのように子どもたちに適しているのかを書く。特に指導内容との関わりを書く。

いるわらべうたである。京都市内で歌われていたものが，昭和の初期に全国に分布したといわれている。また，今では遊びを離れて歌曲『花いちもんめ』として，多くの作曲家たちによって編曲され歌われている大変美しい歌である。

『花いちもんめ』は，二組に分かれて交互唱をしながら遊ぶ。一方が「ふるさともとめて花いちもんめ」と歌うと，相手が模倣して返す。問答を繰り返していきながら，最終的に相手の組の一人を指名して，じゃんけんやひっぱりっこで負けた子がとられるという遊びである。こうして，一方の組が一人残らずとられてしまうか，遊びをやめたときの人数で勝負が決まるため，子どもたちは夢中になって歌いながら遊び続ける。また，歌いながら前へ進んでいき，片足をぴょんとあげる動作を交互に行う動きは，相手を意識して行うものであり，動きも問答となっている。このように，わらべうた遊びが，音と言葉，そして身体の動きが一体となっているため，遊びながら問いと答えの特質を感じ取ることができるだろう。ともすれば低学年の子どもたちは，周りの人の声を注意深く聴かずに，むやみに大きな声で歌ったり，自分勝手な速さで歌ってしまったりする。そのような子どもたちにとって，問いと答えの仕組みをもった『花いちもんめ』は相手を意識しながら歌うことのできる歌である。さらに，勝ったうれしさ，負けたくやしさなどがおのずと歌声にも表すことができるであろう。よって本教材は，子どもたちが問いと答えを意識しながら，自分の表現したいイメージに合わせてさまざまな歌い方の工夫ができる教材であるといえよう。

③指導観（⇒8）

第1時は，『花いちもんめ』のわらべうた遊びを通して楽しみながら十分に親しみ，問いと答えによって遊びができていることに気付かせることをねらいとする。まず『花いちもんめ』の歌を紹介し，交互唱をしながらしっかりと歌を歌えるようにしたい。歌えるようになったら，遊び方を紹介し，いくつかの組に分かれて遊ぶようにする。遊んだ後に「遊んでみてどう思ったか」を問いかけ，同じ節をまねっこするおもしろさに気付かせたい。

第2時では，『花いちもんめ』の問いと答えを知覚・感受し，歌唱表現への手がかりを得る。まず一通り遊んだ後，指導者が2種類の『花いちもんめ』を提示し，比較聴取させる。一つは一人で歌った『花いちもんめ』で，もう一つは二人で歌った『花いちもんめ』である。二つを比べながら考えることで，子どもたちがより問いと答えのよさやおもしろさを感じ取れるようにする。また，子どもたちが感じ取ったことを発言する際には，適宜音に返しながら子どもの発言とつなげるようにし，問いと答えによる感受を深めていきたい。さらに子どもたちも，一人で歌うものと，友だちと交互に歌うものをやってみることでそのよさやおもしろさを感じ取れるだろう。次に，問いと答えを意識しながら，ペアになって『花いちもんめ』を歌う。その際，「どんな気持ちで遊んでいるのか」と投げかけ，遊びの楽しさや勝ったうれしさ，負けたくやしさなどを歌声で表すようにする。うれしい気持ちをいっぱいに表現しながら歌っていたり，負けて悲しそうに歌っていたりする子どもを取り上げ，全員で共有して歌うことで，表現の工夫の手がかりを得させたい。そして今度は4人組のグループになって，歌い方を工夫して歌う。グループで表現したい遊びの場面を考えながら，自分たちのイメージに合うように歌声を工夫し『花いちもんめ』を歌う。

Point 8

指導の中で重点を置くことや，そのための具体的な活動や手立てなどを，指導の流れに沿って書く。

第3時は，グループごとに音楽表現を発表する。他のグループの発表を聴くときには，どのような歌い方が伝わってきたかということを意識して聴かせる。また，歌い方の工夫について気付いたことなどを交流したい。最後に，本単元の学習を振り返り，アセスメントシートに答えさせる。グループで工夫したことについて記入させた後，同じ問いと答えの仕組みをもつ『かくれんぼ』と，問いと答えの仕組みをもたない『丸竹えびす』を聴かせて，問いと答えのよさやおもしろさについて答えさせる。

8　単元目標（⇒ 9 ）
　○問いと答えに関心をもち，意欲的に『花いちもんめ』を歌う。
　　　　　　　　　　　　　　　　　　　　　　　（音楽への関心・意欲・態度）
　○問いと答えを知覚し，その特質を感受して，『花いちもんめ』の歌唱表現を工夫する。　　　　　　　　　　　　　　　　　　　　（音楽表現の創意工夫）
　○問いと答えを意識して『花いちもんめ』を歌う。　　　　（音楽表現の技能）

9　単元の評価規準

評価の観点	単元の評価規準（⇒ 10 ）	具体の評価規準
観点1：音楽への関心・意欲・態度	問いと答えに関心をもち，意欲的に『花いちもんめ』を歌っている。	①相手を意識して，意欲的に遊んだり，歌ったりしようとしている。 ②問いと答えを意識して歌い方の工夫を友だちに提案するなど，意欲的に歌おうとしている。（⇒ 11 ）
観点2：音楽表現の創意工夫	問いと答えを知覚し，その特質を感受して，『花いちもんめ』の歌唱表現を工夫している。	①問いと答えについて知覚・感受したことを適切に発言したり，アセスメントシートに記述したりしている。 ②問いと答えを意識して歌い方を工夫している。
観点3：音楽表現の技能	問いと答えを意識して『花いちもんめ』を歌っている。	①問いと答えを意識して，声の調子や強さなどを変え，『花いちもんめ』を歌っている。

10　単元指導計画（全3時間）

ステップ注3	学習活動	評価の位置	時
経　験 （⇒ 12 ）（⇒ 13 ）	○『花いちもんめ』を歌って遊び，そこに問いと答えがあることに気付く。	観点1－①	第1時
分　析 （⇒ 14 ）	○『花いちもんめ』の問いと答えを知覚・感受し，歌唱表現への手がかりを得る。	観点2－①	第2時 （本時）
再経験 （⇒ 15 ）	○問いと答えを意識して『花いちもんめ』をグループで歌い方を工夫して歌う。	観点1－②	第3時
評　価 （⇒ 16 ）	○自分たちのイメージが伝わるようにグループで工夫した歌い方で歌って発表する。 ○問いと答えについてアセスメントシートに答える。	観点2－② 観点3－①	

11　本時の目標
　○問いと答えについて知覚・感受し，問いと答えを意識して『花いちもんめ』を歌う。

Point 9
単元の目標は，学習を通して児童につけさせたい学力を記したものである。音楽科として期待される学力は，観点1「音楽への関心・意欲・態度」，観点2「音楽表現の工夫」，観点3「音楽表現の創意工夫」，観点4「鑑賞の能力」の4つである。表現領域の授業の場合は観点1，2，3を，鑑賞領域の授業の場合は観点1，4を併記する。

Point 10
単元を通して，目標が達成できたかどうかを評価する視点である。単元の目標に沿って書く。

Point 11
文末表現は，目標に対する学習状況を表すことから，「〜しようとしている」（関心意欲態度），「〜している」（その他）と記述する。

Point 12
この枠組みはデューイの経験の再構成の理論から生み出されたものである。直接的経験から反省的経験，そして新しい直接的経験のサイクルに整理される。

Point 13
経験では，子どもたちが，音や音楽と直接的に相互作用する場を設ける。歌ったり，楽器を奏したり，音楽を聴いたりといった場である。ここでは，どの子も十分に音や音楽に親しめるようにしたい。

Point 14
分析では子どもたちが，指導内容に注目し，考えられる場を設定する。そして要素の働きについて知覚・感受し，音や音楽に対してあるイメージを形成する。

> **Point 15**
>
> 再経験は，子どもたちが「分析」での知覚・感受を通して形成されたイメージを表現することが目的となる。ここでは，音色を変えてみたり，リズムを工夫してみたりと，自分のイメージに合うように試行錯誤しながら音楽表現を工夫することによって，子どもにとって価値ある音楽作品が生み出される。

> **Point 16**
>
> 評価では，互いに音楽作品を交流することを通して，批評し合う。子どもたちが，これまでの自分の学びを振り返る場である。

> **Point 17**
>
> 子どもたちの活動が，一体何のために行われているのかを，指導者が明確に意識するために書く。ここがあいまいだと，意味のない活動となってしまう。

> **Point 18**
>
> 子どもたちがどのような思考の流れで学習していくのかを考えながら書く。具体的な知覚と感受を伴った発言はどのようなものか，子どもたちは一体どのような作品を作っていくだろうかと，子どもの立場に立って考える必要がある。

12　本時の展開（2／3時間）

活動のねらい（⇨17）	学習の内容と活動（⇨18）	指導上の留意点	評価
・模倣のおもしろさを味わいながら歌う。	○前時に感じ取った『花いちもんめ』のおもしろさを振り返りながら，『花いちもんめ』を歌って遊ぶ。	・交互に歌うことの楽しさやおもしろさを振り返らせる。	
・問いと答えを知覚・感受させる。	○二つの『花いちもんめ』を比較聴取し，知覚・感受したことを交流する。「1)はずっと一人で歌っていたから，寂しい感じがしたよ。」「2)は二人で交互に歌っていたから，お話しているみたいだったよ。」「2)は楽しい感じがしたよ。」	・子どもが問いと答えに気付けるように，1)指導者が一人ですべて歌うものと，2)指導者と子どもで交互に歌う歌を比較聴取する。 ・1) 2)の歌の歌詞を歌い手によってそれぞれ色分けして提示することで，問いと答えを視覚化する。 ・子どもたちにも一人で歌い続ける歌い方と，友だちと交互に歌う歌い方をさせ，問いと答えの感受を深める。 ・子どもの発言を，知覚と感受を色分けしながら板書する。	観点2－①（発言）
・「問いと答え」という用語を知らせる。	○「問いと答え」という用語を知る。	・子どもの発言から「問いと答え」という用語をラベリングする。	
・歌い方の工夫の手がかりを得させる。	○問いと答えを意識してペアで歌う。	・問いと答えを意識してペアで歌わせる。 ・「どんな気持ちで遊んでいるのか」と投げかけ，歌い手の気持ちに注目できるようにする。 ・「勝ってうれしき花いちもんめ」や「負けてくやしき花いちもんめ」などの気持ちを歌声で表現している子どもを取り上げ，全員で共有して歌わせる。	観点1－②（行動）
・問いと答えを意識して，歌い方を工夫させる。	○グループで問いと答えを意識して，歌い方を工夫して歌う。	・立って動作をしながら歌うようにする。 ・動きを工夫している子どもの表現は，全体の場で取り上げ紹介する。 ・歌い方の工夫が他者によく伝わるグループを取り上げて紹介し，声の調子や強さなどを意識して歌えるようにする。	観点2－②（行動）

板書計画の例（⇒19）

```
┌─────────────────────────────────────────────────┐
│      問いと答え をいしきして「花いちもんめ」を歌おう      │
│                                                 │
│  1)の『花いちもんめ』      2)の『花いちもんめ』        │
│                                                 │
│  ずっと一人でうたっていたよ   二人でこうごにうたっていたよ │
│                                                 │
│  あそんでいるかんじがしないよ  二人でおはなししているみたい │
│  さびしそう              たのしそう               │
│  つまらない              おもしろい    問いと答え   │
│                                                 │
└─────────────────────────────────────────────────┘
```

（高橋詩穂）

> **Point 19**
> 子どもたちが，要素の働きとその特質とを意識できるように，知覚したことを赤，感受したことを黒というように色分けして示すとよい。

〈注〉

1　音楽科における単元については，髙橋澄代・小島律子（2009）「音楽科における思考力を育成する単元の構成原理」『大阪教育大学紀要第Ｖ部門』第57巻第2号，pp.85-102 に詳しい。

2　『花いちもんめ』については，高橋美智子（1979）『日本のわらべ歌全集15　京都のわらべ歌』柳原書店，pp.186-187を参照している。

3　この枠組みの趣旨については，小島律子（2011）「第２章音楽科の指導内容と指導計画及び評価」『新訂版　小学校音楽科の学習指導―生成の原理による授業デザイン―』廣済堂あかつき，pp.32-33，また小島律子（2015）「経験の再構成としての授業展開」『音楽科　授業の理論と実践』あいり出版，pp.58-70 に詳しい。

〈指導案作成例⑥〉小学校図画工作

図画工作科学習指導案

指導者　〇〇　〇〇

1　対　象　　　第6学年　組　　男子18名　　女子18名　　計 36 名

2　日　時　　　平成27年　6月12日（金曜日）第5校時　13：50～14：35

3　場　所　　　6年2組

4　単元・教材名　奄美の杜(もり)に迷い込んだ〇〇になった私
「ステンシル版画」

5　単元について
　本学級の児童は，自分の想いを大切にし，自分のもてる力を十分に生かした表現や鑑賞ができたり，自分なりに納得のいく作品を完成させたりしたときに充実感を感じる傾向がある。しかし，作品に対する自分の想いが曖昧であったり，受動的な制作活動であったり，題材に手ごたえが感じられなかったりする場合には，学習意欲が低下するという傾向が見られる。（⇒**1**）

　本題材の学習領域「版画」については，低学年で，紙版画を経験しており，中学年で，「線を組み合わせて」という彫り進み版画(木版画)を経験している。紙版画では，白と黒のコントラストのはっきりした迫力のある表現の魅力を，彫り進み版画では彫り進むにつれて変化する線のリズムのおもしろさや，刷り重ねることによる色の重なりの魅力を味わっている。紙版画，彫り進み版画(木版画)は，ともに凸版であり，紙をはさみで切り取り糊で貼りつけ凸版を作ることや，彫刻刀(主に三角刀)で板を彫り，彫り残した凸部分にインクをつける凸版作りを経験している。（⇒**2**）

　本題材で扱うステンシル版画は，孔版である。カッティングペーパーという厚紙を，カッターナイフで切り取り，孔（あな）を開けることによって版を作っていく。自分の考えた下絵をカッターナイフで巧みに切り取り版を作っていくことは，児童にとって初めての経験であるが，適度の難易度と手ごたえがあり意欲的な制作を期待することができる。（⇒**3**）

　ステンシル版画の魅力は，何といっても，ステンドグラス風の色鮮やかでメリハリのある仕上がりである。その魅力が十分表現できるように，題材名を「奄美の杜に迷い込んだ〇〇になった私」と設定した。南国の色鮮やかで美しい自然を描いた，田中一村の「奄美の杜」を鑑賞し，この杜に〇〇に変身して迷い込んだ自分をステンシル版画で表現しようという設定である。色鮮やかな奄美の杜に迷い込んだ〇〇になった私を，色鮮やかなステンシル版画で表現することは，児童の発想や構想を刺激し，造形への関心，意欲，態度の高まりも期待できるのではないかと考えている。（⇒**4**）

　指導の柱として，児童一人ひとりが，自分の想いを大切にし，自分のもてる力を十分生かしながら表現するために，図工ノートの活用を考えている。図工ノートは，「構想スケッチ」を描いたり，授業の初め，終わりに「1分間めあて」「1分間ふりかえり」を書いたり，完成作品の写真を貼り付けたりしてポートフォリオのように

Point 1
児童観については，図画工作科における本学級の児童の実態，能力，傾向について率直に記述する。

Point 2
学年や年間指導計画の系統性や関連性をふまえて，本単元の位置づけを明確にするとともに，現時点において児童にどのような能力が育っているか明確にする。

Point 3
教材観については，その教材がもっている価値について具体的に書く。ここでは，創造的な技能，造形への関心・意欲・態度の側面から教材を分析している。

Point 4
教材観について，ここでは，主に発想・構想の能力，造形への関心・意欲・態度の側面から教材を分析し，教材の価値を味わわせるためのテーマ設定の仕掛けについて明記している。

使っている。授業の終わりには，必ず図工ノートを集め，できるだけ，その日のうちにコメントを書いて返すようにしている（⇒5）。このようにすることで，児童がどのような発想や構想をもっているのか，どのような創造的な技能を駆使して作品を完成させようとしているのかをつかむことができ，児童の想いを大切にした適格な指導ができると考えている（⇒6）。児童一人ひとりが，自分の想いを大切にし，自分のもてる力を十分に生かし，自分なりに納得のいく作品ができるように，いろいろな角度から創作活動を応援していきたい。

6　単元目標（⇒7）
　○南国の美しい自然の中に迷い込んだ○○になった自分の姿を思い浮かべ，ステンシル版画に表すことに関心をもち，自分の力で作り上げようと意欲的に取り組む。
　○「奄美の杜」と「○○になった私」，二つのイメージを効果的に組み合わせながら，ステンシル版画の下絵を描き，版画制作の見通しをもつ。
　○カッターナイフを安全かつ巧みに使いながら版を切り取り，色の微妙な変化を楽しみながら刷り上げる。
　○自分や友だちの作品のよさや美しさを見いだし，思いを伝えたりする中で，お互いの作品のよさや美しさを認め合う。

7　単元の評価規準　（⇒8）（⇒9）

造形への関心・意欲・態度	発想や構想の能力	創造的な技能	鑑賞の能力
南国の美しい自然の中に迷い込んだ○○になった自分の姿を思い浮かべ，ステンシル版画に表すことに関心をもち，下絵作り，版作り，刷り，鑑賞活動に粘り強く取り組んでいる。	図工ノートに描き込んだ「奄美の杜」と「○○になった私」，二つのイメージを効果的に組み合わせながら，ステンシル版画の下絵を描き，作品の完成に向けて構想を練っている。	カッターナイフを安全かつ巧みに使いながら版を切り取り，パレットやスポンジを巧みに使い色の微妙な変化を楽しみながら刷り上げている。	鑑賞カードにコメントを書いたり発言したりする中で，お互いの作品のよさや美しさを認め合っている。

8　単元指導計画（全9時間）

次	時	指導計画	学習活動	指導上の留意点	評価規準（評価の観点）〈評価の方法〉	十分満足と判断される状況	努力を要する状況への手立て
1次（本時）	1	学習課題の把握	・田中一村「奄美の杜（もり）」を鑑賞する。〈8枚程度の作品を黒板に貼り鑑賞する〉 ・作品テーマ「奄美の杜に迷い込んだ○○になった私」を知る。 ・「ステンシル	〈田中一村「奄美の杜」〉	田中一村「奄美の杜」を鑑賞し，南国の美しい自然の中に迷い込んだ○○になった私を思い浮かべ，ステンシル版画に表すことに意欲をもっている。（関心・意欲・態度）	田中一村の「奄美の杜」の色鮮やかな画面と，ステンシル版画の色の鮮やかさに共通点を見いだし，その杜に迷い込んだ○○になった私	「奄美の杜」「教師試作ステンシル版画」の共通点はないか考えさせ，図工ノートにまとめる中で作品イメージをふくらませる。

Point 5
指導観については，児童の実態を踏まえ，どのようにすれば，教材の価値を味わえ，4観点の能力を培うことができるのか，指導のあり方を具体的に記述する。ここでは，児童の想いを大切にするための図工ノート活用について記述している。

Point 6
図工ノートをポートフォリオとして活用することは，目標に準拠した評価をしていくうえで有効である。
子どもの想いに注目するという教師の基本的な姿勢を創り出してくれる。

Point 7
単元目標は，当該学年の学習指導要領の指導事項に準拠し，単元の特質を踏まえ具体的に明記することが重要である。

Point 8
国立教育政策研究所の「評価規準のための参考資料」を参照し，どのような力を身につけさせるのか，単元目標に沿って簡潔に記す。児童の活動状況を想起し，具体的に記すことが重要である。

Point 9
児童の表現や鑑賞には多様性があるため，～に到達したという線的な評価規準ではなく，いくつかの状況を想定し幅をもたせた面的な評価規準の作成を心がける。

Point 10
教師が試作を行うことは，図工の授業を創るうえの必須条件である。
試作をすることで，教材の価値を具体的に感じ取れ，その価値を味わわせるための具体的な手立ても見えてくる。

Point 11
電子黒板やOHCなど，活用できる教育機器を有効に使いたい。ここでは，制作手順を短時間に鮮明に伝えるために電子黒板が有効に働いている。

Point 12
テーマから発想した言葉や像を連想ゲームのように書き（描き）こんでいく。今回，言葉は思い浮かぶが，具体的な像や形が浮かばない児童には，図書室の図鑑などを参考にしてもよいことを伝えている。

Point 13
カッティングペーパーの周りに幅1～2センチ程度の枠組みを作り，線が必ず枠組みとつながるように下絵を描くことを指導する。

Point 14
線に強弱をつけステンドグラスのような黒い縁取りをつけることで，下絵がしまり，めりはりのある作品になることを伝える。

次		段階	学習活動	資料	評価規準	指導上の留意点	配慮を要する児童への手立て
			「版画」の特徴と制作手順について知る。（電子黒板やフラッシュカードを使い制作手順について説明する）(⇒11)	〈教師試作ステンシル版画〉(⇒10)	〈発言〉	を表現することに意欲をもっている。	
2次	2	作品の発想・構想	・構想スケッチを描く。（図工ノートの中央に「奄美の杜に迷い込んだ○○になった私」と書き，そこから浮かんでくるイメージを言葉と絵でマインドマップ風にかき込ませる。）	〈A児の図工ノート〉(⇒12)	「奄美の杜に迷い込んだ○○になった私」というテーマから思い浮かんでくる発想を言葉や絵を使って図工ノートにかき込んでいる。（発想や構想の能力）〈ノート〉	「奄美の杜」「迷い込んだ○○になった私」二つの言葉から浮かぶ発想を図工ノートにかき込み，作品像を構想している。	「○○になった私」をリアルにイメージしにくい児童には，図書室の図鑑などを参考にしてもよいことを伝える。
	3	下絵制作	・カッティングペーパーに下絵を描く。（図工ノートにかいた構想スケッチをもとにしながら，鉛筆で下絵を描く。）	〈鉛筆で描いた下絵〉(⇒13)	図工ノートの構想スケッチをもとにしながら，「奄美の杜」と「○○になった私」を効果的に組み合わせながら下絵を描く。（創造的な技能）〈下絵〉	図工ノートの構想スケッチをもとにしながら，「奄美の杜」と「○○になった私」を，構図を考え，効果的に組み合わせて下絵を描く。	図工ノートの構想スケッチをコピーし，ハサミで切り取り，いろいろな配置を試みさせ，杜と○○の効果的な組み合わせを探らせる。
	4	下絵制作	・下絵の線をフェルトペンでなぞり，骨太にする（フェルトペンで骨太の線にした部分を切り残すことを考えながら，線に強弱をつけさせる）。	〈線を骨太にした下絵〉(⇒14)	フェルトペンで太くなぞった部分を，カッターナイフで切り残すという意識をもちながら，下絵の線をフェルトペンでなぞり骨太にする。（創造的な技能）〈下絵〉	フェルトペンで太くなぞった部分を，カッターナイフで切り残すという意識をもち，画面全体の白・黒バランスを考えながら，下絵の線をフェルトペンでなぞり骨太にする。	フェルトペンの先が，太い方・細い方と別れている場合は，太い方を使って線をなぞり，少し大胆に骨太にすることを指導する。
	5→6	彫り	・カッターナイフでカッティングペーパーの白い部分を切り取る。	〈切り取られた版〉	カッターナイフで，カッティングペーパーの白い部分を，版をうまく回しなが	カッターナイフで，カッティングペーパーの白い部分を，	机間指導しながら，個別に指導する。また，切り間違ったところ

92

		（カッターナイフを使い，版をうまく回しながら，安全に切り取らせる。）	（⇒15）	ら，安全に，丁寧に切り取る。（創造的な技能）〈版・制作〉	版をうまく回しながら，細部にまで注意しながら安全に，丁寧に，巧みに切り取る。	は，裏からビニルテープを貼り，余分なところをカットすればよいことを伝える。	**Point 15** カッターナイフを安全に使うため，必ずカッティングシートを敷くこと。刃の出し方は，1～2目盛程度にしておくこと，版をうまく回し，いつもカッターナイフを手前に引くように動かすことなどを示範しながら（OHCを使ってもよい）説明する。
7↓8	刷り	・黒つやボール紙に切り抜いたカッティングペーパーを貼りつける（ビニルテープを使って，各辺2か所程度ずれないように留めさせる）。 ・絵の具をつけたスポンジをたたくようにして色を刷り込む。	（⇒16）	黒つやボール紙に版を固定し，微妙な色の変化を楽しみながらスポンジで絵の具をたたくようにして刷り上げている。（創造的な技能）〈作品・制作〉	黒つやボール紙に版を固定し，混色をしたり，重色をしたり，微妙な色の変化を楽しみながら，スポンジで絵の具をたたくようにして刷り上げている。	パレットの広い部屋に混ぜ合わせたい3色程度の絵の具を出し，スポンジで混ぜ合わせると，色の変化がつけやすいことを伝える。	**Point 16** 色を入れ刷ることについて示範しながら説明する。スポンジの切り方，パレットの使い方などを伝え，黒い紙への色の入り具合，混色や重色等で得られる効果についても感じ取らせる。
3次	鑑賞 9	・相互鑑賞する（作品の横に鑑賞カードを置き，自由に見回りながら，鑑賞カードに作品のよい点，感動したことなどを書き込ませる。最後に，全体会として，心に残った作品について紹介し，思いの交流を図る。）（⇒17）	〈A児作品〉 〈B児作品〉	友だちの作品のよいところを見いだし鑑賞カードにコメントを書いたり，発言したりする中で，思いを伝えることができる。（鑑賞の能力）〈鑑賞カード・発言〉	友だちの作品のよいところを見いだし鑑賞カードにコメントを書いたり，発言したりする中で，思いを伝え，お互いのよさを認めることができる。	あら探しをするのではなく，作品のよいところを探し伝えることが重要であるということを伝え，児童を応援する。	**Point 17** 鑑賞カードに友だちから書いてもらったコメントは，図工ノートに貼りつける。友だちからの前向きなコメントの積み重ねが児童の自信につながる。

9　本時の目標

　○田中一村の「奄美の杜」を鑑賞し，南国の美しい自然の中に迷い込んだ自分の姿を思い浮かべ，ステンシル版画に表すことに意欲をもつ。

　○「奄美の杜に迷い込んだ〇〇になった私」というテーマから思い浮かんでくる発想を言葉や絵を使って図工ノートにかきこむ。

10 本時の展開（1～2／9時間）

過程	指導内容	指導形態	主な学習活動	指導上の留意点	教材・教具	評価（評価の観点）〈評価方法〉
導入	鑑賞 テーマの把握	一斉	・田中一村の「奄美の杜」を鑑賞し，思ったこと，感じたことを発表・交流する。 奄美の杜に迷い込んだ○○になった私 ・作品テーマについて知り，作品イメージをふくらませる。 ・表現方法について知る〈ステンシル版画〉	・黒板に「奄美の杜」の作品フラッシュカードを掲示し，その作品から受ける印象を発表させる。 ・この「奄美の杜」に迷い込むとしたら，何に変身したいか考えさせる。 ・教師試作のステンシル版画を見せ，表現方法に関心をもたせる。 ・電子黒板とパワーポイントを使い制作手順について説明し，作品制作についての見通しをもたせる。	「奄美の杜」の作品フラッシュカード8枚 教師試作の版画 電子黒板 制作手順を示したパワーポイント	・田中一村の「奄美の杜」を鑑賞し，南国の自然の色や形の美しさを感じ取り，友だちと思いを交流する。（鑑賞の能力）〈発言〉 ・南国「奄美の杜」の美しい自然の中に迷い込んだ○○になった私を思い浮かべ，ステンシル版画に表すことに意欲をもっている。（造形への関心・意欲・態度）〈発言〉
展開	発想・構想	個別	・構想スケッチを描く 〈B児の図工ノート〉	・図工ノートの中央に「奄美の杜に迷い込んだ○○になった私」と書き，そこから浮かんでくるイメージを言葉と絵でマインドマップ風に描き込ませる。 ・「○○になった私」をリアルにイメージしにくい児童には，図書室の図鑑などを参考にしてもよいことを伝える。	図工ノート 動物・植物図鑑	・「奄美の杜に迷い込んだ○○になった私」というテーマから思い浮かんでくる発想を言葉や絵を使って図工ノートにかき込んでいる。（発想や構想の能力）〈図工ノート〉
まとめ	発想・構想の交流	グループ	・グループの中で自分の発想・構想を発表し，交流する。	・図工ノートに描いた構想スケッチを見せ合いながら，発想・構想の交流をさせる。	図工ノート	〈図工ノート〉

94

| 振り返り

後始末 | 個別 | ・図工ノートに「1分間ふりかえり」を書く。

・図工ノートを提出し，机の周りの整理整頓をする。 | ・今日の学習を思い起こさせ，振り返りや来週に向けての想いを書かせる。 | | |

板書計画の例（⇒18）

```
                    奄美の杜(1)  奄美の杜(2)  奄美の杜(3)  奄美の杜(4)

   ステンシル版画
   奄美の杜に迷い込んだ
     ○○になった私
                       田中一村 「奄美の杜（もり）」

                    奄美の杜(5)  奄美の杜(6)  奄美の杜(7)  奄美の杜(8)
ステンシル版画(1) ステンシル版画(2)
```

（波多野達二）

Point 18

授業中，子どもたちの頭や心にとどめておきたい情報は，フラッシュカードにして黒板に貼りつけたり，板書したりする。

第3節　中学校学習指導案作成例

〈指導案作成例①〉中学校理科

理科学習指導案

指導者　○○市立 ○○中学校
○○ ○○

1　指導日時　平成　　年　　月　　日（　）第　　校時　　：　～　：

2　指導場所　○○市立○○中学校　　第○理科室　（○校舎○階）

3　指導学級　2年○組（○○名）

4　単元名　単元1「化学変化と原子・分子」

5　教材名　1章　物質の成り立ち
　　　　　　　1　熱分解　A　酸化銀の熱分解
　　　　　　　　　やってみよう　酸化銀を加熱してその成分を調べてみよう

6　教材観（⇒ **1**）

　本単元は「化学変化についての観察・実験を通して，化合，分解などにおける物質の変化やその量的な関係について理解させるとともに，これらの事物・現象を原子や分子のモデルと関連づけてみる見方や考え方を養う」ことをねらいとしている。

　単元全体の構成と学習の流れは次のとおりである。まず「1章　物質の成り立ち」において，物質を分解する実験を行い，分解して生成した物質からもとの物質の成分が推定できることを見いだす。また，物質は原子からできていることを理解し，物質を原子記号を使って表せることを知る。さらに，化学変化は原子のつながり方が変化することであることを理解し，化学変化を化学反応式で書けるようにする。

　次に「2章　いろいろな化学変化」では，2種類以上の物質を化合させる実験（金属の燃焼，鉄と硫黄の化合　など）を行い，反応前とは異なる物質が生成することを見いだす。また，金属と酸素との反応から，酸化と還元のしくみを酸素のやりとりという視点で理解する。

　次に「3章　化学変化と物質の質量」では，化学変化の反応の前後で物質の質量の総和が等しいことを見いだし，質量保存の法則を理解する。また，反応する物質の質量の間には，一定の関係があることを見いだし，反応の割合が決まっていることを理解する。

　最後に「4章　化学変化と熱の出入り」では，日常生活では化学変化が起こる際に取り出される熱を利用していることを理解し，また，化学変化には発熱反応だけでなく吸熱反応もあることを理解する。

　1章のねらいは以下のとおりである。（⇒ **2**）
　　加熱することや電圧をかけることによって，物質は分解するものがあるということを確認させるとともに，分解生成物から，もとの物質の成分が推定できる

Point 1
大単元全体の教材観および本時における中単元，小単元の位置づけや教材に対する指導者のとらえ方，授業で扱う教材や実験材料についての考え方を記述する。

Point 2
単元全体の意義や系統性を押さえ，本単元・本時の位置づけを明確にする。

ことを理解させる。
　物質は原子や分子という小さな粒子からできていることを理解させるとともに，原子は記号で表されることを知らせる。また，化学変化は原子や分子のモデルで説明できることや化合物の組成は化学式で表せることを理解させる。
　本時は，「化学変化」という新しい概念を学習する。1年生の時に学習してきた「状態変化」とは異なり，化学変化は加熱や電圧をかけることによって，それまであった物質が，全く別の新しい物質に変化することである。本時では，物質が小さな粒子（原子・分子）からできていることを学ぶために，化学変化をイメージできる教材にしたい。
　本時の酸化銀の熱分解の実験は以下の要領で反応前の物質と反応後の物質を観察し，また，実験の途中で発生するものを調べる。
　　○最初に黒い粉（＝酸化銀）の観察を行い，加熱した後に残った物質と見た目，手ざわり，色を比較する。
　　　→酸化銀は，黒いさらさらとした粉末である。残った物質は，白っぽいかたまりである。
　　○酸化銀と残った物質それぞれに電流が流れるかどうかを調べる。
　　　→酸化銀には電流は流れないが，残った物質には電流が流れる。
　　○酸化銀と残った物質を試験管の底で強くこする。
　　　→残った物質は金属光沢が見られる。
　以上の結果より，反応前の物質と反応後の物質は異なるものであると予想できる。さらに残った物質は金属であるとも推測できる。また，分解実験の途中で，火のついた線香を入れると，炎をあげてはげしく燃える。このことから，加熱により酸素が発生していることが確認できる。つまり，酸化銀を加熱すると，酸素と金属（銀）という，初めとは全く異なる別の物質ができることから，「状態変化」とは違い，別の物質に変化するという「化学変化」の概念を理解させる。（⇒3）

7　生　徒　観（⇒4）
　本学年の理科は，全クラス全時間理科室で授業を行っている。本来生徒に「理科を学習することは楽しい」と感じさせることが一番大切であると考え，「理科は観察・実験があるから楽しい」という大事な視点と，全時間理科室で授業を行うという利点を生かして，観察・実験はもちろんのこと，話し合い活動・教え合い・学び合い・発表会等，できるかぎり生徒の活動を多く取り入れた授業の組み立てに力を入れている。また実験・観察がない授業でも，理科室にある実物を見せたりふれさせたりしている。そのため，理科および理科室を身近に感じている生徒が多く，理科に対する興味・関心は高い。特に，実験や観察については大変意欲的に取り組むことができる。（⇒5）
　全時間理科室で授業を行うということは，常に「グループ型」で授業を受けていることになる。仲間と向かい合わせの位置にいて，相手の表情がよく見え言葉も交わしやすいため，入学当初は私語が目立つことが多い。しかし「頭も体も気持ちも前！」という声かけを常にすることで，前に注目し，指導者の話をしっかり聞くというけじめもつくようになってくる。また，意見を出し合ったり，教え合ったりするなど「お互いが学び合う」姿勢が徐々に見られるようになってきた。そして今年度は，授業終了5分前に，「今日のお題」と称して，「①今日の大事なポイント　②

Point 3
本時で扱う教材や観察・実験材料について記述する。

Point 4
指導学級の雰囲気や生徒の特徴，対象生徒について記述する。さらに，本時の教材，または既習事項において，関心や意欲はどうであるか，定着はどの程度かなど，本時までの生徒の実態の把握と分析（特に本単元や扱う教材・本時の内容において，予想される生徒のつまずき）を中心に，指導観につながるように記述する。

Point 5
関心や意欲については事前にアンケートをとったり，定着については定期テスト等の分析を記述する等，できるだけ客観的なことがらを記述する。

Point 6
本単元における本時までの生徒の学習状況や日頃の授業の様子を記述してもよい。

Point 7
本単元や本時において予想される生徒のつまずきや課題を記述し，指導観につなげる。また，「～したい」という表現で終わっている場合，指導観になってしまうことが多いので注意する。

Point 8
教材観や生徒観をもとに，どういう指導を行うのか，また指導法や指導のための工夫をいかに行うか，また本時のテーマやめざしたいことなどについて記述する。

Point 9
本単元や本時の教材の特性と身につけさせたい力の関連について簡潔に記述するとともに，その力を育てるための指導の流れを記述する。

絶対テストに出る ③一番印象に残ったこと」の中からテーマを選び，4人組で話し合わせ，それをミニホワイトボードに記入し発表（1時間あたり1～3班）させている。3分という短い時間の間に話をして，それらをまとめ，さらに発表するということは，生徒自身の理解も深めることができるとともに，自分たちのまとめたものや，他の班の発表内容をワークシートにメモしておいて，自身の学習に役立てている生徒も出てきた。（⇒6）

しかしその一方で，課題解決の手助けがなければ，自分の考えを見いだしにくい生徒がいるのも事実である。その理由として概念の形成に必要なイメージをもてないということが考えられる。生徒は理科の授業には，自然事象に対して日常の生活で得た知識や経験から，ある程度のイメージをもって臨んでいる。特に目に見えるものや，自分にとって身近にあるもの（例えば植物・火山・岩石・動物・人間のからだなどの分野）については，そのイメージも豊かである。しかしながら力・圧力・電気など目に見えない事象に対してのイメージは豊かでない。（⇒7）

8　指　導　観（⇒8）
　本単元は，生徒にとって1年生で学習してきた化学分野とは大きく異なる点がある。状態変化や気体などでは，色やにおい，音のように「変化を感じること」「体験・体感できるもの」が多くある。しかし本単元は，原子・分子のように目に見えない自然界の摂理を学習するため，化学変化についての実験を通して，物質の変化する現象を理解させるだけでなく，これら原子・分子を取り入れながら科学的現象をとらえる視点や考え方を養わなければならない。そこで特に本時は，化学変化をイメージさせることが大切だと考える。

　本時において，実験の結果，「性質が変化したこと」や「2種類の物質に分かれたこと」に注目させながら，酸化銀の加熱はどういうことなのかについて，見えない部分を想像させながら，原子・分子の考え方を用いたイメージ図を描かせたい。また，グループ学習を取り入れることで，様々な視点から化学変化をとらえ，多様な意見の交流によって考察が深まることも期待する。そしてグループごとに完成させた図を全体で見ることで，さらに多様なイメージの交流も図りたい。多様なイメージにふれながら自分の中で概念の成立に必要なイメージや知識を整理したり，より鮮明にすることをねらいとしたい。（⇒9）

　生徒観でも述べたとおり，目に見えない事象については理解度が高いとはいえず，その単元に対しての学習意欲も低くなる可能性がある。本単元も同様に，「今，何を説明しているのか」「今，何を考えているのか」がわかりにくくなることが考えられる。それらをはっきりと生徒にわかるようにするために，目に見えない現象についてモデルを使って視覚化したり，自分の中で原子・分子のイメージをもたせることが重要であると考える。これからも原子・分子のイメージをもたせるために，その概念を科学的現象にあてはめて考察する場面を多く設定したい。例えば，修得ずみの知識を駆使しながら，さまざまな科学的現象に対して自分なりのイメージをイラストにしたり，また，生徒によってそのイメージは多様であるので「グループ型」学習の利点を最大限に生かして，意見の交流の場を図っていきたい。その活動で新たなことに気付かされたり，新しく出てきた疑問に向かっていく意欲が出てくる生徒もいるはずである。そしてそのことが教科の研究主題である「理科における『思考力・判断力・表現力』を育てる指導のあり方　―科学的な体験と言語活動の

第Ⅲ章　学習指導案の作成

充実を通して―」をめざしていると確信する。（⇨10）

9　単元の目標（評価規準）

【学習指導要領：指導内容】（⇨11）

>（4）化学変化と原子・分子
> 　化学変化についての観察，実験を通して，化合，分解などにおける物質の変化やその量的な関係について理解させるとともに，これらの事物・現象を原子や分子のモデルと関連付けてみる見方や考え方を養う。
> ア　物質の成り立ち
> 　(ア)　物質の分解
> 　　物質を分解する実験を行い，分解して生成した物質から元の物質の成分が推定できることを見いだすこと。

【「化学変化と原子・分子」の評価規準】〈国立教育政策研究所教育課程研究センターより〉（⇨12）

自然事象への関心・意欲・態度	科学的思考・表現	観察・実験の技能	自然事象についての知識・理解
物質の成り立ち，化学変化，化学変化と物質の質量に関する事物・現象に進んでかかわり，それらを科学的に探究するとともに，事象を日常生活とのかかわりでみようとする。	物質の成り立ち，化学変化，化学変化と物質の質量に関する事物・現象の中に問題を見いだし，目的意識をもって観察，実験などを行い，事象や結果を分析して解釈し，自らの考えを表現している。	物質の成り立ち，化学変化，化学変化と物質の質量に関する事物・現象についての観察，実験の基本操作を習得するとともに，観察・実験の計画的な実施，結果の記録や整理など，事象を科学的に探究する技能の基礎を身に付けている。	観察や実験などを通し，物質の成り立ち，化学変化，化学変化と物質の質量に関する事物・現象についての基本的な概念や原理・法則を理解し，知識を身に付けている。

10　本時の目標（⇨13）

○加熱前後の物質の変化に関心をもち，班で協力して実験を行おうとする。また，化学変化とはどのような変化なのかイメージしようとする。
　　　　　　　　　　　　　　　　　　　　　　　〈自然事象への関心・意欲・態度〉
○酸化銀を加熱すると，化学変化が起こって別の物質に変わることを指摘できるとともに，化学変化とはどういうことか理解することができる。
　　　　　　　　　　　　　　　　　　　　　　　〈自然事象についての知識・理解〉

11　本時の展開（1／1時間）

	指導項目〈学習内容〉	期待する生徒の学習活動〈生徒の活動〉（⇨14）	支援活動・指導上の留意点〈教師の活動〉（⇨15）	評価〈観点別〉（⇨16）
導入	復習	○状態変化について思い出す。○本時の内容・目的を知る。	○固体・液体・気体の3つの状態（例として氷・水・水蒸気）を示す。○「『黒い粉』を加熱するとどうなるか？」について考えさせる（⇨17）。	
展開	酸化銀の加熱分解	○準備物の確認○実験方法の確認・酸化銀の観察，通電性・装置の組み立て	・実験道具を配布する。・ワークシートを用いながら実験の手順を説明する。	〈関心・意欲・態度〉加熱前後の物質の変化に関心をもち，班で協力して実験を行おうと

Point 10
教科研究主題や授業でテーマなどがある場合，その関連について記述してもよい。

Point 11
単元の目標のトップに，学習指導要領の指導内容を記述しておくとよい。

Point 12
どんな力を身につけさせたいかを観点別に記述する際，国立教育政策研究所教育課程研究センターの評価規準を参照するとよい。

Point 13
本時の目標を1限あたり2つ程度で観点別に具体的に記述する。

Point 14
授業における生徒の活動を具体的に記述する。

Point 15
授業における指導者側からの支援，手立てについて具体的に記述する。

Point 16
本時の目標を，時間経過に合わせて記述するとともに，判断材料も記述しておくとよい。

Point 17
導入では，学習意欲や興味・関心を高めるための手立てを具体的に記述するとよい。

Point 18
展開の中での指導や支援，手立てについて具体的に記述する。また，気になる生徒（焦点化生徒，Cの状況の生徒等）の想定されるつまずきやその具体的な働きかけを記述してもよい。

Point 19
まとめの中での生徒の活動を具体的に記述するとともに，本時の学習を通してどのような生徒の姿をめざすのかを記述してもよい。

Point 20
十分満足できる状況，おおむね満足できる状況，努力を要する状況の生徒に対する手立てについて，具体的な例，姿を記述する。

Point 21
「評価規準」と対応させて，具体的な姿・例を記述する。

Point 22
できるかぎり具体的な手立てを記述する。単に「机間指導でアドバイスする」などは具体性に欠ける。

Point 23
ワークシートや板書計画，プレゼンテーションソフトのスライド一覧などがある場合，添付する。

		・加熱（実験開始） ・線香による助燃性の確認 ・加熱終了 ・冷えるまでワークシートに記入 ・加熱後の物質の性質の確認 ・後片づけ	☆特に安全面への配慮や，留意点の確認を重点的に行う。 ・机間指導によって実験が適切でない班や生徒に援助する（⇒18）。	する。 →【観察】
まとめ	復習	○まとめ（⇒19） ・状態変化との違い ・化学変化とは ・酸化銀→銀＋酸素 ○化学変化（分解）のイメージづくり	○まとめたい点，振り返りの観点 ・酸化銀は加熱することによって化学変化が起こって別の物質になった。（銀と酸素に分解した。） ○本時の結果についてのイメージを，イラストや言葉で表現させる。 ○次時に，かいた絵を教材提示装置を用いて提示することを予告する。 →多様なイメージの交流	〈知識・理解〉 酸化銀を加熱すると，化学変化が起こって別の物質に変わることを指摘できるとともに，化学変化とはどういうことを理解することができる。 →【発表・テスト】 〈関心・意欲・態度〉 化学変化とはどのような変化なのかイメージしようとする。 →【観察・ワークシート】

12　本時の評価（⇒20）

	自然事象への関心・意欲・態度	自然事象についての知識・理解
学習活動における 　　具体的な評価規準	加熱前後の物質の変化に関心をもち，班で協力して実験を行おうとする。化学変化とはどのような変化なのかイメージしようとする。	酸化銀を加熱すると，化学変化が起こって別の物質に変わることを指摘できるとともに，化学変化とはどういうことかを理解することができる。
A「十分満足できる」 　　状況の具体例	加熱前後の物質の変化に関心をもち，班で協力して積極的に意欲的に実験を行おうとする。また，本時の結果から，化学変化について自分の考えを絵や言葉を使って表現豊かにかくことができる。	酸化銀を加熱すると化学変化が起こり，生成した物質の性質から，それらが銀と酸素であることを指摘できる。また，化学変化と状態変化との違いを正しく説明することができる。
B「おおむね満足できる」 　　状況の具体例 　　（⇒21）	加熱前後の物質の変化に関心をもち，班で協力して実験を行おうとする。また，化学変化とはどのような変化なのかを，何とかイメージしようとする。	酸化銀を加熱すると化学変化が起こり，別の物質に変わることを指摘できる。また，化学変化は状態変化とは違うことを理解することができる。
C「努力を要する」 　　状況の生徒に対する手立て 　　（⇒22）	導入による予想や実験の結果から，興味・関心を高めさせる。	実験結果の確認をさせながら，理解につなげる。また，班での話し合いをもたせて，理解につなげる。

13. 資料（⇒23）

（荒木　功）

〈指導案作成例②〉中学校英語

英語科学習指導案

指導者　　○○　○○

1　対　象　　　第3学年　組　男子　名　女子　名　計　名

2　日　時　　　平成　年　月　日（　曜日）第　校時　：　～　：

3　場　所　　　3年　組

4　単元・教材名　New Horizon English Course 3
　　　　　　　　Unit 3 "Fair Trade Chocolate"（pp.22-26）

5　単元について

　本単元は，現在完了形の経験用法および完了用法，不定詞の原因を表す副詞的用法について取り扱う。現在完了形の経験用法および完了用法を用いることで，過去に自身が今までに経験・体験したことを述べることができる。過去形については，すでに1年生で学習しており，過去に起こった事象については表現することができる。現在完了形と過去形との大きな違いは，和訳において明確に表現することは容易ではない。現在完了形においては，過去の出来事が現在と結びついている。(⇒**1**)よって完了用法においては "I have finished my homework." と述べると，今終えたということが含意される。対して過去形においては過去の一点を表し，現在との結びつきが希薄であるがゆえに，"I finished my homework." の後に "before dinner" や "two hours ago" などと示し，終えた時間を提示することが多い。現在完了形では文の後に "before dinner" や "two hours ago" などをつけると非文である。また経験用法においては，現在にいたるまでの時間の中で自身がしたことについて述べることができる。現在とのつながりが現在完了形経験用法と過去形との違いであり，単にしたということではなく，今までにという条件が和訳でも用いられることが多い。つまり，"I saw Mt. Fuji." では単に見たという過去の事象を表すのに対し，"I have seen Mt. Fuji." では現段階において，見たという経験があるということ，また後に "twice" や "three times" などと続けることによって，見たという事実のみならず，今までにおける時間の中での経験の回数を表現することもできる。(⇒**2**)

　Unit2では現在完了形の継続用法を学習している。どの用法においても現在とのつながりを示すことができるということが，現在完了形を習得する意義である。生徒が今まで続けていること，終えたこと，経験したことが伝えられることによって，今までは別個に表現してきた，過去，現在，未来を自分自身を中心に一つの線として接続し，時の流れにおける動作のさまざまな状況や事象を表現する出発点である。(⇒**3**)

　また，本単元で取り上げられる不定詞については，2年で既習である。名詞的用法，形容詞的用法，副詞的用法の3用法について学習したが，その中で名詞，補語，目的語の役割をする名詞的用法，名詞を修飾する形容詞的用法，動詞を修飾する副詞的用法として分類された。実際のところ，形容詞以外を修飾する不定詞はすべて副詞的用法として取り扱われ，さらに下位に分類される。今回は，副詞的用法の中

Point 1
学習する内容と，既習の内容との関連性や違いについて述べる。

Point 2
本単元を学習し終えることによって，学習者ができるようになることは何かを述べる。

Point 3
これまでの学習内容との関連，これからの学習内容との関連について述べる。

の，感情の原因を表す用法を取り扱う。原因を表す表現としては "because" に深く親しんできた。これまでの学習においても口頭での表現において使用したり，クラスルームイングリッシュとして耳にしたりしてきた。原因を表す不定詞の副詞的用法は口語では特によく使われる表現でもあり，英語話者との会話の中でその有用性を実感させられることが多い。この学習を通して，自身の感情を表現する方法を増やし，多様な感情表現を実現するものである。

　本単元で取り上げられている Fair Trade は公正な取引を意味する。日本における Fair Trade の認知度は欧米諸国と比べると非常に低く，英国では90％の人が Fair Trade を知っているのに比べ，日本では約17％にすぎない。日本における Fair Trade の商品を購入したことがある人は，その購入の理由として，国際協力のためとする人が多いほか，自身の気に入る商品があるという人も次いで多い。Fair Trade を利用しない人の理由としては，Fair Trade の商品を取り扱う店が近くにないことや，気に入る商品がないことが多くあげられている。日本における Fair Trade で取り扱われているもののほとんどが食品であり，Fair Trade について知っている人も多くは食品についての Fair Trade について知っていることが多い。(⇨4)本単元の本文でもカカオ，オレンジジュース，ナッツなどの食品について取り上げられているが，世界的に見て，食品は Fair Trade で取り扱われる商品の一部にすぎない。実際のところ，Fair Trade では食品のほかに，衣料品，アクセサリー，雑貨，家具，食器などに及んでいる。また，商品やその材料を公正な価格で取引することのみが今日の Fair Trade ではない。消費国から生産者への技術の提供やデザインの要求などをはじめとし，価格のみでの構成だけでなく，国際社会における人々の問題解決への参画や貢献を具現化する取引の一つの様式として，そのあり方を変容させてきた。まだ認知度の低い日本の子どもが Fair Trade について学び，知識を得て考えることは，自由にできる金銭が少なく，物品の購入というかたちで Fair Trade に関わることが容易ではない中学生にとって，一つの国際問題解決への参画であり，世界への貢献の一歩である。

　本単元においては現在完了の経験・完了の用法を取り扱うが，前単元において継続の用法を学習していることから，同じ文法構造をもちながらも異なる意味をもつという点において理解に苦しむ生徒の姿が想像される。(⇨5) ゆえに現在完了が用いられた文を読んで，どの用法であるのかを判断することができず，正しく理解できないことがあるかもしれない。また完了用法においては過去形との区別がつきにくく，現在完了で書かれた表現に対しても単なる過去形としてとらえ，過去とのつながりを意識して内容をとらえられない生徒もいるかもしれない。前単元において現在完了の文法構造は学習しているものの，いまだに現在完了の have を一般動詞としてとらえてしまう生徒がいる可能性がある。そのため否定文を作る際に have を haven't に変えるのではなく，have の前に don't を入れてしまったり，疑問文の文頭に Do を置いたり，また疑問文の返答において Yes, I do. のような間違いを犯してしまうかもしれない。動詞の過去分詞においては受動態の学習からずっと続けて使ってきてはいるが，いまだに過去形と過去分詞を混同したり，不規則変化動詞と規則変化動詞を混同したりして，正しく過去分詞を使えない生徒も少数ながらいると思われる。(⇨6) 感情の原因を表す不定詞においては昨年次における不定詞の学習において，名詞的用法，形容詞適用法，副詞的用法の3用法を学習してきていることから，それら3用法の訳からなかなか離れられず，文の表す意を解せ

Point 4
単元で取り上げられている内容について，学習者が押さえていなくてはいけない内容や，思考や自己表現につなげられるような内容についてまとめておく。

Point 5
学習者の実態については，今学習者がどれだけの力を備えているのかを述べる。

Point 6
本単元を学習するにあたり，予想される学習者の反応，つまずき，失敗についてできるかぎり想定し提示する。

ない生徒もいると考えられる。
　題材であるフェアトレードに関しては，なかなかその活動の実態を把握しにくいと思われる。生徒の周りを見渡しても本単元で紹介されているフェアトレードのロゴマークを見ることはあまりない。本単元で紹介されているフェアトレードのロゴがついていないものでも，フェアトレードで取引されているものがたくさんあるが，われわれの生活には浸透していない。本単元でフェアトレードについての知識を得ても，自分に関連する事柄だと感じず学習を深められない生徒もいるかもしれない。また本学級の生徒は，自身の意見や気持ちを伝えることに慣れておらず，意見を考え出すことにも，それを英語で表現して理解してもらうことにも課題がある。
　現在完了の3用法で混乱が予想されるが，ひとまずは文構造と一つめに学んだ継続の用法をしっかりと復習し，定着させることで二つめ，三つめの用法をとらえさせていきたい。またそれぞれの用法に頻出する for, since, just, already などの語を手がかりとしてそれぞれの意をとらえる練習をした後，どんな文でもどのようなことを表しているのかがわかるように段階を踏んで学習させていきたい。(⇒**7**) 現在完了の完了用法と過去形との違いを理解させるため，同じ動詞を使って，現在完了と過去形で内在される意味が異なる例文を対比し，それぞれの違いを明確に理解させたい。Have を一般動詞としてとらえてしまう生徒のために，平叙文，否定文，疑問文について口頭での表現を復唱やパタンプラクティスで多くとり，have が haven't になることに慣れ，have が一般動詞ではないことへの理解を深めさせていきたい。不規則変化動詞に関しては十分に定着している生徒もいるが，まだまだ間違える生徒がゼロにはならないため，また一度覚えても忘れてしまうことがないように繰り返し声を出して読ませることによって定着を図っていく。不定詞において感情の原因を表すことに対して理解を深めるために，まずは不定詞であるということよりも，感情とその原因が to を用いながら一文で表現されるということに気付かせ，自身についても表現できるようになってから，不定詞であることとその文構造について解説していきたい。
　フェアトレードの理解に関しては，フェアトレードのロゴマークがついているものやフェアトレードで取り扱われているものを紹介しながら理解を深めていきたい。フェアトレードにはたくさんの身近なものが関係していて，自身や家族が買いうるものも含まれていることを実感させたい。また意見が出にくいことも考え，英語で自身の意見を表現するひな形も用意しながら，考え，表現できるよう配慮したい。

6　単元目標（⇒**8**）
　○相手の経験したことやし終えたことについて，興味をもって聞こうとする。
　○現在完了の適切な表現を使って自身の経験などについて話したり書いたりすることができる。
　○現在完了が用いられた文を聞いたり読んだりして，相手の経験などを理解することができる。
　○現在完了の文法構造や用法を正しく理解することができる。
　○フェアトレードを通して他国の現状について知り，自身の生活と関連づけて考えることができる。

Point 7
学習者の実態において想定された学習者のつまずき，失敗に対して，どのような指導によってそれを克服し，学習させるのかという指導者の工夫・作戦を提示する。

Point 8
単元の目標においては，外国語科の4観点に基づいてそれぞれの目標を提示する。

Point 9
特に観点1においては，教科に対する関心・意欲・態度ではなく，コミュニケーションへの関心・意欲・態度であることに注意する。

Point 10
観点2・3においてはそれぞれ2技能ずつ関係することを配慮する。

Point 11
表現の能力と，文法に関する知識理解が混同されないよう注意する。

Point 12
教科書のページを，順を追って進めていくのではなく，学習者にとって必要とされる導入や活動を適宜設ける。

Point 13
最終的には表現までつなげたいが，そのためにはワードボックスが大きな助けとなる場合が多い。

7 単元の評価規準

コミュニケーションへの関心・意欲・態度（⇒9）	外国語表現の能力（⇒10）	外国語理解の能力（⇒10）	言語や文化についての知識・理解（⇒11）
コミュニケーション活動において相手の伝えようとする内容を意欲的に理解しようとし，また自身の事柄についても伝えようとしている。	自身の経験したことやし終えたことについて，現在完了の平叙文および否定文を用いて書いたり話したりして相手に伝えることができる。	だれかの経験したことや完了している事柄について，教科書の本文やフェアトレードの説明を聞いたり読んだりしてその内容を把握し，それに関する質問に答えることができる。	現在完了に関して語形や語順，使われる場面を正しく理解し使用することができる。国際社会における公平でない取引について，自身のできることについてグループ内で提案することができる。

8 単元指導計画（全7時間）

次	時	指導計画	学習活動	指導上の留意点	評価規準（評価の観点）〈評価の方法〉	十分満足と判断される状況	努力を要する状況への手立て（⇒13）
1次	1	現在完了（経験用法）導入 現在完了を用いた活動（⇒12）	・指導者などの話を聞き，その人が経験したことのある特別な体験について聞き取る。 ・また自身が経験したことのある事柄について現在完了を使って表現する。	・写真やジェスチャーを多く使い，内容を推測しやすいように配慮する。 ・パタンプラクティスを多く取り入れ，表現の際に誤りがある場合には訂正する。	自身の経験した内容について用意された表現の中から選び，適切に相手に伝えたり，聞き取ったりすることができる。（関心・意欲・態度）〈ワークシート〉	自身の経験した事柄を適切な表現を用いて相手に伝え，短時間で提示された人数と会話を終えることができる。	ワークシートに絵を用意しておき，意思の疎通が難しいときには指さしやジェスチャーも用いて会話させる。
	2	本文の内容理解 p.22 現在完了を用いた活動	・教科書本文の内容理解をする。聞く活動から内容理解をし，音読する。 ・自身の体験した特別なことを表現する。	・前時の文法事項の復習をするほか，写真やイラストを用意し，日本語を使わずに内容を理解できるように準備をする。	自身が経験した特別な体験について現在完了を用いて表現することができる。（表現の能力）〈ワークシート〉	回数について述べたり，その他の文をつけ加えたりして，より詳しく相手に伝えることができる。	ワードボックスにおいて，体験についての選択肢や英語での表現を提示しておく。
2次	3	現在完了（完了用法）導入 現在完了を用いた活動	・提示された場面を見ながら英語を聞き内容を推測する。 ・写真やイラストをもとに，現在完了を用いて英語で述べる。	・現在完了の完了用法と，過去形との違いを区別できるよう例文の提示に注意する。	提示された場面について現在完了を用いて表現することができる。（表現の能力）〈ワークシート〉	現在完了と過去形との違いを認識しながら，それぞれの場面を説明することができる。	必要であれば日本語での文法の解説も用いつつ，過去形と現在完了との違いを理解させる。
	4	本文の内容理解 p.23 現在完了	・本文の英文を聞き，内容を理解する。 ・用意された話を	・前時の復習を十分に設定し，本文の内容を自身の力で理	本文に関する設問に答えることができる。（理解の能力）	本文や用意された話に関する設問に正確に答	イラストなどを用意して理解を助けるほか，ペアで相

3次	Fair Tradeについて考える。本文の内容理解 p.24	・本文の英文を聞き，内容を理解する。・フェアトレードのシステムを知り，自身ができることを考える。	・本文の内容理解は日本語を介さず推測できるよう，イラストや実物をできるだけ多く用いる。	自分のできることについて考え，それを表現することができる。（表現の能力および関心・意欲・態度）〈ワークシート〉	自分の考えを表現し，その理由や利点についても説明することができる。	ワードボックスで利用できる表現や，身近なものごとを提示して表現の助けとする。
5 (本時)							
4次	感情の原因を表す不定詞の導入 本文の内容理解 p.25	・写真をもとに不定詞の新しい意味を推測する。・本文を聞いて，内容を理解する。	・不定詞の新しい意味については日本語を介さず推測できるよう，十分に写真や場面を設定して理解させる。	本文の内容について理解し，それに関する設問に答えることができる。（理解の能力）〈ワークシート〉	本文の内容について十分に理解し，すべての設問に適切に答えることができる。	本文を聞き設問に答えた後に，スクリプトを十分に読み，丁寧に内容理解をさせる。
6 (本時)							
5次	文法についてのまとめ (⇒ **14**) 内容についてのまとめ p.26	・現在完了の各用法を適切に用いて話したり書いたりする。・教科書のreviewの内容を学習する。	・前時までに学習した内容を十分に復習し，学習者にとって満足のいくまとめの時間としたい。	学習した表現を適切に用いて表現することができる。（表現の能力）〈ワークシート〉	それぞれの表現と過去形との違いを十分に理解し，提示された課題をこなすことができる。	前時までの教科書やノートを使って振り返らせ，時間をかけて挑戦するよう促す。
7							

Point 14
まとめといえば練習問題のように思われるかもしれないが，実際にはそれらの表現が使えるようになったのかが大切。文法上のルールや使われる場面が適切かどうかにも配慮するべきである。

9 本時の目標
　○ Fair Trade の背景にある国際的な問題について考え，自身ができることを提案する。

10 本時の展開（5／7時間）

過程	指導内容 (⇒ **15**)	指導形態	主な学習活動	指導上の留意点	教材・教具	評価（評価の観点）〈評価方法〉
ウォームアップ	英語の歌 (⇒ **16**)	一斉	英語の歌を歌う。	英語の学習を始める雰囲気づくりとする。	楽器またはCDなど	
	不規則変化動詞の確認 (⇒ **17**)	一斉	不規則変化動詞の表を見ながらリズムに合わせて言う。	単調にならないように工夫を凝らし，意欲的に取り組むようにさせる。	不規則変化動詞一覧表（教科書付録）	
導入	本文の内容理解	一斉	スライドを見ながら指導者の話を聞き，本文の内容を理解する。その後本文の内容に関する設問に答える。	本文の内容を，スライドを用いたオーラルイントロダクションで理解させる。本文の内容が理解できたかを測る設問を提示する。(⇒ **18**) "Are cacao beans sold at a low price?"	スライド	

Point 15
今から英語を始めるという雰囲気づくりも大切である。

Point 16
英語の歌を使うのであれば，現在学習している文法事項が登場する歌詞が，学習者のモチベーションになることが多い。

Point 17
いつも同じ安定感・安心感が得られるように帯活動のようなものも有効である。

Point 18
スローラーナーが答えやすいYes/Noクエスチョンと，Whクエスチョンのバランスも考慮することが大切である。

展開1	フェアトレードのシステムを知る。	一斉	スライドや黒板を見ながら指導者の話を聞き、本文で紹介されているフェアトレードがどのようなシステムで機能しているのかを知る。(⇒19)	"Why do many children work on cacao farms?" スライドのほか、カカオ豆や農家などキーワードとなるものを黒板に提示し、それぞれを動かしながら、フェアトレードのシステムについて解説する。特に学習者がフェアトレードとどのような接点をもち得るのかや、フェアトレードにおいて取り扱われているカカオ豆以外の製品などについても言及する。	黒板に提示するもの（カカオ豆、農家、金など）	本文や指導者の説明するフェアトレードについて、自身ができる身近なことについて考え、そのアイディアを発表することができる。（表現の能力、関心・意欲・態度） A フェアトレードのシステムや発展途上国における現状を踏まえたうえで、自らの生活と関連させてできることを述べることができる。 C 理由を示すことなく短い文でできることを述べている。
展開2	自分にできることは何かを考える。	個別	ワークシートを使って、自分にできることや実践してみようと思うことについてまとめる。	身近なことで、自分ができることについて考えさせる。学級の状況に合わせて適宜モデルを提示する。(⇒20)	ワークシート	
	グループ内で意見の交流(⇒21)	グループ	グループ内で自分の意見を紹介する。口頭での表現を意識し、読み上げるだけではなく、伝えることを意識する。	班隊形にさせ、順番に意見を紹介させる。他のメンバーの意見もしっかりと聞かせるように指導する。全員が終われば、グループ内で最もよい意見と思われるものを選ばせる。		
まとめ	学級内で意見の交流	一斉	グループ内で選ばれた意見を学級内で発表する。	それぞれのグループから出た意見を学級内で共有し、学習者自らが関われることはないかを考える機会とする。		

板書はスライドをもってこれに代える。(⇒22)

（今西竜也）

Point 19
理解を促すときは、日本語に頼るのではなく、視覚情報をふんだんに使って挑戦させたい。

Point 20
モデルを提示することで、学習者のよりよい表現につなげたいが、完璧すぎるものを見せてしまうと意欲の低下や、学習者の自主的・独創的な発想に影響しかねないので注意が必要である。

Point 21
学習者が考えた意見については、少人数でもよいので必ず発表し、だれかに聞いてもらう・読んでもらう場面が必要である。やりっぱなしで終わらせないようにする。

Point 22
ICTを活用して視覚情報や音声をふんだんに使うので、黒板は簡素になりがちであるが、次々と変わっていくモニタよりも、ずっと提示され続ける黒板の方のが与える印象は強い。特に新しい表現がある場合や、複雑な文法のルールを説明するときは黒板を使うことが有効である。

〈指導案作成例③〉中学校技術

技術科学習指導案（⇒**1**）

指導者　　○○　○○

1　指導学級　　1年2組　　41名

2　日　時　　平成23年7月14日（木）3限（10：35～11：20）

3　場　所　　京都教育大学附属桃山中学校　技術室

4　題材名　　「製品の製作」（本立ての製作）（⇒**2**）

5　単元について（⇒**3**）

　もの作りに関して，生徒は，小学校の図画工作などで，ある程度の作業経験があるものの，一連の設計を経て，目的をもって製作に臨むということは，ほとんどない。また，設計に関することを学習はしているが，それがどのような行程を通して製作品として完成するかを知識としてもってはいない。

　年度当初のガイダンスなどで，もの作りの大切さや技術の発達などを学んできており，製作を実際に体験することによって，単に作業をしたというだけでなく，これらを結びつける意味で，目的をもって設計し，準備し，製作するという技術自体を学習することが必要である。

　それによって，もの作り全般にわたる世の中の流れを理解し，自分自身がその中の一員であるという自覚を促したい。

　また，本題材は，材料や加工に関する知識と技術の習得とともに，技術に関わる倫理観や緻密さへのこだわりや忍耐強さなどの育成のためにも有効であると考える。

6　題材の目標（⇒**4**）

　○工具や機器を適切に使い，製作に必要な図に基づいて製品の部品加工，組み立ておよび仕上げができる。
　○作業の計画を立て，安全に注意して正確な加工ができる。
　○作業を通して，材料に適した加工法や工具などの仕組みと使用方法を理解できる。

7　内容の評価規準（⇒**5**）

生活や技能への関心・意欲・態度(I)	生活を工夫し創造する能力(II)	生活の技能(III)	生活や技術についての知識・理解(IV)
・製作に使用する工具や機器の種類・用途，および使用方法を調べようとしている。 ・工具の仕組みに関心をもち，活用しようとしている。	・加工の目的や条件に応じて，より適切な工具を選択し，その使い方を工夫している。	・部品加工，組み立て，および仕上げをすることができる。 ・工具や機器を安全に使用できる。	・加工の目的や材料に適した加工法に関する知識を身につけている。 ・工具の仕組みと効果的な使用方法との関係について理解している。 ・製作品に適した加工工程と加工技術に関する知識を身につけている。

（国立教育政策研究所『評価規準の作成・評価方法の工夫改善のための参考資料』より）

Point 1
指導案とは，教材研究，授業設計の過程のまとめ，授業展開などを記したものではあるが，多くの場合，授業の見学・共有者の案内（ガイド）になるものである。したがって，指導者のみが理解できる視点で記述するのではなく，共有者に理解できるように記述する必要がある。また，授業の目的や共有者に応じて，記述の工夫を要する。

Point 2
子どもの学習活動を意図的・計画的に展開していく際の教材，または子どもの学習活動における有機的なひとまとまり。

Point 3
いかに大事であるのか，意味や価値のあるものなのかなどをどれだけ詳細に述べるのかではなく，子どもが取り組む単元として，子どもにとってどのような意味や価値を有しているのかが最も大切である。

Point 4
単元全体を通して子どもにつけさせたい力であり，達成したい目標である。複数の目標があげられることが多い。目標同士が互いに有機的に関連し，連続的な積み重ねが求められる。

Point 5
国立教育政策研究所または，それに準じた評価規準を記述する。

8 指導計画と評価計画（10時間）

時間	指導内容	具体的な目標	評価の規準（観点）	評価方法
1	製作の準備	構想図から作品の構造を読み取り，材料と部品の関係を理解する。	材料に正確に部品番号などをつけられているか。構想図を見て，部材が指摘できるか。（Ⅰ・Ⅱ）	作品材料 定期テスト
2	けがき作業	工具を適切に使い，切りしろ，削りしろを考え，寸法どおりけがきができる。	材料取り，仕上がりの寸法が正確に記入できているか。工具の使い方や切断線などの意味を理解できているか。（Ⅲ・Ⅳ）	作品材料 定期テスト
3・4	切断作業（本時）（⇒6）	工具を適切に使い，材料の切断ができる。	材料を正確に切断できているか。工具の使用方法が理解できているか。（Ⅲ・Ⅳ）	提出プリント 作品材料 定期テスト
5・6	部品加工作業	工具を適切に使い，部品の加工ができる。	きれいに部品加工ができているか。工具の使用方法が理解できているか。（Ⅲ・Ⅳ）	作品材料 定期テスト
7・8	組み立て作業	工具を適切に使い，材料の組み立てができる。	失敗なく，組み立てができているか。工具の使用方法が理解できているか。（Ⅲ・Ⅳ）	作品材料 定期テスト
9	仕上げ作業	作品をきれいに仕上げることができる。	作品をきれいに仕上げることができているか。作品の仕上げの方法が理解できているか。（Ⅲ・Ⅳ）	作品材料 定期テスト
10	作品の評価と振り返り	作業を振り返り，加工法の工夫や生活に生かす実践例を考察できる。	加工法の工夫と生活実態に即した活用例を具体的に考察できるか。（Ⅰ・Ⅱ）	提出プリント

Point 6
単元全体を一つの単元とし，それをさらに小単元に分ける。そして，大単元の総時間数を小単元に割り振って，指導計画を立てる。単元の指導計画を立てることで，次の項で示す「本時」が単元全体のどこに位置づき，どのような意味を担っているのかや，前後の内容と関連して何を課題として追及していこうとするのかを明示しながら，本時のねらいや展開のあり方をより深く自覚することにつなげる。

9 3年間の指導計画・配当時間数

	時間	10	20	30	35
1年	内容	A（技術ってなんだろう・身の回りを整理する作品をつくろう）		D（情報を活用して，生活に生かそう）	
	時間	27		8	
2年	内容	C（作物を育てて楽しもう）	B（エネルギーを変換している機器や機構について学ぼう・エネルギー変換を利用した作品を作ろう）		
	時間	14	21		
3年	内容	D（計測して制御するためのプログラムを作ろう・コンピュータを使って今までの学習成果をまとめよう）			
	時間	18			

10 本時の題材観（教材観）（⇒7）

切断という作業は，普段の生活でも行っている単純な作業ではあるが，あらゆる材料を切断するその方法は多岐にわたり，さまざまであるため，生徒たちが知らないものも多い。今回は，さまざまな切断の方法を知るとともに，今回使用する両刃

Point 7
取り上げた教材の内容やその設定理由（期待される効果，教材の妥当性）を記述する。題材と指導要領の指導事項との関わりや社会的背景，本題材の特色，どんな内容か，本題材をどのように分析しており，どのように扱いたいか，どのような力が身につくのか。有効性と留意点，必要なレディネス等。

のこぎりによる切断という加工を通して，切断作業自体の意味を考えさせ，適切な工具の使用法と，さらに切断を工夫する能力を身につけさせたい。

11　本時の生徒観　（⇨8）

のこぎりびきの作業に関しては，小学校時に経験したという生徒が9割以上おり，何らかのかたちで作業を行っている。ただ，両刃のこぎりに関しては，作業に不慣れであることは間違いなく，安全面など十分な配慮が必要とされる。

年度当初より，本学年・クラスに関しては，授業に対してまじめに取り組む姿勢をもっており，雑然とした雰囲気の中での不意の事故などは考えにくいが，1年生で初めての作業ということもあり，作業に関しては，緊張感をもたせて臨ませたい。

単に切断することはわかっていても，「のこぎりびき」自体の知識が不足しているため，正しい使い方や切りしろなどを考えた作業について指導する必要がある。

12　本時の指導観　（⇨9）

本時に関しては，作業で「のこぎりびきがうまくできる」というよりも，「のこぎりびき」について興味深く，関心をもたせて作業し，その体験をもとに切断法を考察するといった思考力・判断力・表現力等を育む学習活動を行うことによって，正しい知識と使用法を身につけさせるということに主眼を置いて指導したい。

したがって，作業自体の進行よりも，発問とプリント記入の時間が増え，目の前にある材料を使って，どんどん作業したいという生徒の意欲をどちらかといえば，抑えがちに展開することになる。そのあたりのストレスを，ICT機器を活用し，興味・関心をひくことによって，解消しながら進めていきたい。ICT機器については，書画カメラ，プロジェクタ，PCを使用したい。

13　本時の指導事項　　　A 材料と加工に関する技術（2）イ，（3）ウ

14　本時の目標　（⇨10）
○さまざまな切断方法について知る。
○両刃のこぎりの切断の仕組みを考え，理解する。

15　本時の展開計画　（⇨11）

	学習活動	教師の働きかけ（生徒への学習刺激）	教材，教具等	評価場面・評価方法
導入 10分	・絵や写真を見て，のこぎりについて知る。 ・「切る」という作業について考える。 ※紙→はさみ 　　カッターナイフ 　食材→包丁 　缶詰→缶切り	・プロジェクタに写真資料を提示する。 　→これは何か？ 　　何をしているところか？ ・プリントを配布し，目標と内容を提示する。 ※「切ったことがあるもの」をあげる。	本立ての材料 プロジェクタ PC 写真資料 配布プリント	プリント
	・木材，金属，プラスチックの切断方法について学習す	・発問し，発表させる。	両刃のこぎり 弓のこ，金切	プリント（テスト）

Point 8
題材（単元）に関する児童生徒の実態や興味・関心等について述べるとともに，集団としての様子や努力している様子などを具体的に記述する。実態調査の結果の分析から判断される生徒の実態や，これまでの学習状況やレディネス等を踏まえた生徒の実態，本題材を扱ううえで留意すべき生徒の実態，指導者のとらえている生徒の姿など。

Point 9
単元全体を通しての指導や重点や形態，仮説など，教師がどのような方向性で指導していくかを記述する。児童生徒の発達や経験，意欲等の実態を踏まえ，単元（題材）の目標が具体的にどのような活動で達成していくか，単元（題材）の系統性を押さえて具体的に記述する。
本題材の目標と生徒の実態を踏まえた，指導上のポイント，留意点，学習活動上の手立て，育成したい力を身につけるための手立て，本題材の指導を通して身につけたい力の4観点など。

Point 10
1時間の中で児童生徒に到達させたい目標を端的に記述する。

Point 11
本時のねらいを具体的な流れにしたものが展開計画である。
一般的には，横軸に，「学習活動」「教師の働きかけ（指導の意図と手立て）と予想される児童生徒の反応」「指導上の留意点（評価方法〈観点〉）」の3項目で設定されている。
縦軸には，展開計画を時間経過や内容構成（活動内容）に応じて，3ないしは4つの段階に分けて構成されることが多い（明治期から取り入れ）。一般に「導入，展開，終末（まとめ）」

第Ⅲ章　学習指導案の作成

などと理解されていることが多い。

指導案などでは，「1．2．3．…」などと番号のみで記述されることが多く，内容のまとまりで区切りが入れられたりするだけで，その区分はあまり重要視されていない。

横軸に「指導内容」，縦軸に「時間軸」で構成されたマトリクスの内実をいかに充実させていくかが問われ，それらは各学校や教師の創意工夫にかかっている。

展開Ⅰ 10分	る。 ※木材→のこぎり 　金属→弓のこ 　　　　金切りバサミ 　プラスチック 　　→プラスチックカッター	・書画カメラを使って，工具などを写す。 ・プリントに記入させる。	りバサミ プラスチック カッター 書画カメラ	
展開Ⅱ 25分	・両刃のこぎりについて学習する。 ①各部の名称を知る。 ②使い方を知る。 ③使ってみる。 ④切り口をスケッチし，気付いたことを記入する。 ⑤上手な切り方を考える。 ⑥両刃のこぎりの刃について知る。	①教科書の図を見て，各部の名称を記入させる。 ②使い方のコツを説明する。 ③両刃のこぎりを使って材料の一部を切断させる。 ※切り始めより2～3cmで止める。 ※机間指導を行う。 ④自分の切った切り口をスケッチさせ，気付いたことを記入させる（同じ机で話し合うなど工夫する）。 ⑤仕上がり寸法の内側に入ってはいけないこと（切りしろが必要である）を確認する。 ⑥横びき・縦びき，あさりについて説明する。	両刃のこぎり 練習用部材	プリント 製作品 （テスト）
まとめ 5分	・振り返って自己評価をする。 ・片づけをする。	・プリント記入と回収の指示。 ・後片づけの指示。 ・次回の予告など	清掃用具	プリント

16　本時の評価規準と判断規準　(⇨12)

Point 12

本時の目標を踏まえたものが書かれる。

評価規準を2つ作らなければならないことはない。必要に応じて1つまたは2つ。

3つ以上の評価を1時間にするのは難しい。

評価規準	判断規準	評価方法
・使用材料ごとの適切な切断方法を調べようとしている。 ・材料と工具との関係を考察できる。	A：プリントに多くの意見や例示が記されており，見やすく整理して記入されている。（発表なども積極的で，興味をもって活動できた。） B：プリントにひととおり，自分のわかる範囲で意見や例示が記されており，授業での活動に沿って記入されている。（人の意見をよく聞き，授業での活動に参加できた。）	プリント 発表 活動観察 （テスト）
Cの生徒の指導の手立て	・切断の作業に最低限，必要な知識の理解を促し，プリントへの記入を課す。 ・両刃のこぎりの使用の際に支障のないように，また学習効果が見込まれるように指導する。	

（中井　暁）

110

〈指導案作成例④〉高校家庭

家庭科学習指導案

指導者　　○○　○○

1　対　象　　第2学年　組　男子　名　女子　名　計　名

2　日　時　　平成　年　月　日（　曜日）第　校時　：　～　：

3　場　所　　○○教室

4　単元名　　「快適な住生活」

5　単元について
　家庭科の授業を始めるにあたって，生徒に中学校でどの程度「住生活」を学んだかアンケートを行ったところ学習内容に大きな違いがあることがわかった。しかし「食生活」ほどではないにしても「住生活」について興味関心をもつ生徒は他の分野より多いこともわかった。「住生活」分野で何を学びたいかを問うてみると，「住空間とデザイン」が圧倒的で，続いて「快適な室内環境」「住文化」となった。今回の「快適な室内環境　換気」について，学習前にクイズを行ったが，しっかりと理解している生徒は大変少なく，家庭内でも間違った換気を行っている可能性のあることがうかがえる。（⇒**1**）

　生活の器となる住居はそこに暮らす人が創り出す生活を反映している。住居様式を決定する要素は，①気候・風土　②伝統文化　③人間集団の生活様式　などさまざまあり，いろいろな地域で独自の住居が考えられてきた。またその家々がつくり出す街並みや景観はその地域の歴史や生活文化の現れであると同時に，地域環境によって私たちの住生活は支えられているともいえる。また住居は，「生命の安全と健康を守り，人間の尊厳をたもち，安らぎと秩序を保障し，人間発達と福祉と幸福の基礎をつくり，文化としての居住環境を発達させ，市民社会の基礎となる」と住宅憲章（日本住宅会議）では述べられている。（⇒**2**）また，安全で快適な住居に住まうことは基本的人権の一つであるということもできる。しかし平成21年に施行された長期優良住宅法では，長く住める住宅，人に優しい住宅，地球に優しい住宅などの枠組みが設けられたが，これは新築住宅についてのもので，既存の住宅についてはまだまだ性能や強度が不十分なものが多く存在しているのが現状である。安全で健康な住宅を維持するためには今ある住宅を正しく検査しメンテナンスを行う必要がある。また，いくら優れた住宅に住んでいても「住まい手」の住まい方によってはさまざまな優れた機能が発揮されず，反対にトラブル発生の原因になることさえある。住宅に合わせた望ましい住まい方を身につける学習が必要である。

　今回は換気について取り上げる。温度・湿度などの室内環境は，健康な生活に大きな影響を与える。かつての日本家屋は木材・紙材でできており，すきま風が吹いて，天井や床などから自然に換気がされていた。ところが近年住まいの気密性は昔と比べものにならないほど高くなっている。住まいは高気密により快適性を高めた反面，換気を忘れば有毒ガスの濃度が高まったり，湿気がたまって，結露が起こるとダニやカビの発生原因となり，人体にも悪影響が生じる。換気について正しい知

Point 1

生徒の性格やクラスの様子などを記述するのではなく，本単元について，今までに生徒たちがどのような学習をしてきたかを記述する。

Point 2

教科書や年間指導計画をよく読み，この単元（大単元）の目的や生徒にどのような力を身につけるのが望ましいか，教材の特徴，日常生活との関連を記述する。さらに授業する単元（小単元）の目的を記述するなど詳細に説明する。

Point 3
生徒の実態から明らかになった課題に対して，どのような教材を用い，それをどのように生かして授業にしていくかを記述する。めざす目標に生徒が到達するための指導形態や指導の工夫を記述する。

Point 4
学習指導要領に準拠し，単元の特質を踏まえたうえで具体的に記述する。

Point 5
どのような力をつけさせるのか単元目標に沿って簡潔に記す。国立教育政策研究所の「評価規準のための参考資料」を参照する。

Point 6
家庭科は日常生活のことを取り上げるため，生徒の家庭生活上の困難や人権について十分配慮する。

識をもち，快適な室内環境について学ぶことで，今後の住まい方を見直すきっかけになることをねらいとする。

まず学習前に行った「住環境クイズ」を解答する形で進める。現代の高気密住宅では結露，さらに結露によるカビ・ダニの発生が大きな問題となる。これらの防止には「換気」が大きく関わっている。この3点について，具体的に例を示しながら授業を進める。(⇨3) また，結露するところについて日常生活を思い出させながら，結露が起こる原理や結露によって住人の健康や住居にどのような影響を及ぼすのかを例を示しながら理解させる。特に冬だけでなく夏にも見えないところで起こる結露について具体的にわかるよう写真などを利用して説明する。カビやダニと健康被害や建物の汚損について理解させる。換気については，クイズで示した具体的な換気例を実験やビデオで示しながら，それぞれの特徴を学び，場所と状況によって最も効率的な換気を学ばせる。

6　単元目標（⇨4）
○安全で快適な住居，家族が生活する場としての住居の機能について，科学的に理解させる。
○住生活の文化について関心をもたせる。
○住居の機能，住空間の計画，住環境などについて科学的に理解させる。
○必要な知識と技術を習得して，安全と環境に配慮し，主体的に住生活を営むことができるようにする。
○住生活の現状と住宅政策や法規等の基本理念などを理解させる。

7　単元の評価規準（⇨5）

関心・意欲・態度	思考・判断	技能・表現	知識・理解
住居の機能，住生活と健康・安全などに関心をもち，意欲をもって学習活動に取り組んでいる。また習得した知識を生活に生かそうとする。	家族や地域の住生活についての課題を見つけ，その解決のための思考を深めている。安全や環境に配慮した住生活の営み方について考える。	家族や地域の住生活を健康で安全かつ快適に営むために必要な基礎的・基本的な技術を身につけている。事例研究などを通じて，家族の生活に応じた適切な住居の計画や選択ができる。実験実習を通して，健康で安全かつ快適な住まい方について検討できている。	住居の機能，住生活と健康・安全などについて理解し，家族や地域の住生活を健康で安全かつ快適に営むために必要な基礎的・基本的な知識を身につけている。健康で安全かつ快適な住まい方や計画的な維持管理の必要性について理解している。

8　単元指導計画（全7時間）

次	時	指導計画	学習活動	指導上の留意点（⇨6）	評価		
					評価規準（評価の観点）〈評価の方法〉	十分満足と判断される状況	努力を要する状況への手立て
1次	1	気候風土と住まい 世界の住居	・住居は気候風土などの自然条件，またその民族が置かれてきた歴史	・世界各地域の住居についても理解させ，グローバル時代において，住生活の分野からも異文化	世界各地の自然状況や歴史に興味をもち，住居との関わり，その民族の文化につ	・世界各地の自然状況や歴史に興味をもち，住文化について理解している。さらに自	・写真や映像などを用い，興味をもてるように工夫する。

112

		的背景，文化などに大きく影響を受けていることを理解する。	に興味をもたせるように配慮する。	て理解している。 （関心・意欲・態度） 〈プリント，感想〉	分が興味をもつ地域について自ら調べようとする。	
2次	2	地域に根ざした住まい 日本の住居 （⇒7）	・日本各地の住居について，自然条件に応じた工夫や先人たちの知恵について理解する。また住居が家庭生活にも影響を及ぼしていることに気付く。	・映像資料を用いて，全国各地の住居について，歴史やそこに住む人々の暮らしと関わらせながら進める。 ・特に身近な住居として「京町家」について詳しく解説を行う。	各地の住居についてその働きや，自然条件に応じた工夫や先人たちの知恵がわかる。 （関心・意欲・態度） 〈プリント，感想〉	日本各地の住居についてその働きや，自然条件に応じた工夫や先人たちの知恵がわかる。「京町家」についてその特徴と文化について理解している。	・写真や映像を用いて，ポイントを説明しながら興味をもてる工夫を行う。
3次	3	安全に住む 1 （⇒8）	・家庭内事故について理解し，家庭や学校の危険箇所を見つけ，解決策を考える。	・家庭の危険な箇所が描かれた絵（プリント）を用いて危険個所を指摘し，解決策を考えさせる。施設設備面だけでなく，高齢者や幼児への配慮が大切であることに気付かせる。	家庭内事故について理解し，家庭や学校の危険個所を見つけ解決策を考える。 （思考・判断）	安全な住まい・学校について危険個所を指摘でき，環境整備について考えている。	・絵本や映像を用いるなど，平易で興味関心がもてるよう，また具体的に考えられるよう支援する。
4次	4	安全に住む 2	・災害に備えた住まい方について理解し，対策を考える。	・東日本大震災後の被災地の復興の映像などを見せ，災害時に自分はどのような行動をとるかをグループごとに話し合わせ，災害時の課題や対策について考えさせる。	・災害に備えた住まい方について理解し，対策を考える。 （思考・判断）	・災害について課題と解決策について考えている。さまざまな困難を仲間と考える大切さに気付いている。	・仲間の意見をよく聞き，メモするよう指導する。
	5 （本時）	健康に住む	・結露発生の原理を理解し，住居や人体に及ぼす影響について理解する。 ・カビやダニの発生条件を学び，防ぐ方法を考える。 ・換気の種類について知	・映像を見せたり，簡単な実験をやりながら，日常生活で起こる結露やカビ・ダニの被害について，換気との関連を科学的に理解させ，生活のいろいろな場面で応用がきくよう，具体的に示す。	結露，カビ，ダニの発生の原理を理解し，防ぐ方法を考える。換気について正しい知識をもち，最も効率のよい換気について考える。 （関心・意欲・態度） （思考・判断） 〈プリント，	・教師の発問に十分答えることができ，プリントも記入している。 ・日常生活と関連づけて理解している。	・実験結果などを映像で見せ，日常生活と関連づけられるよう支援する。 ・プリントに書き込めるよう支援する。

Point 7

2次は気候風土だけでなく，さらに日本の文化や住まいへの考え方などを盛り込みながら授業を進める。また後の授業「地域社会と住環境」でも取り上げるため，日本の住居のよさと問題点などにも気付かせるようにする。

Point 8

3次では，グループ学習を取り入れている。災害対策については今後重要となってくる部分と考えられるため，内容を精選し丁寧に授業を行う。

過程	指導内容	学習活動	指導上の留意点	資料・教材	評価
		り，最も効率のよい換気について考える。		〈発言〉	
5次		・日本の住宅事情について学び，居住水準について考える。 ・日本の住宅政策について学び，問題点やこれからの課題を理解する。	・国際比較を行いながら，広い視点から日本の住宅事情を理解させるよう指導する。 ・住宅事情については生徒個々の住宅事情に十分配慮する。 ・住居と人権についても触れる。	日本の住宅事情の現状と問題点がわかり，住宅政策の現状と課題がわかる。 (知識・理解) 〈プリント，感想〉	日本の住宅事情の現状と問題点がわかる。 住宅政策の現状と課題がわかる。 健康で安全な住居に住むことは基本的人権であることを理解している。	・具体的な例を示し，教科書も用いながら理解できるよう支援する。
6	住宅事情・住宅政策（⇒9）				
6次	地域社会と住環境（⇒10）	・「京町家」保存の取り組みを学び，住民による住環境改善の運動について知る。社会の中でともに協力してよりよい住環境を創り出していくことの必要性がわかる。	・映像を用いて，前回学習した「京町家」について地域住民が保存に力を入れた結果，美しく快適で人気のあるスポットになった地域を紹介する。そこでどのような取り組みが行われたかを示し，身近なところで住民による住環境改善の運動があることを紹介する。	住環境の整備について科学的に理解し，よりよい住環境を整備するための手立てがわかる。 (知識・理解) 〈ワークシート，発言〉	・さまざまな住民による住環境改善の運動があることがわかり，住んでいる地域の住環境について考えることができる。	・プリントに書き込めるよう支援する。 ・映像資料を示し具体的に示す。
7（本時）					

Point 9
第5次は重要な部分である。生徒の興味をどのように引き出すか，国際比較などを用いながら，広い視点で住生活がとらえられるような工夫を行う。

Point 10
各地域に根ざした教材が考えられる。個々の住居だけではなく，街並み（地域）としてとらえる視点，住民が共同で取り組む内容であることから，将来の住生活の展望も考えられるようにまとめるとよい。

Point 11
学習指導案の中心となる部分のため，見やすさ・わかりやすさに注意する。

Point 12
展開計画を記入する場合，まず生徒の学習活動を記入し，それぞれの活動に対して教師の関わりや動きを指導上の留意点に記述するとよい。

Point 13
まず，授業の進め方を生徒に説明する。特にいつもとは異なるやり方（例えばクイズの解説を通して授業を進めるという授業展開）を行う場合は注意をする。

9 本時の目標
○結露発生の原理を理解し，住居や人体に及ぼす影響について理解する。
○カビやダニの発生条件を学び，防ぐ方法を考える。
○換気の種類について知り，最も効率のよい換気について考えることができる。

10 本時の資料・教具
教科書（家庭総合）　プリント2枚　スライド（写真）　ビデオ　気流検査管

11 本時の展開計画（5／7時間）（⇒11）

過程	指導内容	学習活動	指導上の留意点	資料・教材	評価
導入	環境クイズ学習内容の確認	・本日の学習内容を知る。（⇒12）	・前時に行った「住環境クイズ」のプリントを返却する。（⇒13）	プリント返却プリント配布	
	結露について	・結露が発生する場所を考え，答える。 ・結露が起こる原理を	・結露発生の場所について発問する。スライドを用いな	スライド（結露写真）	結露の原理やその影響について理解している。

展開		理解する。 ・夏の結露・冬の結露について理解し，結露が住宅や人体に及ぼす影響について学ぶ。 ・結露を防止する方法がわかる。	がら，具体的に理解させる。 ・湿り空気線図を示しながら，結露の仕組みを理解させる。発問をすることで具体的にわかるようにする。		（知識・理解） 〈プリント，発言〉
	カビ・ダニについて	・カビやダニの発生する場所や条件を理解し，住宅や人体に及ぼす影響について学ぶ。 ・カビやダニを防ぐ方法を学ぶ。	・カビやダニの発生場所や発生条件など発問をしながら理解させる。	スライド	カビやダニの発生について，またその影響について理解している。（知識・理解） 〈プリント，発言〉
	換気について	①窓が一つしか開いていない場合。 温度差換気について理解する。 ②最も効率のよい窓の開け方 対角線に開ける，模型を使って，いろいろな窓を開け，空気の流れを目視する。 ③浴室の換気 浴室の最もよい換気（扉も窓も閉め換気扇を回す）を理解する。機械換気の，給気と排気について理解する。	・気流検査管を用いて，窓からの空気の流れを実験し説明する。（温度差換気） ・実験を行った様子を撮ったビデオを見せながら空気の流れについて解説する。 ・機械換気，24時間換気について説明する。	気流検査管 スライド ビデオ （⇒14）	実験や映像を見て換気について正しく理解し，日常生活でも取り組もうとしている。 （関心・意欲・態度） （知識・理解） 〈プリント，発言〉
まとめ	学習のまとめ	感想を書き，プリントを提出する。（⇒15）			

Point 14

生徒の理解を促すため，事前準備を怠らないこと。難しい実験・実習は，教員が行ったものを映像化するなどの工夫をする。

Point 15

授業は生徒が予想しなかった結論になる場合もあるため，必ず振り返りやまとめを行う。

学習資料（生徒配布プリント）

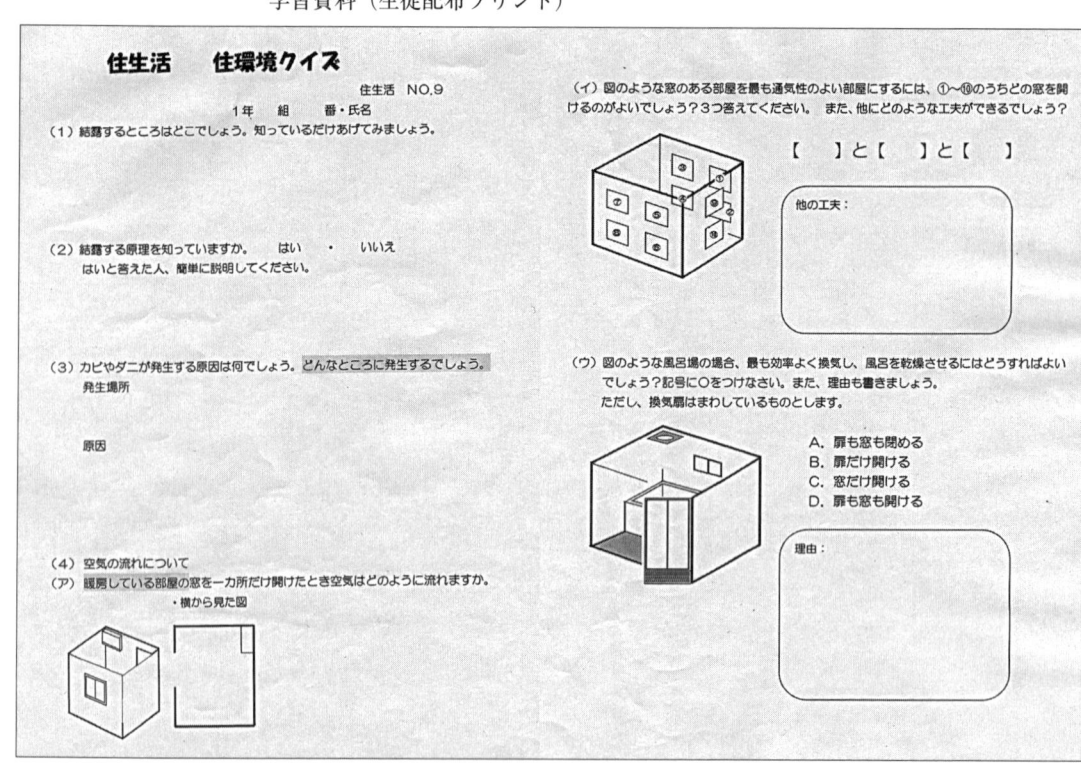

住生活　住環境クイズ

住生活　NO.9
1年　組　番・氏名

(1) 結露するところはどこでしょう。知っているだけあげてみましょう。

(2) 結露する原理を知っていますか。　はい　・　いいえ
　　はいと答えた人、簡単に説明してください。

(3) カビやダニが発生する原因は何でしょう。どんなところに発生するでしょう。
　　発生場所

　　原因

(4) 空気の流れについて
（ア）暖房している部屋の窓を一カ所だけ開けたとき空気はどのように流れますか。
　　・横から見た図

（イ）図のような窓のある部屋を最も通気性のよい部屋にするには、①〜⑩のうちどの窓を開けるのがよいでしょう？3つ答えてください。また、他にどのような工夫ができるでしょう？

【　】と【　】と【　】

他の工夫：

（ウ）図のような風呂場の場合、最も効率よく換気し、風呂を乾燥させるにはどうすればよいでしょう？記号に○をつけなさい。また、理由も書きましょう。
　　ただし、換気扇はまわしているものとします。

A. 扉も窓も閉める
B. 扉だけ開ける
C. 窓だけ開ける
D. 扉も窓も開ける

理由：

室内環境を快適に～空気をコントロールしよう～

住生活NO.8

1 結露
　（　　　　）・・・窓、氷水の入ったコップ
　（　　　　）・・・床下、壁の中　（内部結露とも言う）

＊結露発生の原理
　水分は水蒸気として空気中に存在している（湿度としてとらえる）。しかし、「飽和水蒸気量」（湿度＿＿＿％）を超えると、空気中に含みきらない水蒸気は水となる。このときの温度を「露点温度」という。

問　20℃で50％の湿度の部屋は、何度になると結露し始めるか。　　　℃

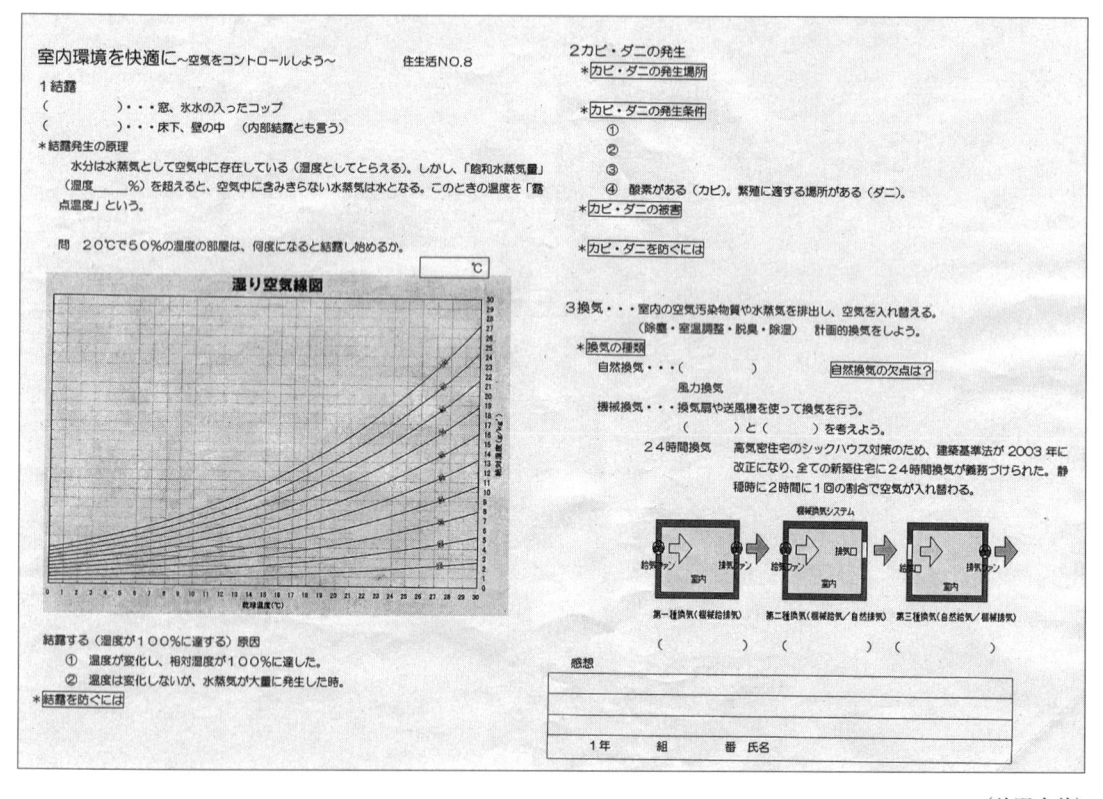

湿り空気線図

結露する（湿度が１００％に達する）原因
　① 温度が変化し、相対湿度が１００％に達した。
　② 温度は変化しないが、水蒸気が大量に発生した時。
＊結露を防ぐには

2 カビ・ダニの発生
＊カビ・ダニの発生場所

＊カビ・ダニの発生条件
　①
　②
　③
　④ 酸素がある（カビ）。繁殖に適する場所がある（ダニ）。

＊カビ・ダニの被害

＊カビ・ダニを防ぐには

3 換気・・・室内の空気汚染物質や水蒸気を排出し、空気を入れ替える。
　　　　　　（除塵・室温調整・脱臭・除湿）　計画的な換気をしよう。
＊換気の種類
　自然換気・・・（　　　　　）　自然換気の欠点は？
　　　　　　　　風力換気
　機械換気・・・換気扇や送風機を使って換気を行う。
　　　　　　　（　　　）と（　　　）を考えよう。
　２４時間換気　高気密住宅のシックハウス対策のため、建築基準法が2003年に改正になり、全ての新築住宅に２４時間換気が義務づけられた。静穏時に2時間に1回の割合で空気が入れ替わる。

機械換気システム

第一種換気(機械給排気)　第二種換気(機械給気/自然排気)　第三種換気(自然給気/機械排気)
（　　　）　　　　　　（　　　）　　　　　　（　　　）

感想

1年　組　番　氏名

（仲野由美）

〈指導案作成例⑤〉中学校保健体育

保健体育科学習指導案

　　　　　　　　　　　　　　　　　　　　　　　指導者　　○○　○○

1　対　象　　　　第3学年　　組　　男子　　名　　女子　　名　　計　　名

2　日　時　　　　平成　　年　　月　　日（　曜日）第　校時　：　～　：

3　場　所　　　　体育館

4　単元・教材名　器械運動・マット運動
　　　　　　　　「シンクロマットに挑戦！」

5　単元について

　本学級の生徒は，一人ひとり運動に意欲的に取り組み，自らの技能向上および技能習得のための課題解決に主体的に取り組むことができる。体育授業においては，生徒が課題に応じて運動に取り組むための場づくりや運動の技術の名称や行い方について理解を促すために資料作成などを行ってきた。そのため生徒は，自己の課題に対しては主体的に学習に取り組むことができるが，仲間と学び合い，協力して学習する場面では消極的になる課題が見られる。（⇒**1**）このような課題に対して，球技においてチーム内で作戦を工夫したり学び合ったりすることや，陸上競技などの個人スポーツにおいて個人の記録の向上がチームの得点の向上につながるようなチーム対抗の競技などを行ってきた。このような学習を進めることで，生徒が運動を観察し，学び合ったり，仲間と協力して学習することを意識できつつある。

　これまでの器械運動では，第1学年でマット運動，第2学年で跳び箱運動を学習してきた。器械運動では，個人の課題に応じた技の習得に適した練習方法を選び，課題解決学習を行ってきた。生徒は各種の技の習得に向けて，技の名称，動き方にポイントがあることや課題に応じた適切な運動の取り組み方があることを理解している。第3学年における器械運動では，自己に適した技の構成を工夫して集団で演技することを目標とする。（⇒**2**）

　そこで本単元では，これまでの学習で身につけた技能や学習の行い方を生かし，仲間と協力し学び合うことをねらいとするマット運動を集団化した教材「シンクロマット」を取り入れたい。「シンクロマット」により協同的な学習を行うことで技ができる喜びや楽しさを味わい，自己やグループの課題に応じた運動の行い方を工夫できる思考力を育てていきたい。そのために，相互評価場面を設定し，生徒同士（グループ内またはグループ間）で運動観察を行い，仲間の動きと自己の動きの違いなどを指摘し，よい動きや改善すべきポイントを見つける場面を設定する。また，生徒が自己やグループの課題に応じた適切な練習方法を選び，自主的に行うことができるよう場所や視聴覚機器，学習資料を整える。（⇒**3**）

　マット運動を集団化して行う「シンクロマット」は，グループの仲間と協同で技を構成し演技を作成する学習で，技ができる楽しさや喜びをグループの仲間と味わえるに適した教材である。また，学習途中での相互評価場面や発表会を設けることで，運動観察を通して課題解決のための思考力やよい演技をたたえ合ったりす

Point 1

児童生徒の実態については，保健体育科における学習課題や本単元に関連する学習課題について記述する。

Point 2

学年や年間指導計画の系統性や関連性を踏まえて，本単元の位置づけを明確にして，どんな力を育成するための授業なのか見通しを明確にする。

Point 3

本単元で身につけたい力を明確にするとともに，そのための手立てや状況設定など単元の構成の特徴を明記する。

> **Point 4**
> 本単元の教材の特性と身につけたい力の関係について簡潔に述べる。

> **Point 5**
> 本単元で身につけたい力を育成するための単元の指導の流れについて概観を明記する。

> **Point 6**
> 単元目標は，当該学年の学習指導要領の指導事項に準拠し，単元の特質を踏まえて具体化する。

> **Point 7**
> どのような力を身につけさせるのか，単元目標に沿って簡潔に記す。
> 国立教育政策研究所の「評価規準のための参考資料」を参照する。

> **Point 8**
> 文末表現は，目標に対する学習状況を表すことから，「～ができる」（技能），「～しようとしている」（関心・意欲・態度），「～している」（その他）と記述する。

> **Point 9**
> 1次では，単元の見通しをもたせるために，学習課題を設定し，学習計画を立て，児童生徒が主体的に学習に向かえるようにする。

る態度を育成するのに適した教材といえる。（⇒4）

第一次において，グループで協力して行うことの「シンクロマット」の学習のねらいを理解し，今自分ができる基本となる技を確かめ，演技作成に向けた技の習得のための学習課題をもてるように指導する。第二次では，基本となる技を滑らかに安定してできるようになるための課題を解決できる学習を行う。その後，グループ内で適した技の構成を工夫し演技を作成していく。学習計画会で演技作成のポイント（技のできばえ，シンクロの工夫，構成の工夫，場所の工夫）を理解できるよう視聴覚教材（新体操団体演技）を活用する。第三次では発表会を行い，これまでの学習成果を発表する。他のグループやグループ内の仲間のよい演技を称え合う機会とする。また演技完成に向けて，仲間と協力し合いながら学習を進めてきたことで学ぶことができた点についても振り返り，自他を認め合う機会としたい。（⇒5）

6　単元目標（⇒6）
○マット運動における基本的な技（回転系・技巧系・バランス系）を滑らかに安定して行い，グループで工夫した構成により演技することができる。
○マット運動の学習に自主的に取り組むとともに，よい演技をたたえようとすること，自己の責任を果たそうとすることや，健康・安全を確保することができるようにする。
○技の名称や行い方，体力の高め方，課題解決の方法などを理解し，自己やグループの課題に応じた運動の取り組み方を工夫できるようにする。

7　単元の評価規準（⇒7）（⇒8）

運動への関心・意欲・態度	運動についての思考・判断	運動の技能	運動についての知識・理解
マット運動の技の習得やグループ演技に関心をもち，自主的に取り組もうとしている。よい演技をたたえようとしている。自己の責任を果たそうとしている。健康・安全を確保している。	運動観察を行ったり，学習資料を活用したりして，課題に応じた改善すべきポイントを見つけている。自己の課題に応じて，適切な練習方法を選んでいる。	回転系，技巧系やバランス系の技で構成し演技するための，滑らかで安定した基本的な技や条件を変えた技ができる。	技の名称や行い方とそのポイント，発表会のしかたを理解している。

8　単元指導計画（全13時間）

次	時	指導計画	学習活動（⇒10）	指導上の留意点（⇒11）	評価		
					評価規準（⇒12）（評価の観点）〈評価の方法〉	十分満足と判断される状況	努力を要する状況への手立て
1次	1	（⇒9）学習課題の把握	・グループで演技を作成することを学習課題に設定する。・グループでの	・学習計画表を提示して学習の見通しがもてるよう単元の流れやねらいを明確に	・学習のねらいを理解し，グループで演技を構成することに意欲をも	グループで発表するねらいを理解し，演技を工夫して構	これまでの集団演技の映像を視聴させ，具体的にどのように学習を

118

第Ⅲ章　学習指導案の作成

	(オリエンテーション)	自己の役割を理解する。	させる。	っている。 (関心・意欲・態度) 〈学習カード〉	成しようとする意欲をもっている。	進めるか理解できるようにする。	
	学習計画の設定・学習課題の把握 (学習計画会Ⅰ)	・技能チェックを行い，できる技を確かめる。 ・基本的な技を滑らかに安定して行うための自己の課題を確認することができる。	・回転系や技巧系の基本的な技ができるか確認させる。	・自己の課題を確認できるよう自主的に学習している。 (関心・意欲・態度) 〈学習カード〉	友だちの技や学習資料と比較して自己の課題を確認できている。	技の行い方のポイントを学習資料を活用したりして助言しながら理解できるようにする。	
2次	(⇒13) 3 基本的な技や条件を変えた技の学習	・回転系や技巧系の基本的な技を滑らかに安定して行うための自己の課題に応じた運動の取り組み方を理解できる。	・運動観察を行わせたり，学習資料を提示したりして技の名称や行い方のポイントを理解させ，課題を確認させる。 ・課題に適した学習が行えるよう場所を設定する。	技の名称や行い方のポイントを理解している。 (知識・理解) 〈学習カード〉	滑らかに安定して行ったり，条件を変えて行ったりするための技のポイントや課題に応じた運動の取り組み方を理解できている。	運動観察を行わせたり学習資料を活用したりして自己の課題を確認させる。	
	4 基本的な技や条件を変えた技，発展的な技の学習	・条件を変えた技や発展的な技を行うための自己の課題に応じた運動の取り組み方を工夫できる。	・運動観察を行わせたり，学習資料を提示したりして技の名称や行い方のポイントを理解させ，課題を確認させる。 ・課題に適した学習が行えるよう場所を設定する。	運動観察を行ったり，学習資料を活用したりして，課題に応じた改善すべきポイントを見つけている。 (思考・判断) 〈学習カード，活動〉	条件を変えた技や発展的な技を行うための課題に応じた運動の取り組み方を工夫できる。	滑らかに安定して行ったり，条件を変えて行うことができる場所を設定し，直接的な支援を行う。	
	5 課題に応じた学習	・基本的な技を滑らかに安定して行うことや条件を変えた技，発展的な技を行うための自己の課題に応じた運動の取り組み方を工夫できる。	・運動観察を行ったり，学習資料を提示したりして技の名称や行い方のポイントを理解させ，課題を確認する。 ・課題に適した学習が行えるよう場所を設定する。	自己の課題に応じた運動の取り組み方を工夫できる。 (思考・判断) 〈学習カード，活動〉	3・4時で学習した事柄を生かし，自己の課題に応じた運動の取り組み方を工夫できる。	学習カードで自己の課題を確認させ，課題に応じた運動に取り組めるよう場所を設定し，直接的な支援を行う。	
	6 学習の進め方確認 (学習計画会Ⅱ)	・よい演技のためのポイントを理解する。 ・発表会までの演技作成の見通しをもつ。	・集団演技の映像を視聴させ，どのような演技がよい演技か理解させ，目標をもたせる。 ・よい演技のポイ	グループで演技することに関心・意欲をもち，意欲的に取り組もうとしている。 (関心・意欲・態度)	集団でのよい演技について理解でき，グループの目標を考えることができる。	視聴させる映像を解説しながらよい演技について問いかけ，生徒の回答をもとにポイントにつ	

Point 10
学習活動は，学習者の立場から具体的に，実際に行う学習活動に即した表現で記す。

Point 11
指導上の留意点は，その時間に最も大切な指導について，目標に達成するための手立てや工夫を記述する。

Point 12
評価については，該当時間のねらいに即した評価規準を中心に十分満足とされる状況や努力を要する状況への手立てを具体的に記述する（ここは，評価規準のみの表現でもよい）。

Point 13
2次は，単元の中心となる展開部であるが，身につけさせたい力の高まりに応じて展開を発展的なものとする。今回の場合は，前半（3時〜5時）で個人（技能習得）の課題解決をめざし，後半（6時〜11時）で個人（技能習得）とグループ（シンクロ演技）の課題解決の学習を行う。

過程			指導内容	主な学習活動	指導上の留意点			評価
					ント（技のできばえ，シンクロの工夫，構成の工夫，場所の工夫）を板書する。 ・学習の流れおよび活動のめあてを理解させる。	〈学習カード，発言〉		なげ，理解させる。
	7 8 (本時) 9 10		課題解決学習（グループ）	・学習の流れを確認する。 ・前半シンクロ・後半構成と前半評価・後半技能の2グループとなり，ペアで協力して学習を行う。(p.121参照)	・個人やグループで課題解決できる運動の場所を設定する。 ・演技を撮影する視聴覚機器や構成を工夫できるよう学習資料を準備する。 ・相互評価の観点を具体的に示し，評価カードに記述させる。	グループで行う学習に協力し合い意欲的に取り組もうとしている。 （関心・意欲・態度） 〈行動〉 個人やグループの課題に応じた適切な練習方法を選んでいる。 （思考・判断） 〈学習カード〉	グループの学習の流れやめあてを理解し，協力して学習を行っている。 ワークシートや学習カードを活用し課題に応じた練習方法を工夫できる。	学習カードや掲示資料を活用し，学習の流れとめあてを理解できるよう支援する。 運動観察や学習資料を活用し課題を探させ，グループで協力して行うよう助言する。
	3次	(⇒14) 11	発表会	・構成を工夫して作成した演技を発表する。	・VTR撮影により，演技を記録する。	グループで構成を工夫した演技を発表することができる。 （技能） 〈演技〉	発表会の仕方を理解し，工夫した演技を発表することができる。	学習カードや学習資料を活用し，演技の構成を確認させ，発表することができるよう支援する。
		12	振り返り	・演技を鑑賞し，各グループのよい演技をたたえる。 ・これまでの学習を振り返る。	・記録した演技を鑑賞できるよう視聴覚機器を準備する。	よい演技やこれまでの学習について具体的に記述している。 （関心・意欲・態度） 〈発言・ワークシート〉	演技を構成するために工夫した点や他のグループの工夫した点を記録し，学習を振り返っている。	工夫した点などを発表してもらい，演技と照らし合わせて確認させる。

Point 14

3次では，単元全体の学びを振り返らせ，どのような力がついたか，どのような学びができたのかについてメタ認知できるようにする。

9　本時の目標

○活動のめあてを確認し，各グループの課題に応じた適切な方法を選び，協力して学習を進める。

10　本時の展開（8／12時間）

過程	指導内容	指導形態	主な学習活動	指導上の留意点	教材・教具	評価（⇒15） （評価の観点） 〈評価方法〉
導入	出席・健康観察 準備運動	一斉	体調を確認する。 ・所定のマットで予備的な運動を行う。	・グループごとに整列させる[※1]。 ・グループで行う[※2]。	マット	

（7分）	めあての確認		グループの課題に応じた方法で協力して学習を行う		学習計画表	
				・学習計画表を提示し，グループで行う活動のめあてと学習の流れを確認させる。		
展開（18分）	A・C・Eグループ 前半 ○シンクロ	グループ	・考案したシンクロの演技を行う。	・よい演技のポイント（技のできばえ，シンクロの工夫，構成の工夫，場所の工夫）を確認させる。 ・VTR撮影し，記録する。	学習カード	グループで行う学習に協力し合い意欲的に取り組もうとしている。 （関心・意欲・態度） 〈行動〉
	後半 ○構成		・ペアグループからの助言や記録映像を参考に構成を考える。 ・グループで協力して話し合う。	・評価記述や記録した映像，学習資料を参考に構成を工夫させる。	ワークシート（評価用）	個人やグループの課題を解決するために適切な練習方法を選んでいる。 （思考・判断） 〈学習カード〉
	B・D・Fグループ 前半 ○評価	グループ	・ペアグループが行う演技を，示された観点について評価（助言）する。	※前半と後半の交代がスムーズにできるよう助言する。 ・観点について演技を評価し，助言を記述させる。	学習カード	
	後半 ○課題		・仲間と協力して，個人やグループの課題に適した運動を行う。	・課題に適した運動の行い方をマットの配置やロイター板等を使って工夫させる。 ・学習資料を活用させる。	学習資料 ロイター板 等	
まとめ（5分）	学習のまとめ	一斉	・学習カードにまとめを書き，振り返りをする。	・できるようになったことや個人やグループの課題を具体的に書くよう助言する。	学習カード	

Point 15

単元指導計画の観点と整合性をとる。

※1　安全面（運動場では日差しや風向き等）に配慮し，円滑に活動が進められる配置にする。
※2　準備運動などをグループで自主的に進められるよう，内容や場所をあらかじめ決めておく（ルーティン）。

板書計画の例

| 本時のめあて　グループの課題に応じた方法で協力して学習を行う |

活動のめあて

シンクロ：タイミングや方向などを工夫する
構　　成：演技の流れ（はじめ・なか・おわり）を工夫する
評　　価：よい動きや改善すべきポイントを見つける
課　　題：学習資料などを活用し適切な練習方法で行う

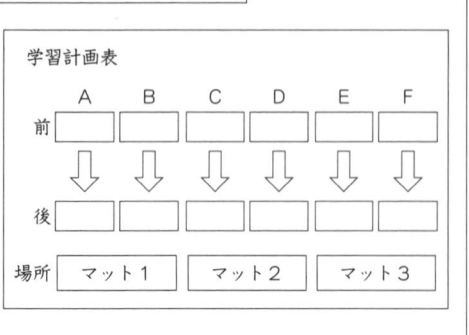

学習計画表

	A	B	C	D	E	F
前	□	□	□	□	□	□
	⇩	⇩	⇩	⇩	⇩	⇩
後	□	□	□	□	□	□

場所：マット1　マット2　マット3

（江藤真生子）

第4節　教職大学院のシステムと実地教育

１．教職大学院のシステム

(1)「教職大学院」とは

　教員養成に特化した専門職大学院で，実践的な指導力・展開力を備えた新人教員と，スクールリーダー（中核的・指導的な役割を担う教員）の養成を行う。

　教職大学院は，専門職大学院として高度専門職業人を養成するため，専門分野に関し高度な指導能力のある研究者教員と，必要専任教員数の4割以上を高度な実務能力を備えた「実務家教員」（多くは教育行政や学校管理職の経験者）で構成することが義務づけられている。

　修了すると，専門職学位として「教職修士（専門職）」が授与され，大学院修士課程修了と同等の者に授与される「専修免許状」を取得することができる。

(2) 教職大学院の教育課程

　各教職大学院に共通するカリキュラムの枠組み（体系的・共通的に開設すべき授業科目の領域）が制度上明確化されているとともに，事例研究，授業観察・分析，フィールドワーク等を積極的に導入した指導方法（まさにアクティブ・ラーニング）により，理論と実践の融合（往還）を図る教育を行っている。教職大学院の教育課程は，共通科目，学校における実習，コース（分野）別選択科目からなる。

　共通科目は，5つの領域で最低でも10科目20単位を課すことになっている。以下に示すのは，文部科学省が示しているカリキュラムのイメージである。

　各教職大学院において共通的に開設すべき授業科目の領域（5領域）は，
①教育課程の編成・実施に関する領域
②教科等の実践的な指導方法に関する領域
③生徒指導，教育相談に関する領域
④学級経営，学校経営に関する領域
⑤学校教育と教員の在り方に関する領域
である。その例を示したものが図Ⅲ-1である。

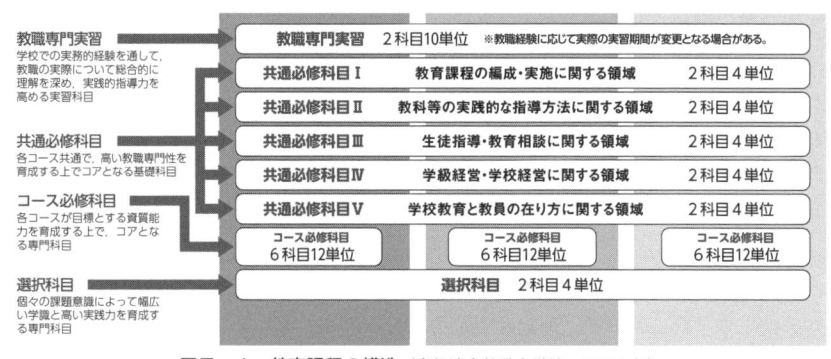

図Ⅲ-1　教育課程の構造（京都連合教職大学院, 2015より）

　文部科学省は，専門職大学院について，「科学技術の進展や社会・経済のグローバル化に伴う，社会的・国際的に活躍できる高度専門職業人養成へのニーズの高まりに対応するため，高度専門職業人の養成に目的を特化した課程として，平成15年度に創設されました。特徴としては，理論と実務を架橋した教育を行うことを基本としつつ，1：少人数教育，双方向的・多方向的な授業，事例研究，現地調査などの実践的な教育方法をとること，2：研究指導や論文審査は必須としないこと，3：実務家教員を一定割合置くことなどを制度上定めています。」と述べている。
http://www.mext.go.jp/a_menu/koutou/senmonshoku/index.htm

　アクティブ・ラーニングとは，「思考を活性化する」学習形態を指す。例えば，実際にやってみて考える，意見を出し合って考える，わかりやすく情報をまとめ直す，応用問題を解く，などいろいろな活動を介してより深くわかるようになることや，よりうまくできるようになることをめざす（山地，2014）。

　教職大学院：制度の概要については，文部科学省のHPを参照すること。
http://www.mext.go.jp/a_menu/koutou/kyoushoku/kyoushoku/1354462.htm

　文部科学省は，教職大学院設立の背景を以下のように述べている。
「子どもたちの学ぶ意欲の低下や社会意識・自立心の低下，社会性の不足，いじめや不登校

などの深刻な状況など学校教育の抱える課題の複雑・多様化する中で，こうした変化や諸課題に対応しうる高度な専門性と豊かな人間性・社会性を備えた力量ある教員が求められてきています。」
http://www.mext.go.jp/a_menu/koutou/kyoushoku/kyoushoku.htm

この5つの領域の授業科目（共通必修科目）の例を下記に紹介した。

領域	共通必修科目名(各2単位)	概要（フィールドワークをFWと表す）
Ⅰ 教育課程の編成・実施に関する領域	カリキュラム概論	学習科学の知見を認知科学と社会文化的研究の成果から概観する。カリキュラム編成の基本原理を理解し，カリキュラム開発上の課題を考察する。授業評価を含むカリキュラム評価とマネジメントの意義と方法を理解する。
	カリキュラム開発と実践	「カリキュラム概論」を踏まえ各教科の単元計画が構想できる力量の形成を図る。現代的テーマのカリキュラム開発と運営の実際を先進的な小中学校でのFWを通して実践的に学ぶ。現職教員クラスはカリキュラムマネジメントに焦点をあてる。
Ⅱ 教科等の実践的な指導方法に関する領域	教科指導の理論と課題	授業の基本構造を理解し，目標を明確にした授業計画を構築する力量を形成する。学習活動のあり方について，事例研究を通して的確な授業形態の編成・運用能力を身に付ける。学習活動でのICTの活用の基本を理解し，授業実践に生かす。
	教科指導実践演習	「教科指導の理論と課題」と連携しつつ，授業の指導計画と学習指導案づくりを行い，模擬授業を実施し自己の課題を明らかにする。FWの実施を通じて課題改善の方策を考察し，再度の模擬授業により教科指導力の向上を図る。
Ⅲ 生徒指導・教育相談に関する領域	生徒指導の理論と実践	広義の生徒指導について，その基本的な考え方，個人・集団指導，学級・学年・学校経営，授業との関連，学校内外の連携，ケース会議の進め方，保護者への対応や今日的な生徒指導上の具体的課題等を，教育学や心理学の知見をベースに学ぶ。
	生徒指導実践演習	「生徒指導の理論と実践」を基に，不登校，問題行動，集団指導等の課題の事例演習を行い，理論知を実践に生かす方途を探究する。能動的・主体的に考える姿勢と力，互いの考えを集団で共有・展開していくコミュニケーション力の醸成を図る。
Ⅳ 学級経営・学校経営に関する領域	学級経営の実践と課題	学級経営の意義と学級集団づくりの基本事項を演習課題を基に理解する。FWでの具体的な学級の観察と聞き取り調査を通じて，それらを総合的に把握する。現職教員院生のFWは若手教員の学級経営力を高める指導の在り方に焦点をあてる。
	学校づくりと学校経営	教員の諸活動が組織活動として営まれ，様々な経営行動によって支えられていることを理解するとともに，組織成員としての意識を高め，協働する組織行動能力の形成を図る。
Ⅴ 学校教育と教員の在り方に関する領域	現代社会と学校教育	多種多様な問題を生み出し，その解決の道筋が不透明になっている今日の学校教育の在り方について，公教育・学校教育の本質的な認識や社会変化によるその転換課題という視点から，テーマを設定し，討論を通じて具体的に検討する。
	教員の職務と役割	公教育制度における教員の職務と役割について，その法制度に関する理解を深め，専門職としての教員の社会的責任，法的責任について考察する。

図Ⅲ-2　共通必修科目の例（京都連合教職大学院，2015より）

(3) 教職大学院での学修の流れ（京都連合教職大学院の例）

図Ⅲ-3にあるように，1年次前期に研究者ゼミ「高度化実践研究Ⅰ」において，文献・資料の集め方と整理の方法，論文の執筆手順，アカデミックライティングの基本等について学ぶとともに，図Ⅲ-2のⅠからⅢの「基礎理論科目」とⅡの「実践演習科目」を学ぶ。そして，実務家ゼミで，教職専門実習Ⅰの事前指導を受ける。1年次の8月末から9月にかけて，実務家担任の指導のもと「教職専門実習Ⅰ」を履修して，学校文化を学びつつ，各自の研究の課題意識をもつ。後期に，実務家ゼミで実習の課題の解決と，2年次の「教職専門実習Ⅱ」に向けての仮説を設定するとともに，ⅠとⅢの「実践演習科目」を学ぶ。2年次初めの「教職専門実習Ⅱ」において，その課題に向けての実践に取り組み，各自の仮説の検証を行う。2年次後期の「高度化実践研究Ⅱ」（研究者ゼミ）において，その「教職専門実習Ⅱ」で検証した結果を修了論文にまとめ，学修の総括を行う。

このようにして，大学院の授業科目の「基礎理論」や「実践演習」で学んだことと，「教職専門実習」や「フィールドワーク」などで学んだことが有機的につながり，院生の学修において，理論と実践の融合（往還）が実現するように，体系的な教育課程を編成している。

京都連合教職大学院とは，平成20（2008）年に，全国で初めて京都で実現した国立大学と私立大学，そして教育委員会が連合してできた教職大学院である。基幹大学である京都教育大学と，京都産業大学，京都女子大学，同志社大学，同志社女子大学，佛教大学，立命館大学，龍谷大学の7つの私立大学と，京都府教育委員会・京都市教育委員会が連合して設立された。正式名称は，京都教育大学大学院連合教職実践研究科という。

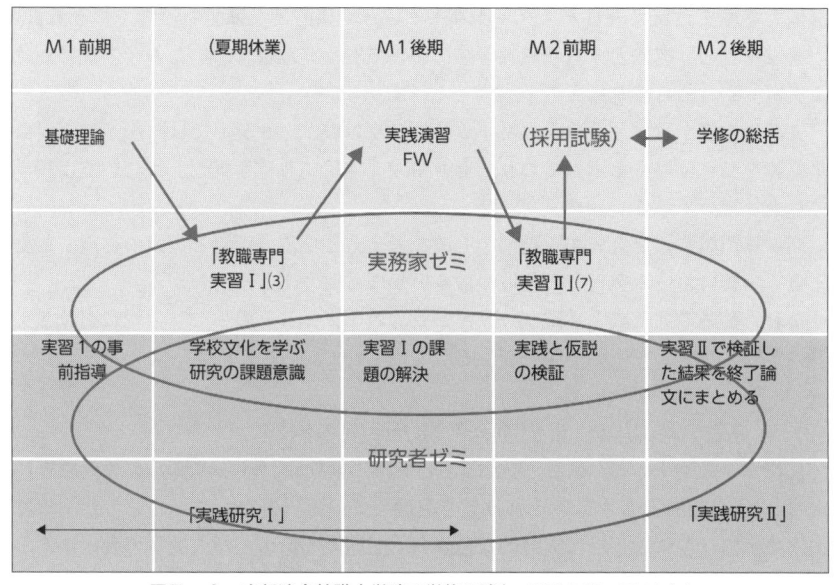

図Ⅲ-3　京都連合教職大学院の学修の流れ（浅井和行，2013より）

（浅井和行）

2．教職大学院における実地教育の実際

(1) 教職大学院における実地教育とは

専門職養成において，現場で行う実習はきわめて重要である。実践的な指導力・

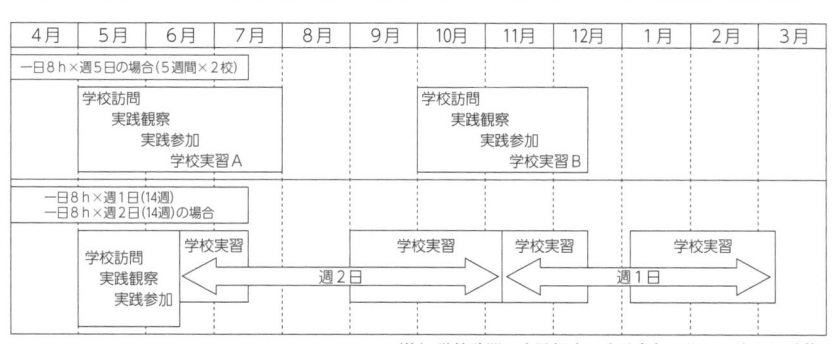

実習学校訪問
- 学校の全体概要の把握（施設設備，校舎等を含む。）
- 実習方針，カリキュラムの特性と構成などの教務事項の把握。

実践観察
- 授業，部活動等課外活動，生徒指導等学校教育活動の全体の観察・理解
- 個人観察（児童生徒等個人に着目し観察する），全体観察（クラスや学年全体に着目し観察する）。
- ポートフォリオの作成

実践参加
- 授業等補助としての授業参加を中心とした実践参加

学校実習
- 授業のほか，生徒指導に関する内容，校外活動・部活動等教育課程外活動等への参画を含む。
- 大学教員による指導を含む。
- 実習を複数校で行う場合，異校種，附属学校と連携協力校など，実践の質の違いなどの組み合わせが考えられる。

図Ⅲ-4　学校における実習　年間スケジュールのイメージ（文部科学省）

文部科学省は，教職大学院における実地教育について，「学部段階における教育実習をさらに充実・発展し，実践的な指導力の強化を図る観点から，10単位以上，"学校における実習"を含めることとし，教職としての一定の実務経験を有する学生については，入学前の教職経験を考慮し，10単位の範囲内で教職経験をもって当該実習とみなすことができるようにすることが適当」と述べている。
http://www.mext.go.jp/b_menu/shingi/chukyo/chukyo3/siryo/attach/1346451.htm

文部科学省は，実習で扱うべき項目として，以下の4項目の領域を示し，実習では4項目すべてを網羅することを要求している。
1 「教育課程の編成及び教科等指導領域」
　この項目では「教育課程の編成の在り方とともに，教員の資質の要である授業力を養う部分」と説明し，「特殊学級及び通常の学級における軽度発達障害等の児童生徒等に関する指導の観点」も採り入れることを求めている。
2 「学級経営・学校経営領域」
　この項目を「児童生徒等の理解やコミュニケーション力の推進を図る観点」と説明している。
3 「生徒指導・進路指導領域」
　この項目は「児童生徒等の理解に基づく生徒指導，進路指導等の資質の推進を図る観点」を含むものと説明している。
4 「その他」
　この項目では「今日的な教育課題等に関する内容（キャリア教育，環境教育等）について」含めることが望ましいと述べている。
http://www.mext.go.jp/b_menu/shingi/chukyo/chukyo3/siryo/attach/1346456.htm

展開力を備えた新人教員とスクールリーダー（中核的・指導的な役割を担う教員）の養成を目的・機能とする教職大学院においても，実地教育に当たる「学校における実習」が占める役割は大きい。

文部科学省が示す「教職大学院：カリキュラムのイメージ」では，修了に必要な単位数を45単位以上と示しており，その中で「学校における実習」については10単位以上と定めている。

高度専門職業人を養成する際の中心的な考え方となる「理論と実践の往還」を支える「学校における実習」の位置づけがいかに重要であるかがわかる。

なお，前述の「教職大学院：カリキュラムのイメージ」の中で「学校における実習の年間スケジュールのイメージ」として示されているのが図Ⅲ－4である。

(2) 実地教育の実際（京都連合教職大学院の例）

京都連合教職大学院（以下，連合大学院）では「学校における実習」を「教職専門実習」（10単位50日間）という科目名で実施している。先にも述べているが，教職大学院が創設された目的に実践的な指導力・展開力を備えた新人教員の養成がある。連合大学院では実践的な指導力・展開力を「実務能力に優れているというだけではなく，多様で複雑な教育課題のある中，子ども，保護者，教職員等との信頼関係を築きながら，これらの課題に的確に，柔軟に対応しつつ，創造的に教育実践を担っている力」ととらえている。そのために必要とされるのは「理論知を実践の中で読み解く力，実践の中から普遍的な知見を練り上げる力」であり，この二つの力を育てることが10単位50日間の「教職専門実習」で求められている。そこで，連合大学院では大学での講義と実習での往還を促すため10単位の教職専門実習を，M1で行う教職専門実習Ⅰ（3単位15日）とM2で行う教職専門実習Ⅱ（7単位35日）に分けて，それぞれ連続して実施している。「教職専門実習」の位置づけを示したのが図Ⅲ－5である。

1年次前期	1年次後期	2年次前期	2年次後期
実習校の確定 4月	教職専門実習Ⅰ （15日） 8月～9月	教職専門実習Ⅱ （35日） 4月～6月	高度化実践研究

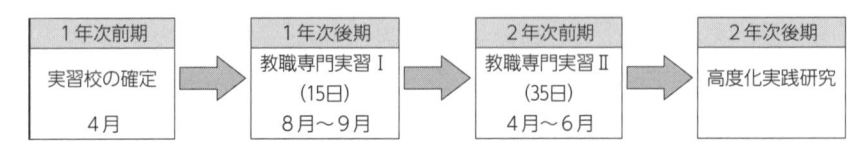

図Ⅲ－5　教職専門実習を中心とした2年間の学び（京都教育大，2015）

①実習校の確定

入学するとすぐに研究者教員による大学院での学習のガイダンスとともに，実務家教員による個人面接（ヒアリング）が行われ，入学生の就職希望校種，希望先教育委員会などが確認される。そのうえで教科等のバランスが考慮され実習校の割り振りが4月中旬には確定される。実習校は原則として連携協力校に指定された京都府内および京都市内の公立の小中学校で行われるが，高等学校志望者は京都教育大学附属校となっている。なお，原則的には教職専門実習ⅠおよびⅡは同一校での実習となる。

②教職専門実習Ⅰ（1年次後期3単位，実習期間15日）

1年次前期に共通・コース必修科目を履修し理論を学んだうえで，8月末から9月にかけて連携協力校で教育活動に関わる15日間の教職専門実習Ⅰが行われる。この実習では学校の教育課題や教育実践上の課題を明らかにするとともに，学校

加えて，「別添1　実習で扱われる項目の具体例」も参照のこと。
http://www.mext.go.jp/b_menu/shingi/chukyo/chukyo3/siryo/attach/1346458.htm

「学校における実習」は教職大学院によってさまざまな履修形態となっている。

例えば，東京学芸大学の教職大学院では1年次の後半および2年次1年間を通して週2日，約100日間の長期実習を実施している。また，早稲田大学では1年次の秋に25日，2年次の9月～10月に10日間，2年次の10月～11月に15日間の，合わせて50日で実施している。「理論と実践の往還」を支える実習の位置づけを確認することによって，それぞれの教職大学院の特色を理解することができる。

中央教育審議会（平成18（2006）年）「今後の教員養成・免許制度の在り方について（答申）」の中で，「教職大学院の設置」に関する具体的な制度設計において，「教職大学院の場合，長期にわたる実習や現地調査など学校現場を重視した実践的な教育を進める上で，一般の小学校・中学校等との間で連携協力関係を結ぶこと（連携協力校の設定）が重要」とし，附属学校以外の一般校の中から，連携協力校を設定することを専門職大学院設置基準上，義務づけることが適当である」ことが示された。このことにより，教職大学院においては「学校の実習」を公立学校で行うことが原則となっている。

運営や地域・保護者との連携などを総合的に理解することが求められる。そのうえで，自己省察能力やコミュニケーション能力など，教員として自らが高めなければならない資質や実践的指導力の課題を明らかにすることをめざすこととなる。

　実習前後には実務家教員の指導が行われる。事前指導では，実習のねらいが確認され，目的意識をもって実習に臨むために，1年次前期までの自身の学びに対する自己評価を行い，自己の課題を確認する。そのうえで実習に向かう。事後指導では実務家教員のもとゼミ形式で実習Ⅰの振り返りを行う。1年次後期には実習で見いだした自己の課題の解決に向けて，共通・コース必修および選択科目の履修を踏まえ，実務家および研究者教員のもと継続的に研究を進めることとなる。

③教職専門実習Ⅱ（2年次前期7単位，実習期間35日）

　これまでに習得した専門知識や理論を，実習を通してより実践的なものにし，総合的な教育実践力を高めることをめざし，4月から6月にかけて35日間の教職専門実習Ⅱが行われる。この実習では，年度初めより学校の準スタッフとして加わり，大学院で習得した専門知識や理論と実務的体験を融合させ，総合的な教育実践力を高め，教育実践とグループ省察を通して，自己省察能力とコミュニケーション能力の一層の向上を図ことが求められる。

　実習Ⅰと同様に実習前後に実務家教員の指導が行われる。事前指導では，実習Ⅱのねらいを確認し，1年次の学修を踏まえ，事前に自己評価を行い，再度自己の課題を把握し，実習に向かうこととなる。事後指導では実習Ⅱの自己評価をもとに，35日間の実習の総括を行い，自身の成果と課題を確認し，今後の修了論文のテーマを具体化させ，2年次後期から大学院での学修と実習の成果をもとに「高度化実践研究」を研究者教員のもとで行うこととなる。

　なお，現職教員は，入学後の複数回の審査（レポート作成や面接）を実施し，十分な力量があると判断された場合，教職専門実習の一部（またはすべて）を履修したものと見なす制度がある。

（児玉祥一）

本稿では紙面の関係で，連合大学院の「専門実習Ⅰ・Ⅱ」の実際を記述した。しかし，連合大学院における実地教育としては他に「共通必修科目」・「コース必修科目」を中心に，ほとんどの科目で，学期中に数回（2回〜4回程度）の学校現場・関係施設等へのFW（フィールドワーク）を実施している。

　例えば，京都府，京都市の特色ある教育課程編成を行っている小学校，中学校へFWに出かけ，校長や教務主任・研究主任から，当該校の教育課程編成について説明を受けるとともに，特色を生かした授業見学を行っている。FW後は大学に戻り，グループディスカッションやグループ発表を行い，FW内容を深め，発展させるような講義が行われている。

　FW先は，学校のみならず，京都市のキャリア教育の中心である「生き方探究館」，生徒指導のコースであれば，児童相談所や少年院等もFW先となっている。

〈引用・参考文献〉

第4節－1
- 浅井和行（2013）教員養成の高度化と実習の役割. 京都教育大学大学院連合教職実践研究科年報2号：10-17.
- 京都連合教職大学院（2015）京都教育大学大学院連合教職実践研究科案内2015.
- 山地弘起（2014）アクティブ・ラーニングとはなにか.
  Available at：http://www.juce.jp/LINK/journal/1403/02_01.html　Accessed　May 6, 2015

第4節－2
- 高乗秀明（2013）教職大学院教育における新人教員養成の理念と課題. 京都教育大学大学院連合教職実践研究科年報2号：1-10.
- 京都教育大学（2015）京都教育大学大学院連合教職実践研究科案内2015.
- 文部科学省（2006）教職大学院におけるカリキュラムイメージについて（第二次試案）.
  Available at：http://www.mext.go.jp/b_menu/shingi/chukyo/chukyo0/toushin/attach/1337033.htm　Accessed　July 31, 2015

現職教員の体験から ⑥

初任期を振り返って

　2年間の常勤講師を経て，採用試験に合格し教員になりました。この稿では，最初の2年間の講師経験も含めて，初任期期間で学んだことを振り返って，記させていただきます。

新しい学校でのクラス運営
　勤務地を伝えられた時はがっかりしました。2年間慣れ親しんだ学校を離れ，他地域への勤務が決定したからです。しかし，気持ちを新たにして，新しい学校へ向かいました。第一印象が大切だと考え，職員朝礼で紹介してもらった時は「2年間講師をさせていただきましたが，まだまだわからないことばかりです。まじめにがんばりますので，ご指導よろしくお願いします！」と大きな声であいさつしました。
　いよいよ新しいクラスの子どもたちと顔を合わせる時がきました。「前年度，学級崩壊ぎみになっていたクラスもあった」と聞いていた学年でしたし，初任者指導の先生からは，「やんちゃ坊主」に注意するように言われていました。「初めが肝心だ」と自分に言い聞かせて，学級開きを行いました。初めて会った子どもに対して，「私は，とても優しい先生です。でも同時に，とても怖い先生です」のあいさつから入り，絶対に許さないこと（友だちを傷つける言葉や行為，身に危険を及ぼすことなど）や大切にしたいこと（思いやり，協力など）を話しました。そして，みんなと仲よくなりたいこと，学校のことを知っているかぎり教えてほしいこと，休み時間には「一緒にたくさん遊びたい」と伝えました。クラスが軌道にのるまでは，やはり少し苦労しました。椅子に座るときの態度，廊下の歩き方，整列の仕方など，集団生活で身につけなければいけないことを，徹底的に，時には厳しくしつけました。また，男女を問わず，さまざまな子どもたちの遊びに混じって楽しい時間を過ごし，仲を深めました。とても素直でかわいい子どもたちだったので，クラスの雰囲気はあたたかいものとなりました。若さという強みを最大限生かして，子どもと一緒に身体を動かして遊んだのがよかったのかもしれません。

「授業づくり」での苦労と先生方の支え
　最も苦労したのは，授業づくりと授業中の支援でした。学習支援を要する子どもたちが比較的多いクラスでした。わからないと途中で泣き出してしまったり，用紙をビリビリに破いてしまったりする子が何人もいました。だれにでもわかる授業をめざして，頭を抱えながら授業準備する日々でした。
　そんな時，私を導いてくれたのは，初任者指導のS先生でした。S先生は，何十年も教諭として勤め，退職後，再任用で初任者指導の立場になっておられました。特別支援の知識も非常に高く，いつも好奇心とアイディアにあふれた優しい「おじいさん先生（親しみを込めて）」でした。工夫を凝らした教材・教具を紹介してくださったり，私への指導の時間ではない空き時間でさえ，クラスに来て子どもたちの支援を手伝ってくださったりしました。授業づくりのアイディアだけでなく，子どもに対する接し方などを学ばせていただく機会は，枚挙にいとまがありませんでした。講師時代は，一日中他の先生と時間をともにすることはなかったので，教員としての学びが少なかったのですが，初任者研修期間は，S先生のおかげで実質的な学びをさせていただきました。60歳を過ぎてなお，新しいことを常に吸収していこうとするS先生の姿勢からも刺激を受けました。「やはり教員は学び続けることが大事だな」と実感しました。
　さらに，私の大きな助けになったのは学年の先生方でした。50代のベテランの学年主任，30代のバリバリ仕事をこなすお姉さん先生，新任の私という3クラスの学年でしたが，わからないことは，とにかく聞いてから始めるようにしていました。しかし，わからない，と自覚すればするほど，本当に何から手をつ

けてよいのかわからなくなるといった状況でしたので，がむしゃらに何でもやっただけで，あっという間の1年間でした。あらためて考えてみると，先輩教員の授業を見学させてもらうことは，大変勉強になりました。私が不安に思っている授業がある時は，主任が私のクラスに来て，「みんながんばってるなあ。おー，上手に書いてるやん」などと言いながら，さり気なく様子を見にきてアドバイスしてくれました。また，お姉さん先生からは，学年便りの作成の仕方やプリントの作成時の注意から，事務処理の効率のよいやり方など，細かなアドバイスをたくさんしていただきました。本当に感謝しています。

保護者との関わりとホウレンソウ（報告・連絡・相談）
　クラスが始まってすぐ，家庭訪問がありました。新任の私に対する不安，新しいクラスの友達関係の不安，学習に対する不安など，さまざまな不安を保護者がもっておられるのが伝わってきました。自分の生い立ち（5人兄弟の次女であることなど）や考え方（学級経営の指針や熱い思い）など，必要を感じればすべてを話すようにしました。また，その後も保護者の方が不安に思っていることは，電話をしたり，家に訪問したりしてよく話をするようにしました。「これぐらいのこと」ととらえてしまうことがどれほど恐ろしいことかを，講師時代に学んでいたからです。小さな苦労を惜しんで，大きな火事になった後は，だれにも手がつけられないほど大きな問題になっているかもしれません。したがって，しつこいくらいクラスの子どもの変化や問題について，S先生や学年の先生に相談するようにしていました。しかし，管理職の先生に伝えるのを忘れ，叱られたことがしばしばありました。その点については大いに反省をしています。しかし，実際のところ，管理職の先生もいつも忙しくしておられ，校長先生は出張がとても多く，お話をするまでに時間がかかってしまうことが多かったです。「ホウレンソウ」を徹底するには，個人の意識が大切なのはもちろんですが，一人ひとりの教職員が忙しすぎるという課題が学校にはあるのだと学ばせていただきました。これからは，そういう現状があることを理解して対応していかなければと考えております。

1年間の研修を終えて
　講師をしていたので，「初任者研修はどんなものか？　本当に役に立つのか？」等々，最初は偉そうなことを考えていましたが，1年間本当に多種多様な内容を勉強させていただきました。初任者研修の一環で，月2回ほど，勤務校の外に出て講義を受けに行きましたが，すぐに使える授業アイディアから，これから教員をしていくうえで知っておかなければならないことを学ばせていただきました。また何よりも，周りの先生方や初任者指導の先生には，普段から，その場に応じた適切なアドバイスをいただきました。1年間の研修を終えて，私に関わっていただいたすべての方に対して「感謝」の一言につきます。

（前田恵美里）

現職教員の体験から ⑦

初任者研修を振り返って

初任者研修の目的
　現在の勤務校に赴任して4か月が経ちました。非常勤講師として1年間勤めた経験があるものの，また新しい環境の中で初めて経験することの連続です。失敗することや反省することも多々ありますが，そのたびに周囲の先生方に支えていただいていることに気付かされます。また，短い期間ではありますが，初任者研修の中でたくさんのことを学ばせていただきます。それらすべてを身につけるには，まだ時間がかかるように思います。しかし，今後の教員生活に生かしていくために一日一日を精いっぱい過ごしていこうと心がけています。

　教員生活が始まって3日目，第1回校外研修がありました。初めての教育研修所に若干緊張していたことを覚えています。初任者研修が始まるにあたって，教員が社会の一員として果たすべき役割について講話をしていただきました。講話を通して，初任者研修の目的とは教育のプロとしての学び方を実践することではないかと感じました。例えば，アマチュアの練習をしても，一流のアマチュアにしかなれません。プロという立場になった以上，プロとしての学び方を実践する必要があります。そのプロとしての入り口が初任者研修であると感じました。

学び続ける教員とは
　近年のキーワードとして「学び続ける教員」という言葉をよく耳にします。校内・校外の研修を問わず，このキーワードについて考える機会が多々あります。私は「学び続ける教員」になるためには，「ブレないことと変化していくこと」のバランスが大切ではないかと考えています。具体的に次のような6つの心構えとしてまとめてみたいと思います。
　① 失敗は気にしないこと（失敗はするもの，隠さないことが大切）
　② 自己開示をすること（わからないことは聞く）
　③ 想像力を豊かに働かせること
　④ 教育哲学（教育に対する思い，教員としての理想像）を育むこと
　⑤ 社会人としてのコミュニケーション能力を身につけること
　⑥ 絶えず向上心を持ち続けること

　特に「自己開示をすること」に関して，自分のいたらなさを感じています。それと同時に，わからないことは素直に聞いたり，悩んだことを正直に伝えたりできることは自分の強みとなることも知りました。そこには「ブレない理想の教員像」が必要となります。しかし，さまざまな経験の中で変化していくことは，何も恥ずかしいことではないことを覚えておきたいです。

　校内研修である時，主幹教諭の先生から「初任者であろうと，ベテランであろうと，教員として求められる責任は同じ」という言葉をいただきました。まさに学び続けることの必要性を表した言葉だと思いました。研修では，方法や目先のことだけにとらわれず，全体を見渡すことの重要性に気付き，人を育てることの責任の重さを理解することが大切ではないかと思います。それこそが，初任者に求められている「即戦力」としての自覚ではないかと思います。

共感すること
　学級担任や部活動の顧問，学年の教科担当や類型担当など，あらゆる役割を経験させていただいていま

す。どれも初めて挑戦することばかりで，うまくいかないことも多々あります。その中でも，学年の生徒指導担当という立場には考えさせられる毎日です。校長先生からは，「生徒指導こそ土台である」という言葉をいただきました。その言葉どおり，この短い4か月の間にも無断欠席・無断遅刻の指導から特別指導まで経験し，その必要性と重要性を実感しています。

　自身の学級でも生徒指導上の問題が発生し，指導教員の先生とともに解決策について検討したことがあります。そんな時，校外研修を通して，生徒指導では気持ちと事実を分けてとらえることが重要であると知りました。まだ数少ない研修ではありますが，これが最も印象に残っている研修内容です。

　まず，生徒指導とは「自己指導能力の育成」をめざすものであり，「多角的・多面的な生徒理解」が必要であることを知りました。また，生徒を理解するためには，「知る」「観る」「聴く・話す」という視点が必要であると知りました。「知る」とは，学力などの見えるものから，生育歴などの見えないものまで客観的な情報を収集するなど，生徒と積極的に関わることです。「観る」とは，主観的や客観的，受容的などのあらゆる角度から，学習面や生活面，心理面などのあらゆる側面を観察することです。「聴く・話す」とは，「知る」「観る」が一方的で間接的な関わり方であるのに対して，双方的かつ直接的な関わり方であることから，信頼関係の構築に重要なことです。

　そして，生徒指導を行ううえでの基本姿勢として，①受容，②共感，③自己一致が大切であると教えていただきました。その中でも，「共感すること」に深く納得することができました。ここで重要となることが，「気持ち」と「事実」を分けてとらえることです。例えば，たばこの指導を担当することになったとします。高校生はたばこを吸ってはいけない，これは曲げてはいけないことです。そのため，たばこを吸ったという行動は間違っていると指導する必要があります。しかし，たばこを吸いたくなった気持ちは間違っていないと理解を示すことも必要です。これは，教員が事実のみに対応しがちであることを示しています。ここで重要なことは，生徒理解のない生徒指導では，行動の変容が期待できないということです。つまり，生徒指導がめざす「自己指導能力の育成」につながらないということです。教員が伝えるだけではなく，生徒が話したいと思える聞き上手な先生となり，問題の未然防止・早期発見に努めたいと思います。そのためにも，気持ちに共感することと事実に賛同することは異なると自覚し，毅然とした対応を実践しています。

初任者研修を通して学んだことを生かすために
　校内・校外の研修はもちろん，学校生活のあらゆる場面で日々学び，気付かされることの連続です。すべての経験が，初任者の私にとって研修そのものだと感じています。研修を通して学んだことを生かすためにも，自分の言動が本当に生徒のためになるのか思い返す謙虚な姿勢と，どうすれば自分は成長できるのか考え続ける姿勢をもち続けていきます。

(久保田慧史)

第Ⅳ章
教職キャリアを見据えて

第1節　初任期教員としての心構え

1．教員に求められる資質能力とは

「教育は人なり」といわれるように，学校教育は教員の資質能力に負うところが大きいといえる。文部科学省の「魅力ある教員を求めて」の資料に，下記のように「いつの時代にも求められる資質能力」，「今後特に求められる資質能力」，および「教員の仕事に対する強い情熱」「教育の専門家としての確かな力量」「総合的な人間力」と掲げられ，求められる教員像がある。

今後特に教員に求められる具体的資質能力の例①
◎地球，国家，人間等に関する適切な理解
　（例）地球，国家，国家観，人間観，個人と地球や国家の関係についての適切な理解，社会，集団における規範意識
◎豊かな人間性
　（例）人間尊重，人間尊重の精神，男女平等の精神，思いやりの心，ボランティア精神
◎国際社会で必要とされる基本的資質能力
　（例）考え方や立場の相違を受容し多様な価値観を尊重する態度，国際社会に貢献する態度，自国や地域の歴史・文化を理解し尊重する態度

今後特に教員に求められる具体的資質能力の例②
◎課題解決能力にかかわるもの
　（例）個性，感性，想像力，論理的思考力，課題解決力，継続的な自己教育力
◎人間関係にかかわるもの
　（例）社会性，対人関係能力，コミュニケーション能力，ネットワーキング能力
◎社会の変化に適応するための知識及び技能
　（例）自己表現力，（外国語のコミュニケーション能力を含む），メディア・リテラシー，基礎的なコンピュータ活用能力

```
┌─────────────────────────┐    ┌─────────────────────────────────┐
│ いつの時代にも求められる資質能力 │    │   今後特に求められる資質能力        │
├─────────────────────────┤    ├─────────────────────────────────┤
│●教育者としての使命感           │    │① 地球的視野に立って行動するための資質能力│
│●人間の成長・発達についての深い理解│   │ ・地球，国家，人間等に関する適切な理解  │
│●幼児・児童・生徒に対する教育的愛情│ ＋ │ ・豊かな人間性                     │
│●教科等に関する専門的知識       │    │ ・国際社会で必要とされる基本的資質能力  │
│●広く豊かな教養                │    │② 変化の時代を生きる社会人に求められる資質能力│
│          ↓                 │    │ ・課題探求能力に関するもの           │
│   これらに基づく実践的指導力    │    │ ・人間関係に関わる資質能力           │
└─────────────────────────┘    │ ・社会の変化に適応するための知識及び技能│
                                  │③ 教員の職務から必然的に求められる資質能力│
                                  │ ・幼児・児童・生徒や教育の在り方についての適切な理解│
                                  │ ・教職に対する愛着，誇り，一体感       │
                                  │ ・教科指導，生徒指導のための知識，技能及び態度│
                                  └─────────────────────────────────┘
                                              ↓
┌──────────────────────────────────────────────────┐
│ ○ 教師の仕事に対する強い情熱                            │
│    教師の仕事に対する使命感や誇り，子どもに対する愛情や責任感など│
│ ○ 教育の専門家としての確かな力量                         │
│    子ども理解力，児童・生徒指導力，集団指導の力，学級づくりの力など│
│ ○ 総合的な人間力                                       │
│    豊かな人間性や社会性，常識と教養，礼儀作法をはじめ対人間関係能力など│
└──────────────────────────────────────────────────┘
```

図Ⅳ－1　教員の資質能力（文部科学省『魅力ある教員を求めて』より）

2．教員としての心構え

　万葉歌人，山上憶良の歌に，「銀も金も玉も何せむに まされる宝 子にしかめや」という有名な歌がある。これは，「銀も金も玉もどれほどのことがあろうか。どんな宝も子どもには遠く及びはしない」という意味である。親が子どもを思う気持ちは，いつの時代も変わらない。子どもを大切にするというのは，その親の気持ちを大切にすることでもある。一部の親から，学校の取り組みに対して厳しい評価をされることもあるが，親との信頼関係があってこそ，教育効果が一層上がることも事実である。保護者との信頼関係のもとは，「熱意」と「誠実さ」であるといわれている。

　また，教員の一言が，その子の人生に大きな影響を与えることもある。「A君の文章はすごいな！」で，作家になった人がいる。「君，先生に向いているよ！」の言葉で，教員になった人がいる。教員の一言が，子どもを傷つけることもあれば，将来展望にもつながり，子どもの将来を決定づけることもある。教員は「言葉の重さ」に敏感でありたい。

　京都府教育委員会の初任期・新規採用者向けの冊子，ならびに文部科学省発行の『生徒指導提要』に以下のようなまとめがある。

初任期教員の心構えとして
- 子どもたちの生命と安全を守る
- 一人一人をかけがえのない存在として大切にする
- 鋭い人権感覚と教育に対する情熱をもって指導に当たる
- 児童生徒一人一人について理解を深める
- 児童生徒との人間的なふれあいを大切にする
- 児童生徒の問題を親身になって受け止める
- 児童生徒の信頼や期待に応える
- 問題行動には毅然とした態度で臨む

図Ⅳ-2　初任期教員の心構え（文部科学省『生徒指導提要』より）

　教員として，児童生徒一人ひとりが学級集団や学校生活によりよく適応し，自己を生かして主体的に生きていくことができるような指導・援助をするために，上記のような心構えをもつことが大切である。

（桶谷　守）

今後特に教員に求められる具体的資質能力の例③
◎幼児・児童生徒や教育の在り方に関する適切な理解
　（例）幼児・児童生徒観，教育観（国家における教育の役割についての理解を含む）
◎教職に対する愛着，誇り，一体感
　（例）教職に対する情熱・使命感，子どもに対する責任感や興味・関心
◎教科指導，生徒指導等のための知識，技能及び態度
　（例）教職の意義や教員の役割に関する正確な知識，子どもの個性や課題解決能力を生かす能力，子どもを思いやり感情移入できること，カウンセリング・マインド，困難な事態をうまく処理できる能力，地域・家庭との円滑な関係を構築できる能力

生徒指導提要とは
　これまで，小学校段階から高等学校段階までの生徒指導の理論・考え方や実際の指導方法等について，時代の変化に即して網羅的にまとめた基本書等が存在せず，生徒指導の組織的・体系的な取り組みが十分に進んでいないことも指摘されていた。そのため，平成21年6月に「生徒指導提要の作成に関する協力者会議」を設置し，生徒指導の実践に際し教員間や学校間で共通理解を図り，小学校段階から高等学校段階までの組織的・体系的な生徒指導を進めることができるよう，生徒指導に関する学校・教職員向けの基本書として，『生徒指導提要』を取りまとめた。

第2節　初任期研修の実際

1．教員研修の必要性

　教育を取り巻く状況はめまぐるしく変化し，その対応に学校，教員は苦慮し頭を悩ませている。教育に関する理論や方法は，固定されたものではなく，時代とともに進歩し，変化するものである。したがって，絶えず新しい知識・技能等を学び，教育，指導に生かすことが，社会の要請に応えた適切な指導力を身につけることにつながる。特に，初めて教職に就く者は不安や戸惑いを感じることも多い，教育の専門家としての出発点に立ったことを自覚して自らを謙虚に省み，あらゆる機会をとらえて研修することにより，その力量を高めることに努めなければならない。そのためには，絶えず研究と修養に努め，実践的指導力を向上させ，教員としての使命感を高めるとともに，豊かな人間性・社会性の涵養を図ることが重要である。

　また，教員が自主的・自発的に行う研修を除き，教員の育成には，大きく分けて二つの柱がある。一つが「OJT（On the Job Training）」である。「日常の業務遂行を通じて，職務を遂行するための資質能力を高めていく教育体系，つまり，具体的な仕事を通じて，仕事に必要な知識・技術・取り組み姿勢・態度などを，意図的・計画的・継続的に援助することを意味する。この「OJT」の代表的なものとして，初任者研修の「校内研修」がある。

(1)「校内研修」

　校内における研修は，教員の資質・能力向上の基本になるものである。教員の資質・能力は，日々の教育活動全般を通して向上していくものであり，学校内の教員が互いに切磋琢磨し，連携し合って教育活動を行うことが重要である。「授業研究」はその中核に位置づけられる。教員は，校内研修において積極的に相互交流を図り，さまざまな情報を吸収し，指導力の向上に努めることが大切である。

(2)「校外研修」（教育センター等研修）

　通常の業務とは異なる場所で行われる教育体系で，OJTに対して「OFF-JT（Off the Job Training）」と呼ばれている。

　「OFF-JT」の代表的なものが教育センター等での研修である。教育センターでは，学校教育の現状や教育課題などを踏まえて，初任者教員をはじめ，教員のライフステージに応じた研修講座が実施されている。

(3) 教員は，人との関わりの中で育つ

　教員は，学校で，日常の教育活動や校務分掌等の業務を通して，児童生徒や保護者，他の教職員と関わりながら，多くの経験をし成長していくといわれている。この経験は教員として非常に重要で，実際の児童生徒と接していく姿勢やスキル，そ

校内連携とは

　「子どもたちを教職員みんなで抱えること」の意味を考える。学級という「囲い」「枠」は，子どもたちの集団としての意識や「このクラス」という所属感等の教育作用として重要である。しかし，その「囲い」が強すぎると，他のクラスの友だちや先生との交流が断たれてしまう。すなわち，「囲い」は，守りであると同時に壁でもある。

　学級を一人の担任が責任をもって運営することと同時に，学級を超えた教職員全体で子どもたちを抱えていく。つまり学年，学校という器で支えることが重要である。多くの教職員で支えるということは，子どもへのまなざしが増え，一つの見方だけではなく複眼的な見方ができるようになる。ただ，多くの教職員が関わるためには，教職員相互の情報の共有をはじめとした連携が重要となってくる。

OJTを組織化しよう

　初任者等を効果的に育成するために，学校として，校長・副校長を先頭に，教頭や事務（部）長，首席等，部主事，分掌長，学年主任，その他の先輩教職員がそれぞれの役割で関わりながら，初任者等の育成にあたる必要があります。
1 初任者等を中心とした連携の輪をつくる
2 学年や分掌等ごとに，初任者等のサポート役をつくる
3 情報交換を密に行う
4 キーワードは「報・連・相」
（大阪府教育委員会）

れぞれの学校で教職員の中に蓄積された教育活動の「知恵」や「知見」を身につける好機となる。

このことから，教員の資質向上のためには，この機会を「教職員を育てる場」にすることが有効となる。また，学校におけるOJTは「多くの人との関わり中で育つ」という教職員のキャリア形成の特徴も踏まえておく必要がある。

表Ⅳ-1　初任者・新規採用者研修テキストの参考例（京都府教育センター）

```
         学校の教育力の向上を目指して
              ―教職の手引き―
   Ⅰ   期待に応える教職員を目指して
   Ⅱ   京都府が目指す教育
   Ⅲ   学校教育の概要
   Ⅳ  （全体）学校教育の内容と基本的な考え方
       1   教科指導の基本的な考え方
       2   領域等の指導の基本的な考え方
       3   学級（ホームルーム）経営
       4   人権教育
       5   体育・健康安全に関する指導
       6   生徒指導・教育相談
       7   特別支援教育
       8   家庭・地域との連携
       9   その他　学校教育全体で進める教育活動
   Ⅴ  （全体）学習指導の実際
       1   指導計画・指導案の作成
       2   授業づくりの基本
       3   授業・学習指導の基本技術
   Ⅵ   幼稚園教育
```

若手教員のOJT年間計画例

時期	内　容
4月①	学級開き・学習規律について
4月②	家庭との連携（保護者会・家庭訪問）
5月	師範授業の参観／定期考査の問題作成
6月	授業研究(1)　教科で
夏休み①	実技指導の工夫（実験・運動など）
夏休み②	成績処理・通知票の記入について
9月	学級経営の見直し（学校行事に向けて）
10月	家庭学習の指導・支援について
11月	授業研究(2)　領域で
12月	板書とノート指導について
1月	生徒指導・進路指導について
2・3月	一年間の振り返り・次年度の計画

（京都市教育委員会）

（桶谷　守）

第3節　現代的教育課題にどう対応するか

1．生徒指導のねらいと指導にあたって

(1) 生徒指導とは（『生徒指導提要』から）

生徒指導とは，一人ひとりの児童生徒の人格を尊重し，個性の尊重を図りながら，社会的資質や行動力を高めることをめざして行われる教育活動である。すなわち，生徒指導は，すべての児童生徒のそれぞれの人格のよりよい発達をめざすとともに，学校生活がすべての児童生徒にとって有意義で興味深く，充実したものになることをめざしている。生徒指導は学校の教育目標を達成するうえで重要な機能を果たすものであり，学習指導と並んで学校教育において重要な意義をもつものといえる。各学校においては，生徒指導が，教育課程の内外において一人ひとりの児童生徒の健全な成長を促し，児童生徒自ら現在および将来における自己実現を図っていくための自己指導能力の育成をめざすという生徒指導の積極的な意義を踏まえ，学校の

教育活動全体を通じ，その一層の充実を図っていくことが必要である。（文部科学省『生徒指導提要』より）

すなわち，問題行動の対応といった補導的な面（消極的生徒指導）のみを生徒指導と考えるのではなく，問題行動を児童生徒自らが未然に防止する実践力や自己実現を図るための自己指導能力を育成する開発的な面（積極的生徒指導）の指導に重点を置くことこそが，本来の生徒指導のあり方である。

そのためには，日常の生徒指導において，「社会で許されない行為は，学校においても許されない」という毅然とした姿勢で指導を徹底するとともに，児童生徒が所属する集団の中に，児童生徒同士がともに指摘し合い，高まり合える風土を醸成することが重要となる。

教職員は，「見逃しのない観察」「手遅れのない対応」「心の通った指導」を常に念頭に置き，一人ひとりの児童生徒と向き合い，課題や問題に対し，その背景を的確に理解し，適切な指導と支援に努めることを基本的な姿勢とする。

(2) 自己指導能力の育成

生徒指導のねらいを実現させるためには，児童生徒が他者との関わりの中で，いかに自分らしく生きるかということと同時に，自分は社会にどのように貢献できるかを考えさせる必要がある。つまり，あらゆる教育活動において，児童生徒が主体的に取り組むよう配慮し，自発性・自主性・自律性が育まれるよう，自らが進んで学び，自分が自分自身を指導していくという自己指導能力の育成が不可欠である。

坂本（1990）は，自己指導能力を「その時，その場でどのような行動が適切であるか自分で判断し，実行する能力」と定義している。また，篠田（2009）は自己指導能力を形成する能力として次の6点をあげ，これらの各能力が，あらゆる場面で適切に働き合う総合的な能力であるとしている。

- ○情報選択能力　　情報を選択し，自分の生き方を方向づける能力
- ○問題解決能力　　自身の保有するさまざまな解決の方法を繰り出して問題を解決する能力
- ○意思決定能力　　さまざまな情報の中から，必要な情報を選び，自信と勇気をもって決定する能力
- ○感情統制能力　　自身の思い通りにならない状況に陥っても，感情を統制し，冷静に状況判断する能力
- ○人間関係能力　　人との関わりを意識的につくる能力
- ○思考能力　　　　他からの指示や知識に頼るのではなく，自身で考えることができる能力

(3) 学級活動における生徒指導

あらゆる場面において，児童生徒が人として平等な立場で互いに理解および信頼し，そして，集団の目標に向かって励まし合いながら成長できる集団をつくることが大切である。

そのために，担任は一人ひとりの児童生徒が，
- ○「安心して生活できる」
- ○「個性が発揮できる」
- ○「自己決定の機会がもてる」

> 重要な機能とは，すべての教育活動の中で展開される教育的意図をもった働きかけである。

○「集団に貢献できる役割がもてる」
○「達成感・成就感をもつことができる」
○「集団での存在感が実感できる」
○「他の生徒と好ましい人間関係が築ける」
○「自己肯定感・自己有用感を培うことができる」
○「自己実現の喜びを味わうことができる」

ことを基盤とした集団づくりの工夫が必要である。そのための教員の姿勢として大切な視点・姿勢として，以下の3点を示したい。

①カウンセリングマインドを大切にした姿勢
　児童生徒の個性や独自性を大切にするのはもちろん，児童生徒の行動や言葉，そして心の叫びを敏感に受け止める（感じ取れる）ことが求められる。

②支持的・支援的な仲間意識が構築される学級の風土づくり
　支持的・支援的な学級風土とは，相手のよさを見つけようと努めたり，自身の力を学級全体のために役立てようとしたり，互いに関わり合う雰囲気を意味する。こうした学級風土や雰囲気が形成されてこそ，学級は児童生徒一人ひとりの自己実現を図る場となる。

③学級経営における具体的な取り組み
　毎日の学校生活における教員と児童生徒との何気ないふれあいの積み重ねこそが，学級の人間関係をあたたかくし，信頼に満ちあふれた学級につながる。
　「この学級が大好き」「この学級でよかった」と，自身が大切にされている満足感や充実感をもたせる働きかけが大切である。

〔児童生徒とのふれあい・働きかけ（例）〕
　（始業前）
　・事前に教室の点検（掲示物等の破損，美化状況の確認，窓の開閉等）を行う。
　・教室への入室の際には，笑顔で大きく明るく挨拶する。
　・前日の欠席児童生徒には，必ず声かけを行う。
　・一人ひとりの児童生徒の表情やしぐさはもちろん，発するサインを見逃さない。
　・誕生日の児童生徒の紹介をはじめ，予定やその日のニュース等を紹介する。
　（休み時間）
　・児童生徒の輪に入ることで情報収集を図る（一緒に遊ぶ，話をする）。
　・元気のない児童生徒には，意識的に話しかける。
　・廊下等で気軽に声かけやあいさつを行う。
　（終学活）
　・印象的な，特によかった，がんばった児童生徒を紹介する。
　・一日の反省を行う（できていないことの追及よりも，明日への期待）。
　・学級通信等を確認する（配布だけに終わらない）。
　（清掃）
　・「やってみせ，口で教えて，やらせて，ほめる」を基本に，児童生徒と一緒に清掃活動を行う。
　・清掃活動を通じて，教室美化のみならず自身の心の美化にもつながったことを実感させる。

やってみせ　言って聞かせて　させてみて　ほめてやらねば　人は動かじ
（山本五十六〈1884-1943〉の言葉）

(放課後)
- 委員会活動，班活動をはじめ，係活動を企画し，積極的に関わる。
- 児童生徒の悩みや学習への支援を行う。
- 欠席や早退の児童生徒への連絡を行う。

(その他)
- 班ノートや個人ノートを作成させ，日々コメントを記入する。
- 定期的教育相談やアンケート（いじめ調査・学級雰囲気調査等）を実施する。

(池田　忠)

2. 高等学校におけるキャリア教育はどう進めたらよいか

(1) キャリア教育をめぐる問題

　近年，生徒の学びの現実が問題になっている。例えば，与えられたことのみを学ぶ生徒，粘り強さに欠ける生徒，論理的思考から逃避する生徒，自ら創造する力が乏しい生徒などである。また，キャリア教育の視点からは，勤労観・職業観の未熟さと確立の遅れや社会人としての基礎的資質能力の発達の遅れも指摘されている。さらに，進路指導の視点からは自立的な進路選択や将来計画が希薄なまま進学，就職する若者が増加しているとの指摘もある。

　一方，社会環境にも次のような変化がみられる。企業のコスト削減や年功序列型賃金の見直し，パートなど非正規雇用形態の増加などである。それによって職業人に求められる資質・能力が変化し，即戦力志向や業務の高度化が求められ，若者の将来設計や社会人，職業人としての生き方のイメージが形成されにくい状況にある。そのため，若者が自らの可能性を高め，挑戦し，活躍できる夢のある社会を描きにくく，生涯にわたり自立的に能力を向上させたり，発揮したり，やり直しがきく社会への期待がもちにくい現実がある。

(2) 学校におけるキャリア教育の必要性

　これまでの学校では，働くこと，生きること，そして学ぶことについて，関連づけた指導が十分に行われてこなかったという指摘がある。そのため，働くことへの関心・意欲・態度や目的意識の低さ，働く大人を見たことがないなどの課題をもつ児童生徒も見られる。その背景には，教室と社会をつなぐための教育カリキュラムの開発や地域人材を登用するためのキャリア教育コーディネーターの活用等が学校現場で十分に機能していないことがあげられる。

　そこで，これからの学校教育においては，生徒一人ひとりの社会的，職業的な自立に向けて必要な基盤となる能力や態度を育て，キャリア発達を促す教育に取り組む必要がある。具体的には，生涯にわたって学び続ける意欲の向上を図るとともに，学校の学習と社会とを関連づけた教育や生活体験，自然体験，社会体験等の実践および社会人，職業人としての基礎的資質・能力を育成することである。

(3) 高等学校におけるキャリア教育の展開

　高等学校におけるキャリア教育は，自らを生かしながら社会に参画し，自己の立場に応じたさまざまな役割を果たし自立できる力を育成することを目的としている。

具体的には，教科・科目等において学年の発達段階を踏まえた実践を体系的・系統的に進めていくことが重要である。

各教科・科目におけるキャリア教育は，①学んでいる内容が日常生活や職業生活でどのように活用されているかを伝えること。②教科・科目を学ぶおもしろさや楽しさを伝えること。③教科・科目を学ぶことによって培われる能力・態度とその意義を伝えることの3つのポイントを重視して取り組むことが重要である。例えば，国語科の授業における3つのポイントとキャリア教育で身につけたい力は，次の表のようになる。

表Ⅳ-2　国語科でのキャリア教育実践例

〈授業概要〉ある事件を取り上げた複数の新聞記事の事実関係，見出しの違い，与える印象等を比較し，話し合い，内容を整理し発表する授業。	
キャリア教育の指導のポイント	身につけたい力
新聞記事を通して日常の出来事に興味・関心をもち，新聞に携わる職業人の仕事内容にふれる。	○課題対応能力 ○キャリアプランニング能力
新聞記事を読み，違いをまとめ発表する活動を通して，読む，話す，聞く，書くおもしろさや楽しさを味わう。	○自己理解・自己管理能力 ○人間関係形成・社会形成能力
討議や発表の場で話す力や傾聴力，コメント力などの力を発揮し，課題解決を図る。	○課題対応能力 ○キャリアプランニング能力

また，キャリア体験学習としてのインターンシップは，将来進む可能性のある仕事や職業に関連する活動を試行的に体験することにより，社会人，職業人への移行準備をねらいとしている。それは，小・中学校の職場体験学習の成果を踏まえて取り組むことが大切であり，次のような成果が期待できる。
○自らの進路選択に主体的に取り組むことができる。
○体験を通して日々の学習の意義を再確認し，学習意欲の向上を図ることができる。
○多くの職業人とふれあうことで異世代とのコミュニケーションを図ることができる。
○仕事をするうえで必要な知識，技能等について考えることができる。
○マナーや言葉遣いなどの大切さについて認識を深めることができる。

また，インターンシップを効果的に展開するためには，次の2つのポイントに留意することが大切である。一つめは，インターンシップの目的，ねらい，実施期間等を明確にするとともに，教育課程への位置づけを図り，学校全体で取り組むことである。二つめは，体験ありきのイベント的な活動ではなく，体験先での業務内容に必要な職業能力と学習活動を関連づけて事前学習で指導し，勤労観や職業観の変化，自己の内面の変化等に留意した事後指導を行うことが大切である。つまり，一人ひとりの学びをその後の学校生活や学習，将来設計などに生かせるよう指導計画を立てることが重要である。

(4) ロングホームルーム（LHR）におけるキャリア教育の実践

本実践は，2時間計画によるワークショップ型授業の展開例である。
① 題材名　「仕事への興味関心を高めるミッションチャレンジワーク」
② ねらい　ア　模擬旅行会社の経営を通して，働く職場について学ばせ，自己と社会とのつながりを理解させる。
　　　　　　イ　課題対応能力等を育み，職業的，社会的自立を促す。

沖縄県の『高校生と大学生のための沖縄型キャリア教育形成支援プログラム』（商工労働部・平成26〈2014〉年）によると，キャリア形成が未熟な若者，親から自立できず，卒業後も親に依存している若者などがいることも指摘されている。

国立教育政策研究所の「キャリア教育・進路指導に関する総合的実態調査」（平成25〈2003〉年）によると，キャリア教育を学校教育全体で体系的・系統的に取り組んでいる学校ほど，児童生徒の学習意欲の認識が高いという結果が示されている。

サイドバー（左列）

キャリア教育で身につけたい基礎的・汎用的能力
○人間関係形成・社会形成能力
○自己理解・自己管理能力
○課題対応能力
○キャリアプランニング能力
（文部科学省，平成23年『中学校におけるキャリア教育の手引き』）

高等学校におけるキャリア教育は次の4点を目標に体系的・系統的に行う必要がある。
①自己理解の進化と自己受容
②選択基準としての職業観・勤労観の確立
③将来設計の立案と社会的移行の準備
④進路の現実吟味と試行的参加
（文部科学省，平成23年『高等学校におけるキャリア教育の手引き』）

キャリア教育で身につけさせたい基礎的・汎用的能力を育成するためには，ワークショップやグループディスカッション等のアクティブ・ラーニングの手法を用いることが有効である。それは，米国国立訓練研究所の平均学習定着率を示す「ラーニングピラミット」の研究結果からも明らかである。

本実践は，生徒のキャリア形成能力について，次の3つの観点で自己評価を実施した。
①学んでいる内容が日常生活や職業生活に活用されているか。
②学ぶ楽しさ，おもしろさ，厳しさを体感させているか。
③職業人，社会人としての能力，態度を育成しているか。

「今後の教員養成・免許制度の在り方について（答申）」（平成18〈2006〉年7月11日中央教育審議会より）

本文

③ 題材設定の理由

会社組織の役割や働き方，社会の仕組みを学び，働く楽しさや厳しさを体験し，自己の個性や適性を生かした働き方・生き方を考える機会とする。

④ 展開例（省略）

⑤ 本実践におけるキャリア教育の3つのポイントと身につけたい力

表Ⅳ-3　キャリア教育実践例

〈授業概要〉　旅行会社社長のミッションに応えるために，ワークショップの手法を用いてグループで企画書を作成する授業

キャリア教育の指導のポイント	身につけたい力
沖縄の歴史や文化，観光等の情報をもとに，児童生徒を対象とした遊びと学びのプランづくりを通して，旅行社の仕事内容を体験する。	○課題対応能力 ○キャリアプランニング能力
企画書づくりを通して，働く楽しさ，おもしろさ，厳しさなどを体感させ，学びの意義を理解させる。	○自己理解・自己管理能力 ○人間関係形成・社会形成能力
討議や発表の場で，話す力や傾聴力，コメント力などの力を発揮し，課題解決を図る。	○課題対応能力 ○キャリアプランニング能力

⑥ 授業後の感想
　◎自分の就きたい仕事を理解し，夢や目標に向かって努力したい。
　◎今日の授業は自分たちで考え，意見を出し合い，企画書を作成することができたので楽しかった。この経験を別の形で生かしたい。

（上地幸市）

3．教員の規律について

(1) 教員に対する期待の高まりと信頼のゆらぎ

教育の目的は，子どもたちの社会的自立をめざすものであり，その職務は人間の心身の発達に関わっており，その言動は子どもたちの人格形成に大きな影響を及ぼす。そのため，新任であろうとベテランであろうと，教職に就いたその日から，あるいは転任してきたその日から，子どもたちはもとより保護者や地域住民から多くの期待と注目が寄せられる。

これまで大多数の教員は，教員としての使命感や誇り，教育的愛情等をもって教育活動にあたり，研究と修養に努めてきた。また，そのような教員の真摯な姿勢は子どもや保護者はもとより，広く社会から尊敬され，高い評価を得てきた。しかし現在，社会構造の急激な変化への対応，学校教育における課題の複雑・多様化と新たな研究の進展，教員の多忙化と同僚性の希薄化，退職者の増加に伴う量および質の確保等，教員をめぐる状況は大きく変化してきた。同時に残念なことであるが，教員の中には子どもに関する理解が不足していたり，教職に対する情熱や使命感が低下していたりしている者が少なからずいることも指摘されている。さらに，いわゆる指導力不足教員は年々増加傾向にあり，一部の教員による不祥事も依然として後を絶たない状況にある。こうした問題は，たとえ一部の教員の問題であっても，保護者や国民の厳しい批判の対象となり，教員全体に対する社会の信頼をゆるがす要因となっている。

(2) 教育公務員としての規律

　公務員は社会全体の奉仕者であって公共の利益のために勤務し，かつ職務の遂行にあたっては，全力をあげてこれに専念しなければならない。特に教職員にあっては，児童生徒の人格形成を支援するという重大かつ崇高な責務を担っているという自覚をもって，教育にあたる必要がある。勤務時間中はもとより私生活においても教育公務員としての自覚をもって行動すべきであり，市民に対して，疑惑や不信を招くような行為は厳に慎まなければならない。児童生徒や保護者等の人権を侵害する行為は，不作為であったとしても許されないことは周知の事実である。以下は，公務員としての身分取扱いを受けることによる身分上の主な義務である。

①信用失墜行為の禁止
　　教員は，勤務時間はもちろん，勤務時間外においてもその職の信用を傷つけ，または不名誉となるような行為をしてはならない。具体的には，体罰，わいせつ行為，セクハラ，飲酒運転などがあげられるが，体罰やわいせつ行為などは，子どもの成長を著しく阻害し，被害児童を一生苦しめる可能性も十分あり得る。また，飲酒運転は世間一般においても厳罰化されている行為である。これらは教員として絶対に許されない卑劣な行為であり，当該校の児童生徒や保護者はもとより，社会全体に及ぼす影響は甚大であることを十分心にとどめておきたい。

②秘密を守る義務
　　職務を遂行するにあたって，その性質上，外部に公にしてはならない事項（例えば児童生徒の成績や生徒指導上の問題，家庭内の問題等）がある。このことは，在職中はもちろんのこと，退職後にも同様に守らなければならない。

③政治的行為の制限
　　特定の政党を支持したり，反対したりするための政治教育や政治活動，児童生徒に対する教育上の地位を利用した政治行為は禁じられている。

④争議行為等の禁止
　　全体の奉仕者として公共の福祉のために勤務するという職務の性質上，ストライキなどの争議行為を行ったり，教育活動の能率を低下させる怠業行為をしたりしてはならない。また，これを企てたり，そそのかしたり，煽ったりしてはならない。

⑤営利企業等の従事制限
　　任命権者の許可を受けなければ，営利企業を営んだり，報酬を受けて事業等に従事したりできない。

(3) 不祥事はなぜ起こるのか

　不祥事が起こる要因は，上記のような地方公務員法に規定されている「身分上の義務」としてだけではない。刑法や道路交通法などの各種の法令に違反する行為に該当するかどうかといった意識の希薄な者や，また意識そのものをもたない者が存在するのも事実である。

- これまで許されてきたから，これくらいなら問題にならないだろうという安易な自己判断。
- この程度なら許されるだろうという態度や慢心。
- 自分はそんなつもりでやっているのではないという自分勝手な思い込み。
- バレなかったら大丈夫という卑劣な考え。

- 日本国憲法第15条2項「すべて公務員は，全体の奉仕者であって，一部の奉仕者ではない。」
- 地方公務員法第30条「すべて職員は，全体の奉仕者として公共の利益のために勤務し，且つ，職務の遂行に当たっては，全力を挙げてこれに専念しなければならない。」
- 教育基本法第9条「法律の定める学校の教員は，自己の崇高な使命を深く自覚し，絶えず研究と修養に励み，その職責の遂行に努めなければならない。」

①地方公務員法第33条「職員は，その職の信用を傷つけ，又は職員の職全体の不名誉となるような行為をしてはならない。」
②地方公務員法第34条「職員は，職務上知り得た秘密を漏らしてはならない。その職を退いた後も，また，同様とする。」
③地方公務員法第36条「職員は，政党その他の政治的団体の結成に関与し，若しくはこれらの団体の役員となつてはならず，又はこれらの団体の構成員となるように，若しくはならないように勧誘運動をしてはならない。」
④地方公務員法第37条「職員は，地方公共団体の機関が代表する使用者としての住民に対して同盟罷業，怠業その他の争議行為をし，又は地方公共団体の機関の活動能率を低下させる怠業的行為をしてはならない。又，何人も，このような違法な行為を企て，又はその遂行を共謀し，そそのかし，若しくはあおってはならない。」
⑤地方公務員法第38条「職員は，任命権者の許可を受けなければ，営利を目的とする私企業を営むことを目的とする会社その他の団体の役員その他人事委員会規則（人事委員会を

こういった間違った判断や考え方が，教育的指導の名のもとに体罰を行ったり，本来の目的を踏み外して自己の欲望を満たそうとすることにつながり，不祥事発生の大きな要因になっている。

(4) 不祥事の予防「チェックリスト」

以下の項目をチェックすることで，具体的な日々の生活や職務の中での人権意識や規範意識を確認し，自らを律する機会としたい。

> - □ 不祥事は，自分は大丈夫などといった「他人事」意識はないか。
> - □ 偏った理解や自分だけの思い込みによる指導を避け，常に保護者や児童生徒との信頼関係の構築に努めているか。
> - □ 保護者からの預かり金や業者への支払い等，金銭の管理は徹底しているか。
> - □ 交通費や通勤手当等，不正受給を行っていないか。
> - □ 時間の厳守，場に応じた適切な服装や言葉遣い，教職員としての適切な言動ができているか。
> - □ 車を運転する際は法定速度内で走行し，シートベルトの着用，一時停止，信号遵守等，常に交通法規を意識しているか。
> - □ 飲酒について，検問にかからなければいいだろう，少しの間休んで酔いをさませばよいだろうなどといった，誤った考えをもっていないか。
> - □ 夜遅くまで飲酒したときは，翌朝，車などを運転しないようにしているか。
> - □ 職務上知り得た秘密を他人に漏らしたり，他人に聞こえるような場所で話題にしたりしていないか。
> - □ 個人情報の入った文書等は，鍵のかかる場所に保管しているか。
> - □ 過去のものを含め，個人情報を自宅のパソコンや携帯電話，スマートフォン等に残存させていないか。
> - □ 体罰は，児童生徒の人格を侵害する行為であり，部活動を含め，学校教育法で禁止されている行為であることを認識しているか。
> - □ 児童生徒が指導に従わなかったり，反抗的な態度を取ったりした場合でも，一時的な感情に走ることなく，冷静に対応しているか。
> - □ 自分はそうした気持ちがなくとも，相手が嫌がったり不快に感じたり，また，周りの者が不快に感じる場合，セクハラになることを理解しているか。
> - □ 児童生徒の深刻な相談は，管理職・学年主任等にその都度報告しているか。
> - □ 教員と児童生徒の立場を，常に意識して行動しているか。
> - □ 教員の立場を常に意識した行動をとり，児童生徒や保護者との私的な電話やメールのやりとり等はしていないか。
> - □ 児童生徒の人間性，個性を重視し，自主性を尊重した行動を心がけているか。
> - □ 悩みや職務上の課題等，気楽に話し合える職場づくりに貢献できているか。
> - □ 常に健康に留意し，スポーツや運動など，積極的に健康増進を図っているか。

(岡田敏之)

4．保護者との信頼関係構築のための保護者対応とは

(1) 学校における現状

ここ数年，保護者や地域から学校に対する多くの苦情や要望が寄せられ，その対応に苦慮している学校や教員の姿がメディアで取り上げられ，社会問題化している。

置かない地方公共団体においては，地方公共団体の規則）で定める地位を兼ね，若しくは自ら営利を目的とする私企業を営み，又は報酬を得ていかなる事業若しくは事務にも従事してはならない。」

京都市立中学校長会下南支部「教職員自己チェックシート〜保護者・市民の信頼を得，よりよい教育を実現するために〜」より抜粋。一部表記を改めたところがある。

モンスターペアレントとは，学校などに対して自己中心的かつ理不尽な要求をする親を意味する。元小学校教諭の向山洋一が命名したと称する。大阪大学大学院の小野田正利教授によると，この種の保護者が目立って増え始めたのは1990年代後半からであるとされる。また，小野田によると保護者を「モンスター」にしているのは，「モンスター」という言葉を使っているマスコミや教育現場であるという。『モンスター＝人間でない』ことで，保護者との関わりを拒否しているという。

第Ⅳ章　教職キャリアを見据えて

その対応いかんによっては，問題が長期化，複雑化し，絡み合った糸を解きほぐすのに相当の時間とエネルギーが必要となることがある。その結果，教員の心身の疲労や教育そのものへの支障を招くとともに，教員の多忙化の要因にもなっている。

しかしながら，こうした苦情や要望は，保護者や地域の方々からの学校に対する期待の現れでもあるとも考えられる。また，その中には，質の高い教育活動を展開するための多くのヒントが隠されていることがある。「また苦情？」と頭ごなしに決めつけるのではなく，冷静に，誠意をもって対応することが大切である。何よりも問題となるのは，保護者も学校も感情的になってしまい，問題の本質が話し合われないままに，当事者である児童生徒が放置されることである。「学校に来られない」「学校に行かせない！」など，あってはならないことを防ぐことが重要である。

わが国において，「学校」「教育」はだれでもが語れる分野である。なぜなら，ほとんどの人がそれを実体験としてもっているからである。しかしながら，学校，そしてそこで展開される教育は，時代の流れとともに変遷を重ね，昨今においては，その変化もめまぐるしいものとなっている。

そうした変化の中にあって，当然，学校を構成している「子ども」，「教員」，「保護者」，「地域」の言葉の認識やとらえ方も，同じ言葉を使いながらも世代によって大きく異なってくる。「今どきの教員は」「今どきの保護者は」とは，批判的な言い回しとして最近よく聞かれるフレーズであるが，これらも，何も今の人たちが特化しているのではなく，多くはいつの時代にもある世代間ギャップから生まれるものでもあろう。

しかしながら一方で，そうとだけとは言い切れない事態が学校現場に起こりつつある。保護者や地域対応に追われ疲弊していく教員，訴訟を抱え始めた学校。こうした教員や学校を追い込んでいく保護者を指して「モンスターペアレント」という新語まで生まれ，奇抜な部分を抽出し，おもしろおかしく伝える無責任な一部マスコミの報道の仕方は，双方の溝を深め，不信感に拍車をかけるような憂慮すべき事態まで招いている。

では，なぜこうしたことが起こり始めたのか，その分析・考察が必要である。何より看過できないことは，そうした学校・教員と保護者あるいは地域間の齟齬の中で，本来主役である子どもが，学校に行けない状況や健全な環境の中で教育を受けられない状況が生まれていることである。

(2) なぜ，学校への要望や苦情が増えたのか

今，学校に保護者から，さまざまな親としての「願い」「思い」「要望」「要求」「苦情」「抗議」が寄せられている。これらをどう見立てるかが大変重要である。学校にもち込まれた苦情が一見不合理なものであったとしても，よく聴けば保護者や地域の方々の純粋な期待や願いであったり，学校への励ましであったりすることも多い。苦情などが寄せられることは，学校にとって，保護者や地域の方々との信頼関係を築く絶好のチャンスであると考えることが大切である。

次に，苦情や要望を多発させる社会的土壌について考えてみる。一つは，「権利意識の増大」である。義務や責任の伴わない権利意識ばかりが，ふくれあがり，「言ったもん勝ち」「言わないと損をする」という風潮が蔓延している。

二つめには，「地域社会の崩壊」があげられる。地域共同体，町内会，「向う三軒両隣」などの地域コミュニティは，過疎化，貧困化の一途をたどった。大家族は核

ステレオタイプ(英：stereotype, 仏：stéréotype)とは，判で押したように多くの人に浸透している先入観，思い込み，認識，固定観念やレッテル，偏見，差別などの類型・紋切型の観念である。元々は印刷術のステロ版(鉛版)が語源となる社会学の用語で，思考や観念，ものの見方・とらえ方を示し，決まり文句など類型・紋切型な表現のフランス語のクリシェclichéは，ステロ版を意味するので同じといえる。

保護者等へのよりよい対応とは
1 初期対応（こじれる原因の多くは初期対応のまずさ）
　学校への要望は，保護者にとって勇気と決意が必要
　「こんなことを言えば，先生にモンスターペアレンツと思われるのではないか？」
　保護者にとって大きなエネルギーが必要
(1) 最初の電話・来訪の対して
　〇学校の代表として，先ず用件を確認
　〇最後まで丁寧に聴き取る
　〇教員の職務は感情労働，まずは気持ちを聴き取ろうという姿勢が大切
(2) 話の聴き方
　〇「受容」，「傾聴」，「共感」が基本
　・相手の立場に立ってよく聴く。
　・本当は何を言いたいのか，何を望んでいるのかを聞き取ろうと努力する。⇒背景に隠れているものが見えやすくなる。
　〇「苦情」や「抗議」の背後にある「本音」や「願い」を読み取る。
　・批判，反論されることなく「聞いてもらえた」と思えるように。
　・事実を確認せずに同調はだめ。
　　共感と同調は違う。

143

- 同調─「○○さんの言うとおりです」
- 共感─「なるほど○○さんはそう思われるのですね」
- ○話の内容を整理，確認，言語化する。
- 話を聞きながら，整理，確認して，その願いを読み取ることが大切

(3) 記録を取る。
- ○話を聞きながら，客観的に事実関係を記録する。「電話・来訪」対応メモ
- ○子ども同士のトラブル最初の聞き取りが重要，丁寧な聞き取りが大切
- ○日を変えて繰り返し同じ事を聴くと，周囲からの情報入り混じり暗示性や誘導などネガティブな問題が発生し，確認しにくくなる。

(4) 謝罪について
- ○心理的事実には，最初に謝罪を「安易に謝罪しない」とか早い段階で謝罪すると，学校側の責任を認めてしまい，不利になるとの話もよく耳にするが，初期段階で謝罪がなかったことで不信感を抱き対応が困難になるケースもある。
- ○客観的事実はきちんと調査
- 客観的な事実が確認できるまでは，あいまいな回答や約束はしない。
- 心理的事実とはその人が心で感じた事実
- 客観的事実とは実際にあった事実

初期対応の返事の仕方
- ○要点を確認する「大事な点を確認させていただきます」「お話のポイントこうゆうことですね」
- ○学校として「できること，できないこと」を明確に。

家族へと分散し，兄弟をもたない子どもが増え，親せきとの関係も疎遠になった。こうしたものは生活上の助け合いの関係，相互扶助を形成していたが，近年，地域住民同士のコミュニケーションが希薄化し，地域コミュニティがゆっくりと解体されていった。

三つめには，「ストレスの増大」が考えられる。バブルの崩壊以後，景気が低迷し，勝ち組と負け組の格差が明確になるにつれ，やり場のない不満が鬱積している。そのはけ口として，教員や公務員に向けられる。税金で雇われている教員や職員は，納税者の私たちに反撃することはないと考えられている。

四つめには，「社会のリーダー，模範的存在の人たちへの失望，落胆」，「マスコミによるステレオタイプ」などがある。政治家，官僚，有名企業，教育長，校長らがさまざまな場面で頭を下げ謝罪し，映像的には，何度も同じことを繰り返している。「またか，あいつらは何をしているのだ」と矛先が向けられる。

五つめには，「コンビニ文化，ファミレス文化の影響」である。消費文化が定着し，売り手と買い手が対等の関係ではなく，買い手がすべての主導権を握るといういびつな市場原理が蔓延した。「お客さまは，神様！」が教育の世界まで席巻し，「教育」にも市場原理が求められるようになってしまった。

六つめは，「社会不安からくる疑心暗鬼」がある。ここ数年，学校や病院に対する不信感が蔓延している。マスコミがセンセーショナルに報道する教育の危機や医療過誤のニュースは，それが例外的なものであっても，一様に不安にさせている。最後に，「急激な『訴訟』文化の流れ」がある。

(3) 無理難題，苦情の背後にあるものは何か

根強い学校不信と教員への反感がある。「荒れる学校」時代に小中学校を経験した親たちは，「校内暴力を抑えるための厳しい校則」「教員の目を盗んでのいじめ」など，当時を振り返ると，決して楽しい時代ではなかった。現在マスコミなどで報道される教員や学校の不手際に寛容はなく，わが子が不利益を受けかけると，厳しい批判や苦情となる。

また，自分本位の考え方とわが子偏重のものの見方も問題である。わが子の利益が最優先され，子どもが学校という社会の中で生活し，その中でもまれ，楽しかったり，悲しかったりで成長していくという考えや自覚が少ない。「親行動の未学習」も考えられる。

核家族化が進み，子育てに対して，親としてどう育てればいいのか，どんなふうに子どもに接すればいいのかわからず，相談する人も周りにいない環境で，イライラが募り学校に対して他罰的になっている。

また，事例から多く見られるものに，「生じている問題の重さ」というのがある。子どもの育てにくさや障害がある場合，将来に対する不安や具体的に相談する人もなく，被害者的に考えてしまい，攻撃的になるということがある。

(4) 教育を取り巻く環境の変化

少子化，核家族化，情報化，国際化などわが国経済社会の急激な変化をうけて，人々の価値観や生活様式が多様化している一方で，社会の傾向としては，人間関係の希薄化，地域における地縁的なつながりの希薄化，過度に経済性や効率性を重視する傾向，大人優先の社会風潮などの状況が見られる。

①地域社会の教育力の低下

　地域社会などにおいて子どもが育つ環境が変化している。子どもが成長し自立するうえで，実現や成功などのプラス体験はもとより，葛藤や挫折などのマイナス体験も含め，「心の原風景」となる多様な体験を経験することが不可欠である。しかしながら，少子化，核家族化が進行し，子ども同士が集団で遊びに熱中し，時には葛藤しながら，互いに影響し合って活動する機会が減少するなど，さまざまな体験の機会が失われている。

②家庭の教育力の低下

　家庭における子育てについても，その環境などが変化している。いうまでもなく，子育てとは，子どもに限りない愛情を注ぎ，その存在に感謝し，日々成長する子どもの姿に感動して，親も親として成長していくという大きな喜びや生きがいをもたらすものである。実際，子どもの成長が感じられたとき，子どもの笑顔を見たときなどに，特に喜びを感じるなど，自分の子育てに満足している親は半数を超えているとの指摘もある。このような子育ての喜びや生きがいは，家庭や地域社会の人々との交流や支え合いがあってこそ実感できるものである。

　しかしながら，一方で，核家族化の進行や地域における地縁的なつながりの希薄化などを背景に，本来，わが子を自らの手で育てたいと思っているにもかかわらず，子どもにどのように関わっていけばよいかわからず悩み，孤立感を募らせ，情緒が不安定になっている親も増えている。

　一方で，物質的に豊かで快適な社会環境の中で育ち，合理主義や競争主義などの価値観の中で育った者が多い今の親の世代にとって，必ずしも効率的でも楽でもなく，自らが努力してもなかなか思うようにはならないことが多い子育ては，困難な体験であり，その喜びや生きがいを感じる前に，ストレスばかりを感じてしまいがちであるとの指摘もある。

（参考）　　　　表Ⅳ－4　保護者の考え方を理解する

◇"わが子が一番！（親心の理解）─だれでも自分の子どもによりよく成長してほしいと願っている。
◇保護者の心をつかむ！─"ほめられてうれしい""批判（非難）されて嫌な思いをする"だれも同じ。
◇悩みを"聴く"姿勢で！─"心"の声に耳を傾け，共感的理解が大切。
◇子どもに対しては"教育"，保護者に対しては"共育"の姿勢で！
◇求められる学校の説明責任─保護者は，自分の子どものことを何でもいいから知りたいもの。

（参考）　　　　表Ⅳ－5　保護者等と対応する際の心得

1　相手をねぎらう。
2　心理的事実には心から謝罪をする。
3　話し合いの条件を確認する。
4　相手の立場に立ってよく聴く。
5　話が行き詰ったら，状況を変える。
6　言い逃れはしない。
7　怒りのエネルギーの源はどこからくるのかを考える。
8　対応を常に見直し，同じ失敗を繰り返さない。
9　できること，できないことを明確にする。
10　向き合う気持ち，ともに育てる視点をもつ。

「できないこと」については，できない理由を明確にする。（例）「お子さんの成長を考えたとき，このご要望はお受けすることはできません」
「お子さんのためにならないと，学校では考えています」
○今後の見通しをしっかりと伝える。
（例）「○○につきましては，調査をし，来週の月曜日までには，お返事をさせていただきます」

組織的な対応

○学校に寄せられ要望や苦情は，必ず組織で対応する。経過報告や対応策について誠意をもって向き合い，個人としてではなく，組織として回答する。

(1) 役割分担

それぞれの役割分担を決める。子どもからの聞き取りをチームで行うなど
（例）保護者との窓口＝担任，学年主任（教頭）
子どもから聞き取り＝学年の生徒指導担当
子どもの心のケア＝教育相談担当，養護教諭

(2) 正確な事実確認と情報収集

関係者から正確に事実を聞き取り，方針決定のための基礎資料を収集する。

(3) 対応方針の検討

⇒「情報整理シート」の活用

(4) 教職員の一致した対応

人による対応が異なると，不信感を増幅させるので，学校全体が一致した対応をする。

(5) 報告と具体的な改善策の提示

○時と場を共有しながら，具体な改善策を示し，確認し，理解を得る。

（桶谷　守）

5．子どもの健康と食育

（1）食育とは

　みなさんは，食育についてどのくらいご存知だろうか。きっと「食育」という言葉を聞いたことがある，知っている方がほとんどだろう。しかしながら，その実践はいかがだろうか。食育が本格的にスタートしてから10年が経過した今，改めて，食育について概説したい。

　はじめに，なぜ食育なのだろう？　その背景をたどると，やはり生活習慣病の予防があげられる。近年，われわれを取り巻く食環境はめまぐるしく変化している。外食産業や24時間営業のコンビニエンスストア，ファストフード店などが急速に発展し，いつでも，どこでも，好きな物を好きなだけ食べられる，まさしく飽食の時代である。この豊かさの代償として，近年わが国は，肥満者や過剰あるいは偏った栄養摂取による糖尿病，高血圧，脂質異常症などの生活習慣病の有病者が急増している。これら疾患は，わが国の死因の6割，医療費の3割を占めており，その予防は喫緊の課題である。一方，肥満や生活習慣病の発症は，正しい食生活への是正により十分予防ができる。食の嗜好を含め，食習慣は日々の積み重ねで形成されるため，大人になってからの修正は難しい。「鉄は熱いうちに打て」といわれるように，子どものうちに健康的な食習慣を確立することで，その後の人生全般にわたる健康の維持増進が可能となるのだ。また，子どもの偏食や過度の痩身願望，食物アレルギー有病者の急増など，食に関する諸問題が顕著になっている。従来，子どもへの食に関する教育は家庭で行われてきたが，近年の核家族化や女性の社会進出，食事の外食化等に伴い，家庭における食育が困難な状況となっている。以上の背景から，学校教育における「食育」の必要性が高まり，すべての子どもたちが等しく食に関する知識や技術を習得できるよう，国は平成17（2005）年に食育基本法を制定し，「食育」が本格的に学校教育現場に導入された。食育基本法の前文には，「子どもたちが豊かな人間性をはぐくみ，生きる力を身につけていくためには，何よりも『食』が重要である。今，改めて，食育を，生きる上での基本であって，知育，徳育及び体育の基礎となるべきものと位置づけるとともに，さまざまな経験を通じて『食』に関する知識と『食』を選択する力を習得し，健全な食生活を実践することができる人間を育てる食育を推進することが求められている」とあり，子どもに対する食育の必要性と重要性をうたっている。平成20（2008）年には，学習指導要領改訂において，小・中学校の総則に「学校における食育の推進」が盛り込まれた。また，体育科，保健体育科や家庭科，技術・家庭科など，関連する各教科等においても食育の観点から指導内容の充実が図られた。

平成17（2005）年：食育基本法の制定
平成17（2005）年：栄養教諭制度の創設
平成20（2008）年3月：小・中学校学習指導要領の改訂
平成20（2008）年6月：学校給食法の改正

　さて，学校給食は単なる栄養補給のための食事ではなく，学校教育の一環である。学校給食は，国の基準に基づいた栄養管理，衛生管理が徹底されているとともに，地場産物の活用や食文化の継承など教育的意図をもって作られている。子どもたち

〔小学校学習指導要領総則〕（抜粋）
第1章
3．学校における体育・健康に関する指導は，児童の発達の段階を考慮して，学校の教育活動全体を通じて適切に行うものとする。特に，学校における食育の推進並びに体力の向上に関する指導，安全に関する指導及び心身の健康の保持増進に関する指導については，体育科の時間はもとより，家庭科，特別活動などにおいてもそれぞれの特質に応じて適切に行うよう努めることとする。

平成17年に制定の食育基本法前文の一部には，「ここに，食育について，基本理念を明らかにしてその方向性を示し，国，地方公共団体及び国民の食育の推進に関する取組を総合的かつ計画的に推進するため，この法律を制定する」とある。

平成20年学校給食法改正
第2条「学校給食の目標」
1．適切な栄養の摂取による健康の保持増進を図ること。
2．日常生活における食事について正しい理解を深め，健全な食生活を営むことができる判断力を培い，及び望ましい食習慣を養うこと。
3．学校生活を豊かにし，明るい社交性及び協同の精神を養うこと。
4．食生活が自然の恩恵の上に成り立つものであるということについての理解を深め，生命及び自然を尊重する精神並びに環境の保全に寄与する態

は特別な理由がないかぎり、学校のある日には等しく学校給食を食べる。諸外国のように、弁当持参やカフェテリア方式の昼食ではない。したがって、食育において、学校給食以上に身近で効果的な教材はない。以上から、平成20年に学校給食法が改定され、本法律の目的に、学校給食を活用した食育の充実について明記された。また、食育の観点を踏まえ、新たな学校給食の目標を加え、7つに整理・充実された。

(2) 栄養教諭とは

ここで、食育のキーパーソンである栄養教諭について紹介したい。栄養教諭は平成17年に創設された新しい教職制度である。従来から存在する学校栄養職員は、栄養士免許を有し、栄養に関する専門性をもって学校給食の献立作成、衛生管理等を行っている。この学校栄養職員の資質に加え、教育の専門性もあわせもつ者として栄養教諭が生まれた。免許の概要は以下のとおりである。

> 一種免許状
> 学士の学位＋管理栄養士養成課程修了（＋栄養士免許）＋栄養に関わる教育または教職に関する科目22単位を修得

栄養教諭は、給食管理に加え、食に関する指導を行うことが職務となっている。また、食に関する指導の全体計画の作成に参画すること、食に関する指導（個別栄養指導を含む）を行うこと、教職員や家庭・地域との連携・調整を図り、食育のコーディネーター的役割を担うことなどを職務としている。つまり、学校における食育推進の中心人物となる。したがって、みなさんが食育を行う際は、ぜひ一度、栄養教諭と連携を図ることをお薦めする。それにより、よりスムーズで効果的な食育の実践が可能となるだろう。

現在、栄養教諭の配置状況は都道府県により異なるが、各学校に給食を提供している給食調理場には、栄養教諭、あるいは学校栄養職員が勤務している。

(3) 食育の実践

学校において食育のバイブルとなるものが、文部科学省が作成した『食に関する指導の手引』である。本手引には、食に関する指導の目標や食に関する指導の全体計画、各教科等や給食の時間における食に関する指導の基本的考えや指導方法が記載されている（図Ⅳ-3）。

まず、食に関する指導は、各学校で作成する「食に関する指導の全体計画」に基づいて計画的に実施することが求められる。

食育は、給食の時間、特別活動、各教科等、さまざまな教育の内容に関わっており、学校教育活動全体の中で体系的な食に関する指導を計画的、組織的に行う必要があるため、全体像を明らかにする全体計画が重要かつ不可欠である。

食に関する指導は、主に授業における指導と給食時間における指導がある。後者は、短い時間ではあ

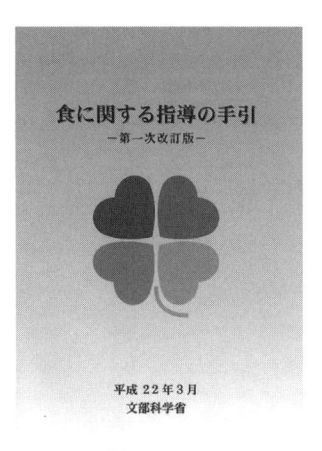

図Ⅳ-3 『食に関する指導の手引』

度を養うこと。
5．食生活が食にかかわる人々のさまざまな活動に支えられていることについての理解を深め、勤労を重んずる態度を養うこと。
6．我が国や各地域の優れた伝統的な食生活についての理解を深めること。
7．食料の生産、流通及び消費について、正しい理解に導くこと。

栄養教諭・学校栄養職員は12,143人であり、そのうち栄養教諭は4,703人となっている（栄養教諭配置率約39％）。

栄養教諭の配置は、地方公共団体が地域の実情などに応じて行い、義務的なものとはされていない。そのため、配置率には都道府県別でバラつきがある。
（文部科学省、平成25（2013）年学校給食実施状況調査）。

るが，年間約190回の給食時間に繰り返し行うことが可能である。また，実際に「食事をする」という活動を通して具体的な指導ができること，目の前の学校給食を教材に，多くの指導内容へ展開することが可能となる。以上のことから，給食時間における食に関する指導は，食育を推進するうえできわめて重要であり，食に関する指導の手引には，「学級担任は，食育における『給食指導』の重要性の認識の下に，日々の指導を行う必要がある」と明記されている。

総じて，学校における食育は，食に関する指導の全体計画に基づき，栄養教諭と積極的に連携しながら，効果的に実践していくことが求められる。特に，日々の給食時間における継続的な指導は，子どもたちの望ましい食習慣を習得するための有意義な時間となる。学校給食は単なる食事ではなく，学校教育の一環であることを念頭に，皆さんの積極的な食育の実践を願う。

(我那覇ゆりか)

> 給食の時間の指導内容
> 〔小学校〕楽しく食事をすること，健康によい食事のとり方，給食時の清潔，食事環境の整備，自然への恩恵などへの感謝，食文化，食料事情
> 〔中学校〕楽しく食事をすること，栄養の偏りのない食事のとり方，食中毒の予防にかかわる衛生管理の在り方，共同作業を通して奉仕や協力・協調の精神を養うこと，自然への恩恵などへの感謝，食文化，食料事情
> (『食に関する指導の手引』pp.200-216)

6．部活動指導

(1) 部活動の現状と意義

①部活動を取り巻く現状

現在の子どもは社会性，協調性，コミュニケーション能力の不足などに問題を抱える者も多い。部活動は子どものこれらの能力や特性を育むキーとして学校教育の中で重要な役割を果たしてきたことや，運動部活動であれば体力やスポーツに親しむ基礎を培う重要な時期の活動であることから，中学校学習指導要領（文部科学省，2008）および高等学校学習指導要領（文部科学省，2009）において，「部活動は学校教育の一環として，教育課程との関連を図るように留意すること」と明記され，部活動は教育課程に関連する事項として明確に位置づけられている。一方で，近年の部活動では教員による体罰・暴力・ハラスメント，過剰労働など多くの問題点が指摘されている。体罰や暴力を例にすれば，「教員のコミュニケーションスキルの未熟」「教員の理想と過度の要求」「勝利至上主義」など多くの発生要因が考えられるが，教員が部活動の本来の意義から逸脱した考えを有していることが根本的な原因であると考えられる。教員は部活動の位置づけを適切に理解したうえで，運営していく必要がある。

②部活動の特質・意義・効果

近年の部活動の参加状況は中学生の約9割，高校生の約8割であり（ベネッセ，2006a，2006b），生徒の大部分は部活動から学びを得ていることになる。図Ⅳ-4は部活動の意義および効果をまとめたものである。部活動は生徒の自主性を重んじ，共通のスポーツや文化および科学等に興味・関心をもつ生徒が集い行われる活動であることを理解しておかなければならない。そして，能力・適正，興味・関心に応じた技能や知識の習得を目標にした努力，生徒同士が互いに協力し合って友情を深める活動，望ましい人間関係を育む活動などにより，生徒の健全育成に大きな役割を果たすものとして機能するべきものであり，さらには生徒が授業や学級の枠を超え，先輩・後輩の縦の関係を学ぶなど，自主性，協調性，責任感，連帯感などを養い，人間関係や社会的資質を培う重要な活動の場とならなくてはならない。

> 文部科学省（2013）は体罰等の不適切指導問題をうけて「運動部活動での指導のガイドライン」を作成し，運動部活動指導の充実のために必要と考えられる7つの事項を提案している。

人間形成

生涯にわたる運動や文化に親しむ資質や能力の育成

■人間性
□豊かな人間関係　　□一人ひとりの個性
□充実感，達成感　　□想像力，創造力，表現力
□責任感，帰属意識　□規範意識，社会性
□ボランティア精神　□地域との交流

■知識・技能
□専門的な知識及び技能　□課題発見，解決能力

■体力・健康
□体力の向上，健康の維持増進

異年齢集団による自主的・自発的活動

図Ⅳ-4　部活動の意義・効果

(2) 部活動顧問教員に求められる資質と能力

①部活動顧問教員の役割

　部活動顧問教員は指導にあたりさまざまな役割を求められる。専門的技術指導に焦点が当てられることが多いが，実際にはそれ以外の役割が多く（図Ⅳ-5），管理・運営，連絡・調整，生徒支援，実技指導など多岐にわたることを理解しておかなければならない。現在の部活動は特に運動部活動において，勝利至上主義，権威主義，伝統主義，集団主義などの悪しき特質が残り，過度の長時間練習，体罰やしごき，顧問教員依存等の非民主的運営が残る（清水，2013）が，本来は生徒のよりよい行動変容を自ら導き出す社会的な自己指導能力を育む場として機能しなければならない。教員は生徒の意欲的な取り組みを導くとともに，個々の生徒の個性を把握しながら，一人ひとりの自己実現ができる場を的確に支援していく役割が求められている。

■管理・運営
□年間活動計画の作成・広報活動
□部活動中の事故防止・安全対策
□部活動の予算管理
□部活動で使用する施設用具の管理

■連絡・調整
□担任等との連絡・調整
□保護者，地域との連絡・調整
□大会主催者との連絡・調整
□地域との交流

部活動顧問の主な役割

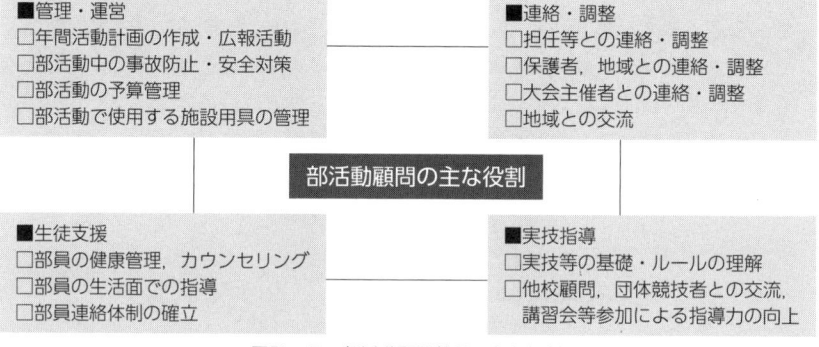

■生徒支援
□部員の健康管理，カウンセリング
□部員の生活面での指導
□部員連絡体制の確立

■実技指導
□実技等の基礎・ルールの理解
□他校顧問，団体競技者との交流，
　講習会等参加による指導力の向上

図Ⅳ-5　部活動顧問教員の主な役割

②これからの部活動顧問教員に求められる資質と能力

　多くの役割が求められる部活動の顧問が備えるべき資質と能力は多い。各都道府県の教育委員会において求められる能力像が示されているが，ここではより具体的かつ体系的に示したものを紹介する（図Ⅳ-6，京都教育大学，2012）。備えるべき能力は核となる4つのスキルと，そのスキルを効果的に発揮させるための4要素からなり，いずれも欠くことができない。例えば，基礎的知識に基づく技術の教授に長けていたとしても，生徒の観察や相互作用が未熟であった場合，教員側

からの一方的な押しつけ型の部活動になる可能性がある。昨今の問題である暴力・体罰等の不適切指導の背景には，教員側にこれらの能力が欠如していることが関係していることは容易に想像できるであろう。

> ティーチング・コーチングスキルを効果的に発揮するための4つの要素の具体例として，
> ①基礎的な知識：運動種目（ルール・技術・戦術，学習者特性（発育発達・心理的側面），メディカル
> ②熱意：指導への構え，学ぶ姿勢
> ③クラス運営：指導計画作成，事務処理，連絡連携
> ④配慮，反省的思考：マナー（社会常識）等が含まれる。
> （京都教育大学，2012）

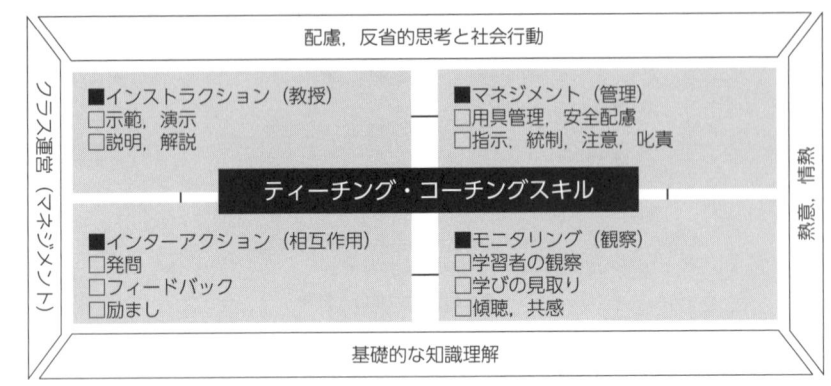

図Ⅳ-6 部活動顧問教員に求められる資質と能力
（京都教育大学，2012より引用一部改変）

現在，70％以上の教員（中学校）が顧問として活動し，活動経験と関係のない部活動を担当する場合も多い現状の中（関，2009），指導に不安を覚える教員も多いであろう。重要なのは各能力には到達段階があり，だれしもが徐々にその能力を高めている現状にあることを理解しておくことである。段階は大きく分けて①知として理解する段階，②意識的に行動できる段階，③人格として定着し無意識での行動へと移せる段階であり，顧問教員としての経験知とともに発展していくと考えられる。最新のトップアスリート育成のコーチングでは，その目的と行動は自らの種目における競技力向上を目的とする指導行動と，ライフスキルを含めた人間力の向上を目的とする育成行動の2つ（ダブルゴール）からなり，「常に主役は選手，決してコーチではない」というアスリートファーストの精神が重要であるとされている（図子，2014）。部活動も全く同様であり，教員は部活動としてのパフォーマンスの向上と人間力の向上のダブルゴールを目標としなければならない。さらに，主役は常に生徒であり，生徒主役の部活動の組織づくりができるために自身の資質と能力を高めていくことが部活動教員として重要であろう。

（小山宏之）

7．人権に基づくセクシュアリティ教育

(1) セクシュアリティと人権
①はじめに

セクシュアリティは人間にとって，その根幹をなすほどに重要な人権上の課題である。しかし，日本での教育実践は乏しく，細々とあっても禁欲的な傾向が根強く残って，他分野と同様あるいはそれ以上に他国に比して遅れをとっている感は否めない。本稿ではセクシュアリティ教育を人権として位置づけ，これまでの教育の限界を示し，これからの教育の可能性を提示したい。

> リプロダクティブ・ヘルスとは，人々が安全で満ち足りた性生活を営むことができ，生殖能力をもち，子どもをもつかもたないか，いつもつか，何人もつかを決める自由をもつことを意味する。リプロダクティブ・ライツとは，すべてのカップルと個人が，自分たちの子どもの数，出産間隔，出産する時期を自由にかつ責任をもって決定でき，そのための情報と手段を得ることができ，ならびに最高水準の性に関する健康およびリプロダクティブ・ヘルスを享受する権利とされる。（『厚生白書』平成7〈1995〉年版より）

②セクシュアリティと人権

世界をみると，平成6（1994）年にエジプトのカイロで開かれた国際人口開発会議（ICPD）にて提唱されたリプロダクティブ・ヘルス／ライツ（和訳『性と生殖に関する健康・権利』）以来，セクシュアリティを人権としてとらえる動きが加速した。翌年1995年に北京で開催された第4回世界女性会議（北京会議）でも，プロダクティブ・ヘルス／ライツがすべてのカップルと個人が有する人権の一部であると明記された。

その後も平成11（1999）年8月，第14回世界性科学学会（WAS）により「性の権利宣言」，平成17（2005）年第17回性の健康世界学会「モントリオール宣言"ミレニアムにおける性の健康"」など同様の動きが続き，人権保障としてセクシュアリティ教育の必要性がうたわれた。

教育の分野でも，これまでのセクシュアリティ教育の発展を踏まえた世界の性教育指針ともいえるユネスコ「性教育国際指針」が平成21（2009）年に出され，包括的性教育を保障することは，各国の政府の責任であるとされて，この指針に沿って先進各国では性教育が推進されつつある。実際に私が平成25（2013）年に視察したフランス・ドイツでは小学生から人の性と生殖について科学的に扱う教科があり，ドイツの教科書（小学5～6年用）では，避妊に関する事項が取り上げられ各種の避妊方法が写真入りで紹介されていた。しかし，日本ではまだ小学校学習指導要領理科編に「受精にいたる過程は取り上げない」として性交を扱うこと自体への歯止めが残っているなど，世界的な潮流からの遅れは歴然としている。

(2) これまでの日本の性教育

世界的な遅れをとる日本で，これまでどのような性教育が多く行われてきたのかをわかりやすくいくつかの型に分類して見てみよう。

①月経（手当）教育

小学校高学年ぐらいの女子だけを対象に，月経（初経）への対処の仕方を教えるものである。そこにはからだの成長変化をポジティブにとらえることや女性ホルモンの作用による体調の変化への対応，月経痛の緩和などのQOL（生活の質）を上げ，自分の性と生への肯定観を育む要素はほとんど抜け落ちていた。

②純潔教育

純潔とは，文字通り女性が婚前性交渉を避ける教育である。結婚志向や良妻賢母・専業主婦が「女の幸せ」と見られていた時代には，「結婚までは処女の方が価値も高く，よい結婚相手を獲得するための条件では有利である」という実益主義にも結びついて性行動の早期化防止には一定の有効性もあった。しかし，社会や意識の変化で「今は昔」の話となっている。さらに一方で男性を見ると，当時からその性行動への規範教育はほとんどなくダブルスタンダード〈二重規範〉となっていた。

③生徒指導教育

性行動を「不純異性交遊」として非行ととらえ，それにつながる恋愛や男女関係など必要ないとして禁止排除する教育である。いまだに「寝た子を起こすな」とか「性交や避妊を教えるとセックスを煽る」などの「べからず性教育」として根強く残っている。

「性の権利宣言」では，セクシュアリティ教育を受ける権利して，これは生涯を通じて保障されるべきものであり，またあらゆる社会的制度を巻き込むべきものである，と提言されている。

包括的性教育とは，狭義の性教育とは違い，人権・社会・文化，人間関係・対人スキルなどを含む幅広い教育を意味する（『季刊セクシュアリティ』65号，2014, p.81）。

純潔教育：田代美江子（2014）（『季刊セクシュアリティ』65号, p.2）は，日本の戦後の性教育はこの言葉で出発している。国体護持の基盤となる家族制度を維持するために，妻，母としての「純潔」が重要になったと述べている。

生徒指導型：日本では生徒指導部長を中心に抑制的な指導が行われてきた。その名残が「男女交際禁止」などの校則に残る学校（特に女子校）がある。

文部科学省は平成27（2015）年4月30日「性的少数者の子に配慮求める通知」を出した。しかし，日本では同性婚など，法的整備は遅れている。2015年2月時点で同性婚および登録パートナーシップなど同性カップルの権利を保障する制度をもつ国・地域は世界中の約20％になってG7先進国の中では日本だけが制度をもたない国となっている（EMA日本調べ）。

【欄外】

性からの排除：例えば結婚であるが，総務省の平成22(2010)年「国勢調査」から，30年前に比べ未婚率も上昇して，30代では，男性30〜34歳が47.3%（1980年21.5%），35〜39歳が35.6%（同8.5%），女性では30〜34歳が34.5%（同9.1%），35〜39歳が23.1%（5.5%）となっている。生涯未婚率(50歳時の未婚)の比較も，男性2.60%から約10倍の20.14%に，女性は4.45%から2倍強の10.61%に急上昇している。これは未婚を望んだのではなく，未婚男性の86.3%，女性の89.4%がいずれは結婚したいと思っているのである。

デートDVとは，恋人やそれに近い関係での暴力を総称する言葉である。殴る蹴るだけでなく，束縛や同意のない性交渉なども含まれる。夫婦間のDVをみると恋愛時代からの継続が多く，学齢期に理解し解決すべき学習課題となっている。

離別力：恋愛中のカップルをみると依存や支配は自尊心の欠如や寂寞感が原因となることが多いため，
①別れても一人でも大丈夫と思える。
②相手からの別れの申し出を受け入れられる。
③別れのトラブル・暴力被害を避けられる。
などを「離別力」と称している。

【本文】

④トラブル強調教育

予期せぬ妊娠や性感染症など性行動のマイナス面ばかりを取り上げ，脅し的に「性はトラブルのもと」として恐怖ばかりを煽り，有効な科学的トラブル防止手段は意図して省く教育である。

⑤一元的幸福モデル教育

「健康な男女が，結婚をして子どもを産み育て，一生添い遂げ，愛情に満ちた家庭を築く」という一つの典型的モデルのみを人生の幸福とする教育。同性愛や障がい者，未婚離婚のシングル生活の選択，などの多様な性と多様な幸福観が排除されることになる。

(3) これからのセクシュアリティ教育 ―性を人権としてとらえるために―

これからのセクシュアリティ教育は，全人に人間らしい生命尊重と生活の豊かさを基盤に，さらに個々の多様な性的幸福追求権の保障をする目的で行われるべきである。その実践における考え方・方向性を提言する。

①性教育と子ども観

子どもたちを性的存在としてとらえ，未来を考慮して互いに幸せな自己決定が行えるよう発達を保障する。性で正確な知識とスキルと行動力を教えることは性行動を慎重にすると考える。巷にあふれる興味本位の性情報を批判的に読み解き，自分の，また相互の幸福によりつながる性のあり方と，それを保障できない社会の改善にもつなげて考える。

②セックス観や性的トラブル観

セックスを学習課題に取り上げ，男女間だけでなく同性愛などの生殖以外のセックスも含み，語らいやふれあいなど性器性交以外での豊かな心身の満足・楽しみがあることを提言し，性の多様性を教える。

中高生の性行動は現実には残念ながらありうるものととらえ，相互の対等な合意納得したうえでの行動と関係の安全性という，より慎重な性行動への質の向上を取り上げる。

性的トラブルは性教育の不備がもたらす発達課題と受け止め，無知やバイアスこそ問題としてとらえ，教育で是正し立ち直りを援助する。

同時に性的な関係へ「あきらめ・無関心」にならざるをえない性からの排除も，性の大きな課題として個人責任で終わらせず，背景の社会責任を問う。

③恋愛・結婚・家族観

恋愛を学習課題として積極的に取り上げ，異性カップル至上主義から結婚・家族という単一型だけでなく，同性愛，シングル家族などその多様性を教える。また離別もまた幸せのための選択となりえることを教える。特に恋愛教育では「離別力」こそ，貧困・携帯世代のこれからには大切となる（デートDV排除のためにも）。また恋愛・結婚・家族という選択肢をもてない性からの排除も取り上げる。

(関口久志)

8　言語活動の充実

平成20（2008）年度より告知された小学校・中学校・高等学校の学習指導要領に

おいては，言語活動の充実が，そのねらいの実現の中核として位置づけられ，各学校でさまざまな実践が行われている。しかし，言語活動が話し合いや発表を取り入れるだけの場面設定に終わってしまったり，言語活動を取り入れることが目的化されたりしている面も見られるといわれている。こうしたことから言語活動の意義を再確認することは，今後の学習指導を展開するうえで重要である。

(1) なぜ言語活動の充実が必要か

到来している知識基盤社会の進行，加速度的な技術革新とグローバリゼーションの広がりが，多くの国において急速な社会変化や多様な課題をもたらす中，世界中の人々と協働・協力し，知識・技能を高め合ったり，価値観の違うことを議論し認め合ったり，折合ったりしながら，一歩進んだ次元のものを生み出すことが必要になっている。他者と「共生・協働」し，問題を共有・熟考し，解決策を模索するため，幅広い知識をもち，柔軟かつ論理的に考え，効果的に表現する「思考力・判断力・表現力」の育成が重要になっている。

一方，平成15（2003）年のPISA調査以降国内外の学力調査の結果，わが国の子どもたちの「思考力・判断力・表現力」等に課題があることが指摘され，平成17年教育課程の基準全体の見直しが行われ，学校教育法第30条においては，育成すべき学力の重要な3要素の1つとして，「思考力・判断力・表現力」が示されるようになった。

「思考力・判断力・表現力」を育成するために平成20年中央教育審議会答申では，充実すべき重要事項の第一として言語活動の充実をあげ，各教科等を貫く改善の視点として示された。「言語は知的活動（論理や思考）の基盤であるとともに，コミュニケーションや感性・情緒の基盤でもあり，豊かな心を育む上でも，言語に関する能力を重視し，各教科において言語活動を充実すること」とし，「思考力・判断力・表現力」を育成するための学習活動も例示された。言語は「全ての教科の基本」であり，言語活動の充実のねらいが「思考力・判断力・表現力」の育成にあることを示した。さらに，言語活動を充実させることで，各教科等の目標や内容をよりよく実現する手立てとなることを示し，各教科において言語活動を意図的・計画的に位置づけ，授業構成や指導のあり方を工夫・改善していくことが重要であるとした。

(2) 各教科の言語活動を支える国語科の役割

言語は「すべての教科の基本」である以上，国語科は「言語活動の充実」に資する言葉の力を確実に育成する責任教科として，言語活動の充実に取り組むことが必要になる。

言語活動については，前学習指導要領にも例示があったが，実践的には単元の最後に付随する活動として見られることがあった。その結果育成すべき力が散漫になり，活動主義に見えることもあった。しかし，今回の学習指導要領では，身につけたい力を明確にして，その力を確実につけるため最適の「言語活動」を設定し，「言語活動」を通してその力を身につける学習過程を構成していくことが重要になっている。子ども自身が何のために学ぶのか，どんな力をつけるのかという目的や見通しをもち，学習課題に取り組み，課題解決する過程を言語活動としていくことで，言語の力と結びついた活動になり，その過程において思考力・表現力を育むと

学校教育法第1章 小学校 第30条では，「2 前項の場合においては，生涯にわたり学習する基盤が培われるよう，基礎的な知識及び技能を習得させるとともに，これらを活用して課題を解決するために必要な思考力，判断力，表現力その他の能力をはぐくみ，主体的に学習に取り組む態度を養うことに，特に意を用いなければならない」と，育成すべき学力の3要素を示している。

平成20(2008)年 小学校学習指導要領 総則に「第4 指導計画の作成等に当たって配慮すべき事項 2(1)各教科等の指導に当たっては，児童の思考力，判断力，表現力等をはぐくむ観点から，基礎的・基本的な知識及び技能の活用を図る学習活動を重視するとともに，言語に対する関心や理解を深め，言語に関する能力の育成を図る上で必要な言語環境を整え，児童の言語活動を充実すること」と，学習指導要領の実施の重要な柱として「言語活動の充実」の重視を示した。

「日常生活に必要とされる対話・記録，要約，説明，感想などの言語活動を行う能力を確実に身につけることができるよう，継続的に指導することとし，課題に応じて必要な文章や資料を取り上げ，基礎的・基本的な知識を活用し，相互に思考を深めたりまとめたりしながら解決していく能力の育成を重視する」
（出典：「小学校学習指導要領解説 国語編」第1章総説 2国語科改訂の趣旨）

平成20年小学校学習指導要領解説（国語科）第2節 国語科の内容 1 内容構成において「国語科の内容は，これまでの「A 話すこと・聞くこと」，「B 書くこと」及び「C 読むこと」という3領域構成を維持するとともに，（中略）3領域の内容については，(1)において指導事項を示すとともに，これまでは内容の取扱いに示していた言語活動例を内容の(2)に位置づけ，より具体的な記述に改善した。これにより，(2)に示している言語活動例を通して(1)の指導事項を指導することを一層明確にし，各領域の能力を確実に身につけることができるようにした」と示し，国語科の学習指導は，「言語活動を通して指導事項を指導する」ことが明確になった。

『言語活動の充実を図る全体計画と授業の工夫』（平成22〈2010〉年2月．独立行政法人教員研修センター）の中で「各教科等における言語活動を，学校全体の教育活動に位置づけるには，困難点も多くある。そこで，学校全体で，各教科等の指導における言語活動についての共通理解を図る必要がある」とし，「1．各教科等で育成すべき学力（付けたい力）を確定する。2．年間指導計画を見通して，教育課程としてどのような学力を育成するのかを考える。3．教育課程の編成の基準は，学習指導要領に示されている指導事項であることから，各教科等の具体的な授業の内容を，この指導事項に基づいて作成する必要がある。4．各教科等が目指す学力を育成するために，各教科等において，どのような言語活動が必要かを考える」ことを指摘している。

いう目的が達成される。そのために，年間指導計画と児童生徒の実態を踏まえて
①単元で重点的に指導すべき指導事項，つけたい力を確定する。
②その指導事項を指導するためにふさわしい言語活動を選定する。
③その指導事項・能力を身につけるための指導過程を構築する。

ということを基本に置き，子どもの主体的な意識を生かしながら，必然性をもって学習に取り組めるようにしていくことが大切である。また，指導過程においては，課題解決的な過程を構想し，自分で考え，学び合い，主体的な思考や判断を促す言語活動のある授業づくりが大切である。

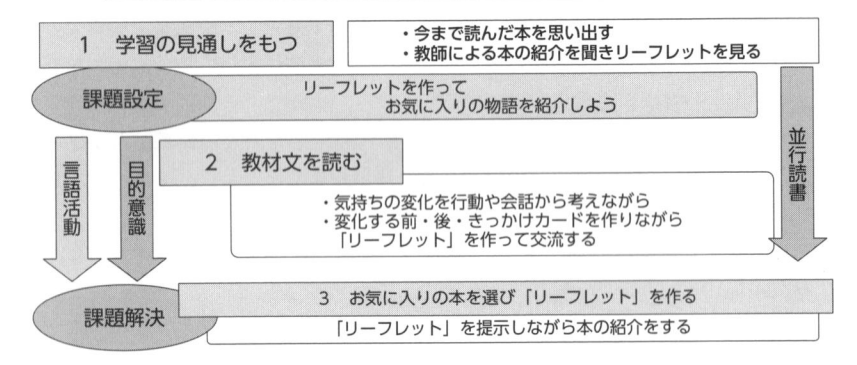

図Ⅳ-7　登場人物の気持ちの変化をリーフレットで紹介する事例

例えば，小学校中学年の学習でつけたい力を「登場人物の気持ちの変化を叙述をもとに想像する」と位置づけ，言語活動を「お気に入りの作品の登場人物をリーフレットで紹介しよう」と設定した学習がある。教科書教材では登場人物を紹介するために心情の変化を学び，並行読書の中から選んだ登場人物紹介リーフレット作成の中では自ら心情の変化を考えるという学びの過程において，課題設定から目的意識をもって読み，登場人物を紹介するという課題解決に向かう主体的な学びを大切にしている。

(3) 各教科における言語活動の充実

言語活動の充実について，学校全体で確認することは日々の授業に追われがちな中で，育てたい子どものゴールの姿を示し，方向性を確認しながら，子どもの状況を踏まえて具体的に取り組んでいくことにつながっていく。各教科において「言語活動」を個々で取り組むのではなく，組織的・計画的に学校全体で取り組ことが必要である。言語活動についての効果的な指導のあり方について，研修の場を設けたり，全体計画を作成したりして，全教職員の共通理解のもとに取り組むことが必要である。その際，以下のことに留意したい。
①学校の教育目標の達成のために言語活動の充実を図るという視点に立つこと。
②児童生徒の実態から，学校として育成すべき学力を明確にすること。
③各教科等が達成すべきねらいに応じた言語活動を位置づけること。
④国語科での指導を基盤にしながら，教科間の関連を図り，系統的で意図的・計画的に実施されるよう全教職員が共通で取り組むべきこと。

では、各教科においては、どのように言語活動を充実させていけばよいのか。各教科の特質を踏まえながら、国語科との関連を図り、言語活動を目的化せず、「思考力、判断力、表現力を育てる、各教科の目標をよりよく実現する」というねらいに留意して取り組むことが必要である。また、言語活動が、子どもの主体的な学習を促す手立てとなることにも留意したい。各教科の言語活動のあり方や具体的な学習活動の例について文部科学省の『言語活動の充実についての指導事例集』を参考に取り組んでみたい。

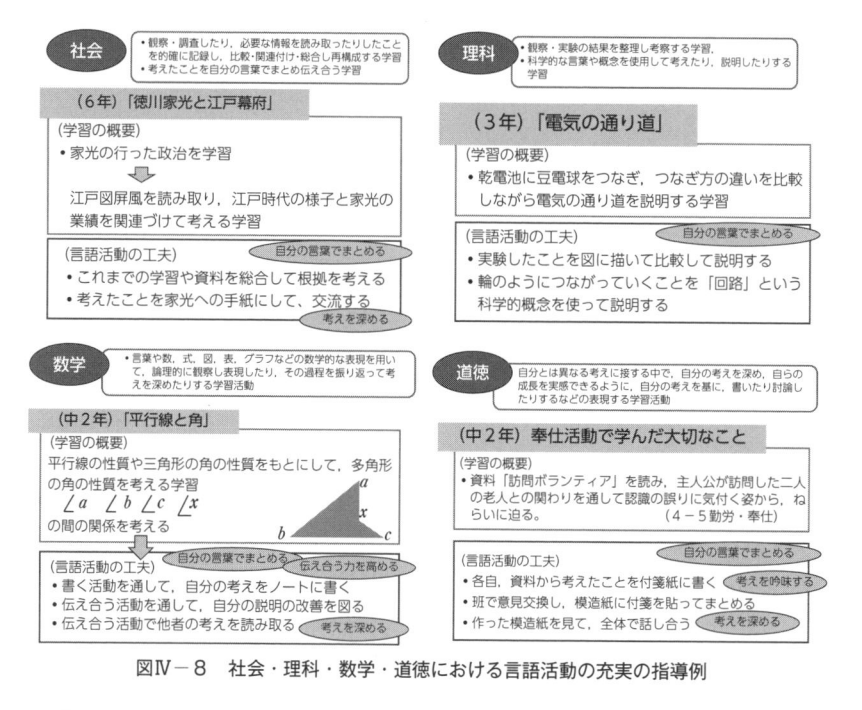

図Ⅳ-8 社会・理科・数学・道徳における言語活動の充実の指導例

最後に、学校全体で言語活動の充実を推進するための基盤整備について確認したい。一つは、言語活動力の基礎ともなる語彙を豊かにすること。同時に各教科等の学習に必要な用語を確実に習得させること。二つめには、言葉を豊かにし感性や思考を深める読書活動を一層充実させ、学習情報センターとしての機能をもつ学校図書館の活用を一層推進すること。三つめは、学校における言語環境を整備することである。もちろん教員の言語活用力はいうまでもなく、言葉を大切に、的確に使用する姿勢が貫かれなければならない。

(橋本京子)

9. 子どもの笑顔を引き出す教員の役割

(1) 信頼関係を築く「対話」

学校現場では、いじめや不登校、校内暴力、学級崩壊、授業崩壊、学力問題、保護者対応等のさまざまな課題がある。これらの課題を解決するためには、子ども一人ひとりが「学校は楽しい」と実感できる学級経営および教科経営をめざす必要がある。そのためには、教員と子どもおよび保護者との信頼関係を築くことが重要である。信頼関係を築くためには、「対話のある学級経営」「対話のある授業」「対話

さまざまな場面で「対話」が成立するためには、互いに学び合い高め合おうとする姿勢をもつことが必要である。そのことで、相互に傾聴することができ、自他を尊重した自己表現・自己主張ができる受容的なあたたかい学級風土づくりが可能となるのである。

のある保護者対応」を日常的に行うことが求められる。「対話」においては，子どもの笑顔を引き出すような関わりが大切である。「対話」を通した関わりは，人間的なふれあいを深め，教員の子ども理解の深まりにもつながる。その際に，教員自身が子どもに対してどのようなビリーフ（信念）をもっているかを十分に自己理解し振り返ることが必要である。

(2) 子ども理解の前提となる教員の自己理解

子どもが「あの先生はえこひいきをしている」と口にすることがよくある。教員は無意識に子どもがそのように感じる関わりを行っている場合がある。教員は成績がよい子どもに対しては，性格や行動面においてもポジティブな評価を行い，逆に成績が悪い子どもに対しては，さまざまなことに対してネガティブな評価をしがちである（ハロー効果）。教員のポジティブな評価をもとにした関わりの方が，ネガティブな評価をもとにした関わりよりも，子どもとの信頼関係を築きやすく，子どもの自尊感情を高めるこができる。

成績があまり振るわない子どもの中に「俺はどうせ先生から期待されていないし，頭が悪いからしょうがない」と口にする子どもがいる。教員が子どもへ抱く期待がその子どもの学習結果に影響をおよぼすこともある（教員期待効果）。あの子ならできると教員が期待すると，子どもはその期待に応えるためにがんばろうとする。教員がどの子もできる可能性をもっていると常に信じて期待することで，子どものがんばりを喚起し，子どもの自己効力感を高めることができる。

以上述べてきたように，一人ひとりの子どもに対してどのような見方をしているかを教員自身が自己理解できて初めて，子どものよさを生かした関わりができる。また，教員が子ども一人ひとりは，未来を切り開く可能性をもっているというビリーフをもちながら関わることによって，子どものやる気に満ちた笑顔を引き出すことができる。

(3) 笑顔をつくり出す学級

子どもが「隣のクラスはいいよなー。いつも笑いがあってみんなが楽しそう。隣のクラスになりたかった」という会話をしていることがある。子どもが教員に求めているものは，笑いのある楽しい学級である。笑いのある楽しい学級では，担任も子どもたちも笑顔でいることが多い。そのような学級は，連鎖反応的に次から次へと子どもの笑顔をつくり出していく。「笑顔をつくり出す学級」では，子どもたちが生き生きとしている。生き生きとしている子どもたちは，家族に担任のことを生き生きと語る。保護者は学級の様子を楽しく語る子どもの話を聞き，担任に対して肯定的な評価をするようになる。そして「すばらしい担任でよかったね」と笑顔で子どもに語りかけている保護者の姿をイメージすることができる。保護者は子どもの評価を通して教員との信頼関係を築いていくことになる。

「笑顔をつくり出す学級」では，子ども一人ひとりの居場所があり，生かされる場がある。その結果，子どもは「学校は楽しい」と感じるようになる。そのような学級では，いじめや不登校の問題は起こりにくい。ゆえに教員は学級経営や教科経営において「笑顔をつくり出す学級・授業」をめざす必要がある。そのためには，教員が笑顔で子どもと語り合う場面やともに活動する場面を意識的に多くもつことが大切である。そして，子どもから「先生が一番クラスで楽しんでいる気がする」

人が感情をもったり行動を起こしたりするときにもつ思考様式をビリーフ（信念）という。ビリーフには，不合理で有害なイラショナル・ビリーフと合理的で有益なラショナル・ビリーフがある。河村ら（1997）は，イラショナル・ビリーフが高い教員のもとで学ぶ子どもは抑圧され，行動が制限されている感覚を受け，スクール・モラールが低下する傾向にあることを明らかにした。

教員が学級経営，生活指導，学習指導，児童との関わり方について，その時にもっているビリーフを検討することが自分の教育実践の指導行動や態度を検討することにつながる（川村・田上，1997）。

教員が子どもを認知する場合に，容姿や容貌が魅力的な子どもはそうでない子どもに比べてパーソナリティに対してよい印象をもつ（ハロー効果の例）。

教員期待効果は，ピグマリオンという王様が女人像に恋をしたらそれが生身の人間に変わったというギリシャ神話にちなんでピグマリオン効果とも呼ばれている。

学校が抱えている生徒指導上のさまざまな問題の背景には，ソーシャルスキルが不足した子どもが増えてきたことが一因としてあげられる。ソーシャルスキルトレーニングを継続的に行うことによって，子どもたちの対人関係はよくなり，笑顔で満たされた学級風土がつくられていく。

と言われるような教員をめざしてほしいものである。

(4) 笑顔を引き出す授業

「A先生の授業はおもしろくて，すぐに時間が経ってしまうけど，B先生の授業は，時間が長く感じてすぐに眠くなる」と話している子どもに，A先生の授業は他の先生と比べてどこが違うのかを尋ねると，「わかりやすくて，おもしろくて，とにかく楽しい」と笑顔で答えた。子どもが「とにかく楽しい」と感じる授業では，どの子にも自分の考えを発表する機会が与えられ，「わからない，できない，教えてください」と気軽に言えるような雰囲気があり，「わかった，できた」という自己効力感を高める体験などがシステム化され，子ども一人ひとりが授業に参加していると実感する工夫がなされている。

次に子どもの真剣な表情と笑顔の表情がバランスよく引き出されるような授業では，教員と子ども，子ども間でのリレーションを大事にする雰囲気ができてくる。このような笑顔を引き出す授業では，子どもが教員を真剣に見つめることが多くなる。子どものやる気と集中力は，教員と子どもの笑顔の相互作用で高められていく。その結果，子どもにとって「わからない，できない，教えてください」と言いやすくなるような授業につながっていく。授業において教員と子どもの信頼関係が築けたかどうかは，授業の中で「笑顔」の交流がどれだけなされたかで評価することができるのではないだろうか。

(5) 教育相談における「笑い」

「何か悩みごとがあったらいつでも先生に相談してください」と言われて，子どもは相談するだろうか。子どもが困ったときに相談できる教員は，笑顔でいつも語りかけてくれる教員である。教員と子どもが「笑いを共有できる」関係は，心を開き相談しやすい関係であるのに対して，「笑いを共有できない」関係は，心を閉ざし相談しにくい関係となる。「笑いを共有できる」関係は，子どもの不安や緊張，ストレスなどを軽減し，教員との信頼関係を高めることになる。信頼関係に裏打ちされた教育相談は，子どもの問題解決へのモチベーションを高めると同時に，教員が見守ってくれているという安心感を子どもに抱かせることができる。教育相談において最も重要なことは，「あの先生なら，どんなことでも安心して相談できる」と子どもが口にする信頼関係をつくることである。また，適切で効果的な教育相談を行うためには，子どもの対人関係および学習の状況，家族関係等に関して把握するよう努める必要がある。

(6) 生徒指導におけるリフレーミング

教員が子どもから「先生なんか大嫌い，ウザイ，キモイ，死んでしまえ」と言われたとき，「こんな言葉を教員に言う子どもは，絶対に許せない」という教員のビリーフ（子どもが悪い）のもとに子どもを指導することが多い。しかし，このような状況においては，子どもとの信頼関係は最悪の状態にあり，従来の対応ではうまくいかないことが多い。「もしかしたら，教員としての自分の関わり方に問題があり，子どもにひどい言葉を言わせるような関わりをしてきたかもしれない」と教員のビリーフをリフレーミングすることが必要である。さらに「こんなひどい言葉を君に言わせてしまって先生が悪かった」と子どもに謝ると，子どもは「先生は俺の

子どもが楽しいと実感できるような教員の授業は，子ども一人ひとりの「わかるようになりたい，できるようになりたい」という気持ちに寄り添った教材教具の工夫が常になされている。

担任の日々の何気ない子どもへの語りかけの程度が，子どもにとって満足できるものであれば，担任による定期的な教育相談も充実したものになる。

近藤(1993)は，「教育相談には，精神的健康の維持増進という開発的教育相談と精神的不健康の治療という治療的教育相談があり，その中間に精神的不健康に陥る恐れのある児童生徒に対する予防的相談がある」と記している。

白井（2011）は，リフレーミングを「どの様に努力しても状況を変えられないときがある。そのようなとき，よりよい方へ，より明るい方へ，より希望のもてる方へと考え方，感じ方を変えることによって困難事を突破できる事がある。このように，物の見方，考え方の枠組みを変えて困難事に対応する心の動き」と記している。

ことをわかってくれた」と感じ，これまでの教員に対する不信感を取り除くきっかけになる。特に，生徒指導場面においては，リフレーミングして関わるとうまくいく場合が多いように思われる。また，子どもとの日頃の関わりにおいて「笑いを共有できる」関係では，教員の「指導」を受け入れやすく，「笑いを共有できない」関係では，教員の「指導」を受け入れにくいということを意識して子どもと関わることが必要である。

(平田幹夫)

10．ESD（持続可能な開発のための教育）

(1) ESDの歩みとわが国の貢献

ESDはEducation for Sustainable Developmentの略である。ESDのもとになっている概念「持続可能な開発」は，昭和62（1987）年に国連の「環境と開発に関する世界委員会」が公表した報告書『我ら共有の未来（Our Common Future）』に端を発する。同報告書は，「持続可能な開発」を「将来世代のニーズを損なうことなく現在世代のニーズを満たすこと」と定義した。このことがきっかけとなって，環境と開発に関する世界各国間での合意が必要であるとの認識が広く共有されるようになり，平成4（1992）年のリオデジャネイロにおける「環境と開発に関する国連会議（通称：地球サミット）」の開催へとつながった。同サミットでは，先進国と開発途上国との間での対立を克服するための具体的方法が議論され，「環境と開発に関するリオ宣言」ならびに同宣言を達成するための行動計画である「アジェンダ21」となって結実した。リオ会議から10年後の平成14（2002）年には，南アフリカのヨハネスブルグで，「持続可能な開発に関する世界首脳会議（ヨハネスブルグサミット）」が開催された。同サミットにおいてわが国は，平成17（2005）年からの10年間を「国連持続可能な開発のための教育の10年」とすることを提案し，この提案は同年の国連総会において満場一致で採択された。これがESDの始まりである。総会ではESDのリーディング・エイジェンシーにUNESCOが指名され，ユネスコは2005年に国際実施計画を策定した。

わが国では同年，この国際実施計画をうけて，「国連ESDの10年」関係省庁連絡会議を立ち上げるとともに，翌年，国内実施計画を策定した。同計画はその中でESDについて「私たち一人ひとりが，世界の人々や将来世代，また環境との関係性の中で生きていることを認識し，行動を変革することが必要であり，そのための教育」であると述べている。つまり，ESDとは「持続可能な社会づくりの担い手を育む教育」(文部科学省HP)であるともいえる。

ESD国内実施計画（2006）はまた，ESDの10年の目標を「環境，経済，社会の面において持続可能な将来が実現できるような行動の変革をもたらすこと」とするとともに，わが国が優先的に取り組む課題として，「社会経済システムに環境的配慮を織り込んでいくこと」と述べるなど，その初期においては「主に環境（教育）の視点から行うことが意図されていた」(阿部，2014)。しかし，改訂された国内実施計画（2011）では，「最終年までの目標に「環境保全や健康福祉，地域活性化・まちづくり，途上国に貢献する活動などのESD活動が実践されることで，（略）持続可能な社会を築く力を育み，個々人がいわば未来を築く担い手とすることを目指す」との文言を追加するなど，ESDの10年はその後半において，「環境教育の側から従来

環境と開発に関する世界委員会
委員長が後にノルウェーの首相となったブルントラント女史であったことから，「ブルントラント委員会」と呼ばれている。いわゆる「賢人会議」の形式をとり，21人の世界的な有識者により構成された。昭和59（1984）年から昭和62（1987）年までの約4年間で計8回の会合が開かれ，その後にまとめられた報告書「我ら共有の未来」は「ブルントランド報告書」とも呼ばれている。

環境と開発に関するリオ宣言
平成4（1992）年，ブラジルのリオデジャネイロで開催された「地球サミット」で採択された。各国は国連憲章などの原則に則り，自らの環境及び開発政策により自らの資源を開発する主権的権利を有し，自国の活動が他国の環境汚染をもたらさないよう確保する責任を負うことなどが盛り込まれている。

アジェンダ21
1992年の地球サミットで採択された文書のひとつで，全40章からなる。その内の第36章は教育に関するもので，「地球環境問題を始めとする現在の環境問題を解決するためには，国民や事業者によって自主的かつ積極的に環境への負荷を低減するための取組が進められ，経済社会システムを変えていくための働きかけが行われることが不可欠」と述べている。

の環境保全にとどまらない，環境・経済・社会・文化を柱とする ESD に近づいてきた」(阿部, 同上) といえる。

(2) ESD の構成要素と進め方

今から10年ほど前，わが国ではよく図Ⅳ－9のようなかたちで ESD が紹介された。すなわち，ESD は「環境教育，開発教育，多文化共生教育，福祉教育，人権教育，平和教育，ジェンダー教育などの教育・学習活動」を総合したものであり，これらの教育・学習活動はみな，「多面的なものの見方やコミュニケーション能力などの『育みたい力』，参加型学習や合意形成などの『学習手法』，そして，共生や人間の尊厳といった『価値観』などで結ばれている。このような目標，方法，価値観こそ，ESD のエッセンスといえる」(ESD-J, 2005)。図Ⅳ－9は ESD の総合的性格をうまく表すものとして近年においても広く用いられており，教育・学習活動の内容に「エネルギー」「防災」「生物多様性」が加えられたり，図Ⅳ－9中の「エッセンス」にあたる部分についても，国立教育政策研究所は図Ⅳ－10のように説明したりするなど，さまざまな変化が加えられている (国立教育政策研究所, 2012)。

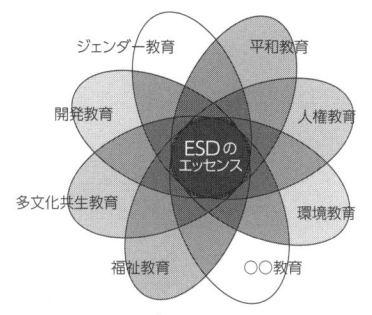

図Ⅳ－9　ESD のエッセンス (ESD-J)

図Ⅳ－10　ESD の学習指導過程を構想し展開するために必要な枠組み

(3) ESD の本質

以上に述べた ESD 概念の広さや変化は，それが学校教育のすべてに関わりのあるものとしての重要性を増す一方，その幅の広さや「学習指導要領の記述とのつながりの不明確さ」が ESD の普及・浸透を妨げているとの指摘もある (ジャパンレポート, 2014)。そもそも学校における ESD は，その中核をなす「持続可能性」そのものに対立的な要素を多く含んでいる。その代表的なものに，①「弱者の利益（将来

ESD-J
「NPO法人『持続可能な開発のための教育の10年』推進会議」の略称。平成17 (2005) 年から始まった「ESD の10年」を追い風に，「持続可能な開発のための教育」を推進するネットワーク組織。国内外における ESD 推進のための政策提言，ネットワークづくり，情報発信を行っている。

生物多様性
生物多様性とは，生きものたちの豊かな個性とつながりのことで，「生態系の多様性」「種の多様性（種間の多様性）」「遺伝子の多様性（種内の多様性）」の3つのレベルがある。

ジャパンレポート (2005～2014)
「国連 ESD の10年」の提唱国として，また平成26 (2014) 年の「ESD に関するユネスコ世界会議」の開催国として，「国連 ESD の10年」関係省庁連絡会議が国内の取り組み・成果，および優良事例を取りまとめた報告書。

強い持続可能性（と弱い持続可能性）
「弱い持続可能性」とは，自然資本の減少分を人工資本によって補塡（代替）可能とするもの（＝技術中心主義）。それに対して「強い持続可能性」は，自然資本の不確実的・不可逆的かつ連鎖的な損失を招かないように一定に保つことを優先させるもので，自然資本と人工資本は代替不可能と考える（＝生態系中心主義）。(参照) ピアス，D.W. ほか (1994)『新しい環境経済学―持続可能な発展の理論』ダイヤモンド社

批判的に考える力

ESDが求める能力にはさまざまなものがあるが,「合理的,客観的な情報や公平な判断に基づいて本質を見抜き,ものごとを思慮深く,建設的,協調的,代替的に思考・判断する力」としての「批判的思考力(critical thinking)を育むこと」が重要である。

世代や途上国)と強者の利益(現在世代や先進国)のどちらを優先するか」,②「強い持続可能性(生態系中心主義)と弱い持続可能性(技術中心主義)のどちらを選択するか」,③その学習は「個人の価値観や態度の変化にとどまるのか,それとも社会の変革までをもめざすのか」などである。これらのうち,①はさておき,②と③をもとにすると,そのねらいから,図Ⅳ-11のような4つの象限からなる図を描くことができる。

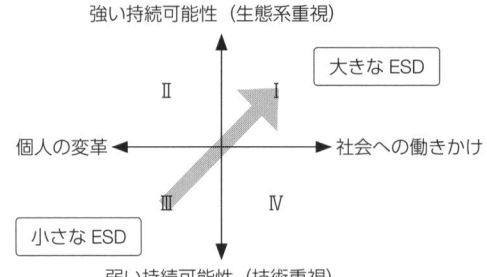

図Ⅳ-11 ESDの評価軸(指標)とその位置づけ(筆者作成)

第Ⅲ象限の,弱い持続可能性をもって個人の変革をめざすESDを「小さなESD」,第Ⅰ象限の,強い持続可能性をもって積極的に社会に働きかけていこうとするESDを「大きなESD」とすると,ESDの本来あるべき姿は「小さなESD」よりも「大きなESD」であるということができる。

この図はまた,学校の内外で実際に行われているESDを価値づける指標とすることができるが,そこで重要なことは,ESDはあくまでもベクトルなのだということである。つまり,たとえ現在のESDの取り組みが小さなESDであったとしても,そのことが問題なのではなく,さらにより大きなESDをめざしてたえず改良し,発展し続けることが重要なのであって,それこそが,「ESDの視点に立った学習指導」で重視される「批判的に考える力」なのである。

(水山光春)

思考力・判断力が求められる背景として,OECDのPISA調査をはじめとする学力に関連する各種調査において,習得した知識を活用する力が十分ではないことが明らかとなり,学力の重要な要素の一つとして位置づけられた。

11.「思考力・判断力」の育成とその評価をめぐって
—中学校保健体育科授業を例に—

(1) 学習指導要領で求められる思考力・判断力

現行の学習指導要領(2008)において教科教育では,「確かな学力」を育むことが重要なキーワードとして掲げられている。梶田(2008)は,これからの学校教育ではまず何よりも「確かな学力」を身につけることと,そしてそれを基盤とした「生きる力」を育成すべきであると述べている。この確かな学力について中央教育審議会・初等中等教育分科会教育課程部会(2007)では,①基礎的・基本的な知識・技能の習得,②知識・技能を活用して課題を解決するために必要な思考力・判断力・表現力等,③学習意欲,の3項目を学力の重要な要素と提起した。これに関連して梶田(2010)は,その階層性について,確かな学力は「関心・意欲」に支えられ,「知識・技能」を土台にもち,「思考力・表現力」などとして発揮させるものでなければならないとし,知識の習得と,その知識を活用する過程で思考力・判断力等が育まれることを指摘している。

西岡・田中(2008)は,その確かな学力を保障するためには,リアルな文脈において知識やスキルを総合して使いこなすことを求めるようなパフォーマンス課題と,知識を実際の世界にどの程度うまく活用させているのかを測るパフォーマンス評価を用いることの重要性を示唆している。松下(2009)は,そのパフォーマンス評価

第Ⅳ章　教職キャリアを見据えて

について,「活用力」がついたかどうかを確かめるために,学力をパフォーマンス（ふるまい）へと可視化することによって解釈する評価法であると述べている。また,中央教育審議会・初等中等教育分科会教育課程部会の児童生徒の学習評価のあり方についての報告（2010）の中で,思考力・判断力・表現力等を評価するにあたって,「パフォーマンス評価」に取り組んでいる例もみられるとその学習方法が紹介されている。

実際に学校現場では,学習指導要領の改訂に伴ってその移行期の頃から「思考力・判断力」の評価方法について,何をどのように評価していくのかが課題となり混迷した経緯がある。その中で,一つの手法としてパフォーマンス評価が紹介されたことで,それをよりどころとした教員も多かったのではないだろうか。

（2）思考力・判断力を育む指導の実際

実際の授業においてどのような過程で思考力・判断力を育む学習場面を設定していくのだろうか。ここでは,保健体育科における指導の実際を例示して概説していく。保健体育科においては,体育分野と保健分野の両分野から領域が構成されており,分野によって学習過程が異なる。

体育分野においては,体つくり運動や陸上競技など8領域が示されており,さらに各領域でそれぞれの内容（種目）が存在する。その種目ごとに約10時間程度の単元計画を立てて学習過程（導入・展開・終末）が展開されるのが通例である（表Ⅳ-12）。他方,保健分野では1時間完結型で展開されることが多く,50分間で「導入・展開・終末」の流れを組み立てて展開していく（表Ⅳ-13）。

表Ⅳ-12　体育分野の学習過程

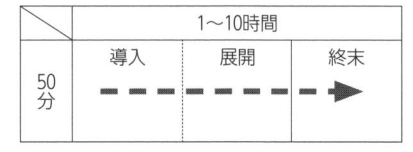

	1～10時間		
50分	導入	展開	終末

表Ⅳ-13　保健分野の学習過程

	1時間完結型
50分	導入
	展開
	終末

体育分野における学習過程を大きく分けると,「今もっている力」を段階的に発展させていくステージ型学習過程と,螺旋的に発展させていくスパイラル型学習過程に分類される。

具体的に思考力・判断力を育む学習過程をどの段階で展開していくことが有用であるのか考えてみる。表Ⅳ-12のように約10時間程度の単元計画の場合,前半（1～5時間）で基礎的・基本的な知識・技能の習得を図り,後半（6～10時間）にその習得した知識や技能を活用する学習活動を展開する。そこで球技領域であれば戦術を考え,相手チームに応じた作戦でゲームを展開することで,思考力・判断力を育むことができる。その時に重要になるのが,作戦ボードや学習カードなどを用いて考える活動を取り入れることである。生徒の話し合った内容を目に見えるかたちで残すことで,次時の戦略にさらなる工夫がみられ,チームのよい点を伸ばし,改善が必要な点を克服していく学習活動が展開され,ミーティングの回数を重ねることで思考力・判断力の深まりがみられるようになる。他方,保健分野においては様相が異なってくる。前述のように1時間完結型の学習過程に加え,生徒個々の学習に対するモチベーションが体育分野と比較してかなり低い。この要因としては,座学での保健学習より身体を動かす体育学習を好む生徒が多い傾向にあることが考えられる。そこで,保健分野では50分間で「何を身につけさせたいのか」を明確にしたうえで,「どのように指導するのか」が重要なポイントとなる。導入では,学習意欲を喚起するような教材・教具の工夫が必要となる。展開では,単元における基

礎知識の習得を図り，学習形態を工夫することで授業の「ヤマ場」をつくり上げて思考を深めていく。流れとしては，個人学習・グループ学習の手順で展開して，終末の「クライマックス」で全体交流学習へと発展させ，グループ間でディスカッションをする場面を仕組むことでいろいろな考え方にふれ，多角的・多面的なものの見方や考え方ができるようになり，思考力・判断力の深まりがみられるようになる。

(3) 思考力・判断力の評価の実際

では，生徒の思考力・判断力をどのように評価すればよいのだろうか。評価の基本的な考え方として，教員による生徒評価と生徒自身による自己評価および生徒間での相互評価等の方法がある。前者の教員による評価は，行動観察（発言を含む）や学習カードの軌跡，テストなどから読み取ることができる。後者の生徒による評価は，教員による評価の客観性と妥当性を担保するものとなる。評価はあくまでも教員がつけるものであるが，一人の教員が40名の生徒を毎時間しっかり評価することは不可能に等しい。もしそれを実施するなら評価のための評価となり，学習活動の充実は図られないだろう。そこで重要となるのが評価規準の作成および明示である。単元目標に応じた評価規準を作成して，目に見えるかたちで示すことで生徒はそれを意識した活動を展開するようになる。しかし，評価規準は単元目標に応じたものであり，経過過程での生徒の進捗状況やつまずきをより的確に把握するためには，ルーブリックを用いることが有用である。思考力・判断力の評価は，習得した知識や技能をインプットからアウトプットへと移行する過程を評価することが重要である。その場面は，発表やグループ活動時の発言内容，学習カードの記述，実技においてはプレー（Performance）などである。さらにミーティングに使用した作戦ボードを写真化したり，プレーを映像化したりして，他の学習資料とともにポートフォリオとして蓄積することで客観的な評価が可能となる。

また，評価で使用する学習資料を生徒と共有（活動場所への提示や学習カードへの朱書きによるアドバイスなど）することで，生徒は常に学習過程をフィードバックすることができ，指導と評価の一体化が図られる。

（輿儀幸朝）

> ルーブリックとは，成功の度合いを示す数段階程度の尺度として示されたレベルのそれぞれに対応するパフォーマンスの特徴を記した記述語からなる評価基準表である（西岡，2010）

〈引用・参考文献〉

第3節－1
- 文部科学省（2010）生徒指導提要．：1．
- 坂本昇一（1990）「生徒指導の機能と方法」文教書院
- 篠田輝子ほか（2009）「新生徒指導論12講」19-20，福村出版
- 京都市教育委員会（2014）生徒指導ハンドブック．：1．
- 京都市教育委員会（2006）生徒指導部長の実践事例集．：2-3．

第3節－2
- 文部科学省（2011）中学校キャリア教育の手引き．
- 文部科学省（2011）高等学校キャリア教育の手引き．
- 沖縄県商工労働部（2014）高校生と大学生のための沖縄型キャリア教育形成支援プログラム．
- 国立教育政策研究所（2013）キャリア教育・進路指導に関する総合的実態調査．
- 沖縄県立総合教育センター（2008）沖縄県キャリア教育推進事例研究．

第3節－3
- 中央教育審議会（2006）今後の教員養成・免許制度の在り方について．
- 山梨県教育委員会（2015）初任者の皆さんへ．
- 京都市立中学校長会下南支部（2013）教職員自己チェックシート～保護者・市民の信頼を得，よりよい教育を実現するために～．

第3節-5

- 文部科学省（2010）食に関する指導の手引―第一次改定版―．東山書房
  Available at：http://www.mext.go.jp/a_menu/sports/syokuiku/1292952.htm　Accessed　August 1, 2015

第3節-6

- Benesse 教育研究開発センター（2006a）第 4 回　学習基本調査・国内調査　中学生版．
  Available at：http://berd.benesse.jp/shotouchutou/research/detail1.php?id=3227　Accessed　August 10, 2015
- Benesse 教育研究開発センター（2006b）第 4 回　学習基本調査・国内調査　高校生版．
  Available at:http://berd.benesse.jp/shotouchutou/research/detail1.php?id=3225　Accessed　August 10, 2015
- 国立大学法人京都教育大学（2012）京都教育大学学校運動部活動指導者育成事業実施報告書．
- 文部科学省（2008）中学校学習指導要領解説　総則編．ぎょうせい
- 文部科学省（2008）中学校学習指導要領解説　総則編．ぎょうせい
- 文部科学省（2013）運動部活動の在り方に関する調査研究報告書　～一人一人の生徒が輝く運動部活動を目指して～．
  Available at：http://www.mext.go.jp/a_menu/sports/jyujitsu/icsFiles/afieldfile/2013/05/27/1335529_1.pdf　Accessed　August 10, 2015
- 関喜比古（2009）問われている部活動の在り方　～新学習指導要領における部活動の位置付け～．立法と調査294：51-59．
- 清水紀宏（2013）誰が部活動改革を妨げているのか．体育科教育61(3)：9．
- 図子浩二（2014）コーチングモデルと体育系大学で行うべき一般コーチングの内容．コーチング学研究27(2)：149-161．

第3節-7

- 関口久志（2011）社会の現実から性教育の課題と方向性を探る．季刊セクシュアリティ51号：80-89．エイデル研究所
- 関口久志（2010）時代をよみとくこらからの性教育．季刊セクシュアリティ45号：182-191．エイデル研究所
- 田代美江子（2014）純潔教育．季刊セクシュアリティ65号：2．エイデル研究所

第3節-8

- 学校教育法第30条
- 中央教育審議会（2008）教育振興基本計画について－「教育立国」の実現に向けて－（答申）．
- 文部科学省（2008）小学校学習指導要領解説　国語編．
- 文部科学省（2008）小学校学習指導要領　総則．
- 文部科学省（2011 / 2012）言語活動の充実についての指導事例集．
- 独立行政法人教員研修センター（2010）言語活動の充実を図る全体計画と授業の工夫．
- 水戸部修治（2014）「チャレンジ！　単元を貫く言語活動の授業づくり」文溪堂

第3節-9

- 川村茂雄・田上不二夫（1997）教師の教育実践に関するビリーフの強迫性と児童のスクール・モラールとの関係．教育心理学研究45：213-219．
- 近藤馨一（1993）「学校における教育相談（秋山俊夫監修，高山巌・松尾祐作編）」生徒指導と教育臨床－子どもの適応と健康のために，38-65．北大路書房
- 白井幸子（2011）「交流分析とリフレーミング（大熊保彦編）」現代のエスプリ523　リフレーミングその理論と実際，19-29，ぎょうせい

第3節-10

- 阿部治（2014）「日本における国連持続可能な開発のための教育の10年の到達点とこれからのESD/環境教育（日本環境教育学会編）」日本の環境教育2集　環境教育とESD，東洋館出版社
- 国立教育政策研究所教育課程研究センター（2012）学校における持続可能な開発のための教育（ESD）に関する研究最終報告書．
- 「国連持続可能な開発のための教育の10年（ESDの10年）」関係省庁連絡会議（2014）国連持続可能な開発のための教育の10年（2005～2014年）ジャパンレポート．
- 特別非営利活動法人「持続可能な開発のための教育の10年」推進会議（ESD-J）（2005）ESD-J2004活動報告書「国連持続可能な開発のための教育の10年」キックオフ！
- 日本ユネスコ国内委員会HP
  Available at：http://www.mext.go.jp/unesco/004/1339970.htm　Accessed　June 25, 2015

第3節-11

- 梶田叡一（2008）「新しい学習指導要領の理念と課題」6-71．図書文化社
- 西岡加名恵・田中耕治（2008）「活用する力を育てる授業と評価」：8-21．学事出版
- 西岡加名恵（2010）思考力・判断力・表現力の評価に必要なパフォーマンス評価．指導と評価9月号：4-8．図書文化社
- 松下佳代（2009）パフォーマンス評価によって子どもの中に培われた思考力と表現力が見える．VIEW21：12-14，ベネッセ教育総合研究所
- 與儀幸朝（2012）保健授業を活性化させる5つのポイント．体育科教育8月号：30-33，大修館書店

おわりに

　次期学習指導要領に向けた中央教育審議会の検討においては，子どもたちがグループに分かれて議論し，お互いに学び合いながら，課題について探究する能動的な学習，いわゆる「アクテイブ・ラーニング」の普及を打ち出すなど，「どのように学ぶか」という授業方法のあり方にまで踏み込んでいます。つまり「子どもの学びの質」をこれまで以上に重視している点が特徴といえるでしょう。こういった現状からみると，これからの学校教員には，学習の基礎・基本の定着を図るだけでなく，活発な討論や発表に導く授業実施の力量が求められます。このことを教師教育の視点でみると，教員養成段階から，教員のライフステージに応じた教育・研修の充実が図られる必要性のあることを示唆しています。特に最近，中教審答申等では「教員の養成，採用，研修の一体化」が強調されていますが，その対象の中核となりうる教職志望者から初任期教員段階において，学び続けようとする意識を醸成し，総合的な力量形成を図ることが生涯の教職生活にとってきわめて大事だと考えられます。ほかにも，近年における答申等をみると教員の資質能力の向上についての議論が活発に行われ，それが教師教育政策に反映されてきました。「三つ子の魂百までも」の諺ではありませんが，教師教育の中でも，教職志望者や初任期教員への支援・教育は最重要課題です。

　一方，教育や教師教育に関する政策は，常に動いています。この本の出版が企画された時期と，編集が終わろうとしている今（平成28年2月）とを比べても，新しい事柄や若干の違いが出てきています。例えば，この期間中に平成27年3月に学習指導要領が一部改正され，「特別の教科　道徳」が創設されました。また，中教審や教育再生実行会議で「教員育成指標」が話題にのぼるなど，教師教育政策の一部が，この1年の間にも日々刻々と変化していることがわかります。現代は，きわめて流動的で変化の激しい時代といわれますが，それは当然のことながら教育の世界にも波及しており，ここに示した最近の施策や提言等をみても常に改革が行われていることがよくわかります。よって本書は，これらの激しい「動き」にも，ある程度対応できるよう著すことに努めたつもりです。つまり，教職志望者から初任期の教員の方には，本書を読んでヒントをつかみ自分なりに考えてほしいとの編者側からの願いがあります。おそらく自分なりに思考することが，学び続ける教員への第一歩であったり，複雑多岐にわたる学校現場の今日的教育課題に適切に対処できる教員として活躍できたりすると確信しているからです。本書でのその具体例を示すと，学習指導案の事例集では，普遍的な共通の情報を提供しつつ，現代の教員にとって必要な知識や考え方などについてまとめさせていただきました。ただし，この事例集では，各教科の特徴を前面に出すことをねらっているため，あえて，学習指導案のフォアマットをそろえるようなことはしませんでした。また，各教科の専門のベテランの先生方には，読者のみなさんがすぐに理解できるよう記していただきましたが，読者のみなさんが本書に書かれていることを参考に，教科の特徴をとらえて，アレンジしていただければと考えています。

　前述したように今日は変化・動きが激しいので，近い将来，必ず教師教育に関する新たな施策が出されることでしょう。読者のみなさんは，常にそれらにアンテナを張ることが大切です。つまり，自分自身で情報を収集し，学ぶことによって，自らの資質能力の改善と自己成長を成し遂げ，教員として進むべき道を確立していただきたいのです。

　最後になりましたが，今回の出版にあたっては，国内外の多くの教育関係者にお世話になりました。また，編集作業の段階では，教育出版の阪口建吾様ならびに朝倉加奈子様に大変お世話になりました。記して感謝の意を表したいと思います。

　　平成28年2月

　　　　　　　　　　　　　　　　　　　　　　　　　　　　　　　　　　　小　林　　稔

編者・執筆者一覧 _(所属は執筆時)

【編　者】

桶谷　　守	京都教育大学
小林　　稔	京都教育大学
橋本　京子	京都教育大学
西井　　薫	京都教育大学

【執筆者】（五十音順）

浅井　和行	京都教育大学		小山　宏之	京都教育大学
足立登志也	京都聖母女学院短期大学		今野　勝明	京都教育大学
荒木　　功	京都教育大学附属桃山中学校		深蔵　心理	京都教育大学附属京都小中学校
池田　　梢	Megumi Preschool（アメリカ合衆国ワシントン州）		関口　久志	京都教育大学
池田　　忠	前・京都教育大学		髙橋　詩穂	京都教育大学附属桃山小学校
石田　由美	上海日本人学校		高橋　貴子	沖縄市立美原小学校
今西　竜也	京都教育大学附属京都小中学校		中井　　暁	京都教育大学附属桃山小学校
岩田昌太郎	広島大学		仲野　由美	京都府立洛東高等学校
上地　幸市	沖縄大学		仲本　かな	オランダ公立特別養護学校 Professor Burgerschool 小学校
江藤真生子	琉球大学		西井　　薫	京都教育大学
岡田　敏之	京都教育大学		橋本　京子	京都教育大学
桶谷　　守	京都教育大学		波多野達二	佛教大学　京都教育大学附属桃山小学校
嘉数　健悟	沖縄大学		樋口とみ子	京都教育大学
我那覇ゆりか	宮古島市立西辺小学校（宮古島市立平良学校給食共同調理場）		平田　幹夫	琉球大学
具志堅太一	宮古島市立南小学校		前田恵美里	前・大和郡山市立昭和小学校
久保田慧史	兵庫県立尼崎西高等学校		水山　光春	京都教育大学
児玉　祥一	同志社大学		村上　忠幸	京都教育大学
小仲　一輝	京都府立南陽高等学校		與儀　幸朝	鹿児島大学
小林　　稔	京都教育大学		渡辺　　敏	実践女子大学

教育実習から教員採用・初任期までに知っておくべきこと
―「骨太の教員」をめざすために―

2016年3月30日　初版第1刷発行

編著者　　桶谷　守　　小林　稔
　　　　　橋本京子　　西井　薫

発行者　　小林一光

発行所　　教育出版株式会社
　　　　　〒101-0051　東京都千代田区神田神保町2-10
　　　　　電話 03-3238-6965　振替 00190-1-107340

組版　ピーアンドエー
印刷　モリモト印刷
製本　上島製本

©M. Oketani / M. Kobayashi
K. Hashimoto / K. Nishii 2016
Printed in Japan
落丁・乱丁はお取替いたします。

ISBN978-4-316-80433-0　C3037